名人自传典藏

徐志摩自传

徐志摩 —— 著

长江出版传媒 | 长江文艺出版社

图书在版编目（ＣＩＰ）数据

徐志摩自传 / 徐志摩著. -- 武汉：长江文艺出版
社， 2020.11
（名人自传典藏）
ISBN 978-7-5702-1238-5

Ⅰ. ①徐… Ⅱ. ①徐… Ⅲ. ①徐志摩（1896-1931）
—自传 Ⅳ. ①K825.6

中国版本图书馆 CIP 数据核字(2019)第 206392 号

责任编辑：程华清　　　　　　　　责任校对：毛　娟
封面设计：沐希设计　　　　　　　责任印制：邱　莉　杨　帆

出版：长江出版传媒　　长江文艺出版社
地址：武汉市雄楚大街 268 号　　　邮编：430070
发行：长江文艺出版社
http://www.cjlap.com
印刷：武汉中科兴业印务有限公司

开本：880 毫米×1230 毫米　　1/32　印张：11.25　　插页：2 页
版次：2020 年 11 月第 1 版　　2020 年 11 月第 1 次印刷
字数：264 千字

定价：36.00 元

目录
contents

序　曲

徐志摩，1897年1月15日出生于浙江省海宁县硖石镇，原名徐章垿。徐志摩父亲徐申如为清末民初的实业家，继承祖业，开设有酱园、钱庄等，是硖石地方的富商，闻名浙江；他先娶同邑国学生沈炳华之女，继娶慈溪国学生钱纯甫之女钱慕英，徐志摩便为钱氏所出，系徐家长孙独子。

从1900年起，徐志摩入家塾跟从孙荫轩、查桐轸读书。1907年入硖石开智学堂，1909年冬毕业，已有很好的古文根底。1910年春，徐志摩与表兄沈叔薇同入杭州府中学求学，和郁达夫成为同学。1915年夏毕业后，考入上海浸信会学院暨神学院；10月29日，由家庭包办和上海宝山县巨富张润之女张幼仪结婚，行新式婚礼。1916年，徐志摩肄业于上海浸信会学院，入天津北洋大学预科攻读法科。1917年北洋大学法科并入北京大学，徐志摩随之转入北大就读。1918年阴历三月十二日，徐志摩长子出生，乳名阿欢，名积锴。6月由张君劢、张公权介绍，徐志摩入梁启超门下，举行了隆重的拜师大礼。随后与刘叔和、董任坚赴美。

雨后虹

我记得儿时在家塾中读书，最爱夏天的打阵。塾前是一个方形铺石的"天井"，其中有石砌的金鱼潭，周围杂生花草，几个积水的大缸，几盆应时的鲜花，这是我们的"大花园"。南边的夏天下午，蒸热得厉害，全靠傍晚一阵雷雨，来驱散暑气。黄昏时满天星出，凉风透院，我常常袒胸跣足和姊嫂兄弟婢仆杂坐在门口"风头里"，随便谈笑，随便歌唱，算是绝大的快乐。但在白天不论天热得连气都转不过来，可怜的"读书官官"们，还是照常临帖习字，高喊着"黄鸟黄鸟"，"不亦说乎"；虽则手里一把大蒲扇，不住地扇动，满须满腋的汗，依旧蒸炉似的透发，先生亦还是照常抽他的大烟，哼他的"清平乐府"。在这样烦溽的时候，对面四丈高白墙上的日影忽然隐息，清朗的天上忽然满布了乌云，花园里的水缸盆景，也沉静暗淡，仿佛等候什么重大的消息，书房里的光线也渐渐减淡，直到先生榻上那只烟灯，原来只像一磷鬼火，大放光明，满屋子里的书桌，墙上的字画，天花板上挂的方玻璃灯，都像变了形，怪可怕的。突然一股尖劲的凉风，穿透了重闷的空气，从窗外吹进房来，吹得我们毛骨悚然，满身腻烦的汗，几乎结冰，这感觉又痛快又难过；但我们那时的注意，却不在身体上，而在这凶兆所预告的大变，我们新学得的什么：洪水泛滥、混沌、天翻地覆、皇天震怒，等等字句，立刻在我们小脑子的内库里跳了出来，益发引起孩子们只望烟头起的本性。我们在这阴迷的时刻，往往相顾悍然，热性放开，大噪狂读，身子也狂摇得连座椅都磔格作响。

同时沉闷的雷声，已经在屋顶发作，再过几分钟，只听得庭心里石板上劈拍有声，仿佛马蹄在那里踢踏；重复停了；又是一小阵沥淅；如此作了几次阵势，临了紧接着坍天破地的一个或是几个雳霆——我们孩子早把耳朵堵住——扁豆大的雨块，就狠命狂倒下来，屋溜屋檐，屋顶，墙角里的碎碗破铁罐，一齐同情地反响；楼上婢仆争收晒件的慌张咒笑声，关窗声；间壁小孩的欢叫；雷声不住地震吼；天井里的鱼潭小缸，早已像煮沸的小壶，在那里狂流溢——我们很替可怜的金鱼们担忧；那几盆嫩好的鲜花，也不住地狂颤；阴沟也来不及收吸这汤汤的流水，石天井顷刻名副其实，水一直满出尺半了的阶沿，不好了！书房里的地平砖上都是水了！闪电像蛇似钻入室内，连先生肮脏的炕床都照得铄亮；有时外面厅梁上住家的燕子，也进我们书房来避难，东扑西投，情形又可怜又可笑。

　　在这一团糟之中，我们孩子反应的心理，却并不简单。第一，我们当然觉得好玩，这里品林嘭朗、那里也品林嘭朗，原来又炎热又乏味的下午忽然变得这样异乎寻常的闹热，小孩哪一个不欢迎？第二，天空一打阵，大家起劲看，起劲关窗户，起劲听，当然写字的搁笔，念书的闭口，连先生（我们想）有时也觉得好玩！然而我记得我个人从前亲切的心理反应，仿佛猪八戒听得师父被女儿国招了亲，急着要散伙的心理。我希望那样半混沌的情形继续，电光永闪着，雨永倒着，水永没上阶沿，漏入室内，因此我们读书写字的责务也永远止歇！孩子们照例怕拘束，最爱自由，爱整天玩，最恨坐定读书，最厌这牢狱一般的书房——犹之猪八戒一腔野心，其实不愿意跟着穷师父取穷经，整天只吃些穷斋。所以关入书房的孩子，没有一个心愿的，底里没有一个不想造反；就是思想没有连贯力，同时书房和牢房收敛野性的效力也逐渐进大，所以孩子们至多短期逃学，暗祝先生生瘟病，很少敢昌言从此不进书房的革命谈。但暑天的打阵，却符合了我们潜伏的希冀，俄顷之间，天地变色，书房变色，有时连先生亦变色，无怪这聚锢的叛儿，这勉强修行的猪八戒，感觉到十二分的畅快，甚至盼望天从此再不要清明，雷雨再不要休止！

　　我生平最纯粹可贵的教育是得之于自然界。田野，森林，山谷，湖，草地，是我的课室；云彩的变幻，晚霞的绚烂，星月的隐现，田野的麦浪，是我的功课；瀑吼，松涛，鸟语，雷声，是我的老师，我的官觉是他们忠谨的学生，爱教的弟子。

大部分生命的觉悟，只是耳目的觉悟。我整整过了二十多年含糊生活，疑视疑听疑嗅疑觉的一个生物！我记得我十三岁那年初次发现我的眼是近视，第一副眼镜配好的时候，天已昏黑，那时我在泥城桥附近和一个朋友走走路，我把眼镜试戴上去，仰头一望，异哉！好一个伟大蓝净不相熟的天，张着几千百只指光闪烁的神眼，一直穿过我眼镜眼睛直贯我灵府深处，我不禁大声叫道，好天，今天才规复我眼睛的权利！

但眼镜虽好，只能助你看，而不能使你看。你若然不愿意来看，来认识，来享乐你的自然界，你就带十副二十副托立克、克立托也是无效！

我到今日才再能大声叫道："好天，今日才知道使用我生命的权利！"

我不抱歉"叫"得迟，我只怕配准了眼镜不知道"看"。

我方才记起小时在私塾里夏天打阵的往迹，我现在想记我二日前冒阵待虹的经验。

猫最好看的情形，是在春天下午她从地毡上午寐醒来，回头还想伸懒腰，出去游玩，猛然看见五步之内，站着一只傲梗不参的野狗，她不禁大怒，把她二十个利爪一起尽性放开，搯紧在地毡上，把她的背无限地高控，像一个桥洞，尾巴旗杆似的笔直竖起，满身的猫毛也满溢着她的义愤，她圆睁了她的黄睛，对准她的仇敌，从口鼻间哈出一声威吓。这是猫的怒，在旁边看她的人虽则很体谅她的发脾气，总觉得有趣可笑。我想我们站得远远地看人类的悲剧，有时也只觉得有趣可笑。我们在稳固的山楼上，看疾风暴雨，看牛羊牧童在雷震电飚中飞奔躲避，也只觉得有趣可笑。

笑，柏格森说，纯粹是智慧的，示深切的同情感兴，不能同时并存。所以我们需要领会悲剧或深的情感——不论是事实或表现在文字里的——的意义，最简捷的方法是将我们自身和经验的对象同化，开振我们的同情力来替他设身处地。你体会伟大情感的程度愈高，你了解人道的范围亦愈广。我们对待自然界我以为也是如此。我们爱寻常上原，不如爱高山大水；爱市河庸沼，不如流涧大瀑；爱白日广天，不如朝彩晚霞；爱细雨微风，不如疾雷迅雨。

简言之，我们也爱自然界情感奋切的际会，他所行动的情绪，当然也不是平常庸气。

所以我十数年前私塾爱打阵，如今也还是爱打阵，不过这爱字意义不尽同就是。

有一天我正在房里看书，列兰（房东的小女孩，她每次见天象变迁总来报告我，我看见两个最富贵的落日，都是她的功劳）跑来说天快打阵了。我一看窗外果然完全矿灰色，一阵阵的灰在街心里卷起，路上的行人都急忙走着，天上已经叠好无数的雨饼，此等信号一动就下，我赶快穿了雨衣，外加我们的袍，戴上方帽，出门骑上自行车，飞快向我校背赶去。一路雨点已经雹块似的抛下。河边满树开花的栗树、曼陀罗、紫丁香，一齐俯首觳觫，专待恣暴，但他们芬芳的呼吸，却彻浃重实的空气，似乎向孟浪的狂且，乞情求免。

我到校门的时候，满天几乎漆黑，雷声已动，门房迎着笑道："呀，你到得真巧，再过一分钟，你准让阵雨漫透！"我笑答道："我正为要漫透来的！"

我一口气跑到河边，四围估量了一下，觉得还是桥上的地位最好，我就去靠在桥栏上老等，我头顶正是那株靠河最大的橘树，对面是棵柳树，从柳丝里望见先华亚学院的一角，和我们著名教堂（King's Chapel）的后背；两树的中间，正对校友居（Fellows' Building）的大部，中隔着百码见方齐整匀净葱翠的草庭。这是在我的右边。从柳树的左手望见亭亭倩倩三环洞的先华亚桥，她的妙景，整整地印在平静的康河里，河左岸的牧场上，依旧有几匹马几条黄白花牛在那里吃草，啮啮有声，完全不理会天时的变迁，只晓得勤拂着马鬃牛尾，驱逐愈狠的马蝇牛虫。此时天色虽则阴沉可怕，然我眼前绝美的一幅图画——绝色的建筑，庄严的寺角，绝色的绿草，绝色的河与桥，绝色的垂柳高橘——只是一片异样恬静，绝不露仓皇形色。草地上有三两只小雀，时常地跳跃；平常高唱好画者黑雀却都住了口，大约伏在巢里看光景，只远处偶然的鸦啼，散沙似的从半天里撒下。

记得，桥上有我站着。

来了！雷雨都到了猖獗的程度，只听见自然界一体的喧哗；雷是鼓，雨落草地是沉溜的弦声，雨落水雨是急珠走盘声，雨落柳上是疏郁的琴声，雨落桥栏是击草声。

西南角——牧场那一边我的左手，正对校友居——的云堆里，不时放射出电闪，穿过树林，仿佛好几条紧缠的金蛇掠过光景，一直打到教堂的颜色玻璃和校友居的青藤白石和凹屈别致的窗坡上，像几条铜扁担，同时打一块磨石大的火石，金花四射，光惊骇目。

雨忽注不休。云色虽稍开明，但四围都是雨激起的烟雾苍茫，克莱亚的一面几乎看不清楚。我仰庇橘老翁的高荫，身上并不大湿，但桥上的水，却分成几道泥沟，急冲下来，我站在两条泥沟的中间，所以鞋也没有透水。同时我很高兴地发现离我十几码的一棵大榆树底下，也有两个人站着，但他们分明是避雨，不是像我米看米经验打阵。他们在那里划火抽烟，想等过这阵急霖。

那边牧场方才不管天时变迁尽吃的朋友，此时也躲在场中间两枝榆树底下，马低着头，牛昂着头，在那里抱怨或是崇拜老天的变怒。

雨已经下了十几分钟，益发大了。雷电都已休止，天色也更清明了。但我所仰庇的橘老翁，再也不能继续荫庇我，他老人家自己的胡髭，也支不住淋漓起来，结果是我浑身增加好几斤重量。有时作恶的水一直灌进我的领子，直溜到背上，寒透肌骨；桥栏也全没了；我脚下的干土，也已经渐次灭迹，几条泥沟，已经迸成一大股浑流，踊跃进行，我下体也增加了重量，连胫骨都湿了。到这个时候，初阵的新奇已经过去，满眼只是一体的雨色，满耳只是一体的雨声，满身只是一体的雨感觉，我独身——避雨那两位已逃入邻近的屋子里——在大雨里听淹，头上的方巾已成了湿巾，前后左右淋个不住，倒觉得无聊起来。

但我有希望，西天的云已经开解不少，露出夕阳的预兆，我想这雨一停一定有奇景出现——我于是立定主意与雨赌耐心。我向地上看，看无数的榆钱在急涡里乱转，还有几个不幸的虫蚁也葬身在这横流之中，我忽然想起道施滔奄夫斯基的一部小说里的一个设想，他说你若然发现你自己在一沧海中一块仅仅容足的拳石上，浪涛像狮虎似的向你身上扑来，你在这完全绝望的境地，你还想不想活命？我又想起康赖特的《大风》，人和自然原质的决斗。我又想像我在西伯利亚大雪地，穿着皮裘，手拿牧杖，站在一大群绵羊中间。我想战阵是冒险，恋爱是更大的冒险，死是最大的冒险。我想起耶稣，魔鬼，薇纳司，福贺司德；我想飞出这雨圈，去踏在雨云的背上，看他们工作。我想……半点钟已过，我心海里至少涌起了几万种幻想，但雨还是倒个不住。

又过了足足十分钟，雨势方才收敛。满林的鸟雀都出了家门，使劲的欢呼高唱；此时云彩很别致，东中北三路，还是满布着厚云，并且极低，似乎紧罩在教堂的 H 形尖阁上，但颜色已从乌黑转入青灰，西南隅的云已经开张了一只大口，从月牙形的云絮背后冲射出一海的明霞，仿佛菩萨背后的万道佛光，这精悍的烈焰，和方才初雨时的电闪一样，直照在教堂和校友居的上楼，将一带白玻璃窗尽数打成纯粹的黄金，教堂颜色玻璃窗上的反射更为强烈，那些画中人物都像穿扮整齐，在金河里游泳跳舞。妙处尤在这些高宇的后背及顶头，只是一片深青，越显得西天云罅月漏的精神，彩焰奔腾的气象。

未雨之先，万象都只是静，现在雨一过，风又敛迹，天上虽在那里变化，地上还是一体的静；就是阵前的静，是空气空实的现象，是严肃的静，这静是大动大变的符号先声，是火山炸裂前的静；阵雨后的静不同，空气里的热质，已经彻底洗净，草青树绿经过了恐怖，重复清新自喜，益发笑容可掬，四围的水汽雾意也完全灭迹，这静是清的静，是平静，和悦安舒的静。在这静里，流利的鸟语，益发调新韵切，宛似金匙击玉磬，清脆无比。我对此自然从大力里产出的美，从剧变里透出的和谐，从纷乱中转出的恬静，从暴怒中映出的微笑，从迅奋里结成的安闲，只觉得胸头塞满——喜悦惊讶，爱好，崇拜，感奋的情绪，满身神经都感受强烈痛快的震撼，两眼火热地蓄泪欲流，声音肢体愿随身旁的飞禽歌舞；同时，我自顶至踵完全湿透浸透，方巾上还不住地滴水，假如有人见我，一定疑心我落了水，但我那时绝对不觉得体外的冷，只觉得体内高乐的热。（我也没有受寒。）

我正注目看西方渐次扫荡满天云铜的太阳，偶然转过身来，不禁失声惊叫。原来从校友居的正中起直到河的左岸，已经筑起一条鲜明五彩的虹桥！

再谈管孩子

你做小孩时候快活不？我，不快活。至少我在回忆中想不起来。你满意你现在的情况不？你觉不觉得有地方习惯成了自然，明知是做自己习惯的奴隶却又没法摆脱这束缚，没法回复原来的自由？不但是实际生活上，思想、意志、性情也一样有受习惯拘挚的可能。习惯都是养成的，我们很少想到我们这时候觉着的浑身的镣铐，大半是小时候就套上的——记着一岁到六岁是品格与习惯的养成的最重要时期。我小时候的受业师袁花查桐苏先生，因为他出世时父母怕孩子遭凉没有给洗澡，他就带了这不洗澡习惯到棺材里去——从生到死五十几年一次都没有洗过身体！他也不刷牙，不洗头，很少擦脸。脏得叫人听了都腻心不是？我们却很少想到我们品格上，性情上，乃至思想上的不洁，多半是原因于小时候做父母的姑息与颠顸。

这是实际情形，不容掩讳的。我们用不着归咎这样，归咎那样，说来很简单，只是一个教育问题：可不是上学以后，而是上学以前的教育问题。品格教育，不是知识教育。我们不敢说合理的养育就可以消灭所有的败类，但我们确信（借近代科学研究的光）环境与有意识的训练在十次里至少有八九次可以变化气质，养成品格。什么事只要基础打好就有办法，屋漏了容易修，墙坏了可以补，基础不坚实时可麻烦。管好你的孩子，帮他开好方向，以后他就会自己寻路走。

但是你说谁家父母不想管好他们的孩子？原是的。但我们要问问仔细，一般父母心目中的"好孩子"究竟是不是好孩子。究竟他们的管法是不是：（一）替孩子本身的利益，（二）替全社会着想。我的观察是老派父母养育的观念整个儿是不对的。他们的意思是爱，他们的实效是害。我敢断定现代大多数的父母是对他们的子女负罪的。养花是多简单的一件事，但有的花不能多晒，有的不能多浇水，还有土性的关系，一不小心，花就种死，或是开得寒伧，辜负了它的种性。管孩子至少比养花更难些。很多的孩子是晒太多浇太勤给闹坏的。这几乎完全是一个科学问题，感情的地位，如其有，很是有限，单靠爱是不够的。单凭成法也是不够的。养花得识花性，什么花怎么养法；管孩子得明白孩子性质，什么孩子怎么管法——每朝每晚都得用心看着，差不得一点。打起了底子，以后就好办。

这话听得太平常了。谁不知道不是？让我们来看看实际情形。我们不讲无知识阶级的父母，实际乡下人的管孩子倒是合理得多，他们比较的"接近自然"。最可痛的是所谓有知识阶级乃至于"知识阶级"的育儿情形。别笑话做母亲的在人前拖出奶来喂孩子，这是应得奖励的。有钱人家有了孩子就交给奶妈，谁耐烦抱孩子，高兴的时候要过来逗逗亲亲叫几声乖，恼了就喊奶妈抱了去，多心烦！结果我们中上等人家的孩子运定是老妈乃至丫头们的玩物！有好多孩子身上闻着老妈的臭味，脸上看出老妈的傻相！

单看我们孩子的衣着先就可笑。浑身全给裹得紧紧，胳膊，腿，也不叫露在外面，怕着凉。怕着凉，不错；可是，裤子是开裆的，孩子一往下蹲，屁股就往外露，肚子也就连带通风——这倒不怕着凉了！孩子是不能常洗澡的，洗澡又容易着凉，我们家乡地方终年不洗澡的孩子并不出奇，我不知道我自己小时候平均每年洗几回澡，冬天不用说，因为屋子不生火，当然不洗，夏天有时不得不洗，但只浅浅的一只小脚桶，水又是滚烫（不滚容易着凉!），结果孩子们也就不爱洗。我记得孩子时候顶怕两件事，一件是剃头，一件是洗澡。"今天我总得'捉牢'他来剃头"，"今天我总得'捉牢'他来洗澡"，我妈总是这么说；他们可不对我讲一个人一定得洗澡的理由，他们也不想法把洗的方法给弄适意些。这影响深极了，我到这老大年纪每回洗澡虽不至厌恶，总不见得热心；看作一种必要的麻烦，不是愉快的练习。泅水也没有学会，猜想也是从小对洗身没有感情的缘故。我的孩子更可笑了。跟我一样，他也不热心洗澡。有一次我在家里（他是祖母管大的），好容易拉了他一起洗，他倒也没有什么，明天再洗，成绩很好，再来几次就可以有引起他兴趣的希望。可是他第二天碰巧有了发热，家里人对他说你看，都是你爸爸不好，硬拖你洗，又着凉了，下回再不要听他的！他们说这话也许一半是好玩，但孩子可是认了真，下回他再也不跟爸爸洗澡了！

像这类的情形真是举不胜举；但单纯关于身体的习惯比较还容易改。最坏的是一般父母心目中的"好孩子"观念。再没有比父母更专制的：他们命令，他们强制，他们骂，他们打；他们却从不对孩子讲理——好像孩子比他们自己欠聪明，懂不得理似的！他们用种种的方法教孩子学大人样——简单说，愈不像孩子的孩子在他们看是愈好的孩子。孩子得听话，不许闹——中国父母顶得意的是他们的孩子听大人吩咐规规矩矩的叫人，绝对机械性的叫人——"伯伯"，"妈妈"。我有时看孩子们哭丧着脸听话叫人的时候，真觉得难受！所以叫人是孩子聪明乖的唯一标准。因为要强制孩子听大人话（孩子最不愿意听大人话！）大人们有时就得用种种谎骗恫吓的方法。多少在成人后作伪与懦怯的品性是"别哭，老虎来了"，"别嚷，老太太来了"，"不许吃，吃了要长疮的"一类话给养成的。孩子一定得胆小怕事，这又是中国父母的得意文章。"我们的阿大真不好，胆子大极了"，或是"你们的宝宝多好，他一个人走路都不敢的"。我记得我小的时候，家里人常拿鬼来吓我，结果我胆小极了，从来不敢一个人进屋子或是单身睡一个床——说来太可笑，你们不信，我到结亲以前还是常常同妈妈睡一床的！这怕黑暗怕鬼的影响到如今还有痕迹。我那时候实在胆子并不小，什么事有机会都想试试，后来他们发明了一个特别的恐吓，骗我不是我妈生的，是"网船"（即渔船）上抱来的，每天头上包着蓝布走进天井来问要虾不要的那个渔婆就是我的亲娘，每回我闹凶了，胆子"太大了"，他们就说"再闹叫你网船上的娘来抱回去"，那灵极了，一说我就瘪，再也不敢强了。这也有极坏的影响。我的孩子因为在老家里生长，他们还是如法炮制。每回我一回家，就奖励他走路上山，甚至爬石头，他也是顶喜欢的。有一次我带他在山上住，天天爬山乐得很，隔一天他回家了，碰巧有点发热，家里人又有了机会来破坏爸爸的威信了："你看都是你爸，领你到山上去乱跑，着了凉发热，下回再不要听他了！"当然他再也不听信爸爸了！

但是孩子们的习惯，赶早想法转移，也是很容易的事。就我的孩子说，因为生长在老式家庭里的缘故，所有已经将次养成的习惯多半是我们认为不对的，我们认由应分训练的习惯却一点不顾着，这由于（一）"好孩"观念的错误，（二）拘执成法。再没有比我的父母再爱孙儿的，他病了我母亲整天整晚的抱着，有几次在夏天发热简直是一个火炉；晚上我母亲同他睡，在冬天常常通宵握住他的冷脚给窝暖；但爱是一件事，得法不得法又是一件事。这回好了，他自己的妈（张幼仪女士，不久来京，想专办蒙养教育）从德国研究蒙养教育毕业回来了。孩子一归她管不到两个月工夫，整个儿变化了，至少在看得见的习惯上。他本来晚上上床早上起身没有定时的，现在十点钟一定睡，早上也一定时候起，听说每晚到了十点钟他自己觉得大人不理他了，他就看一看钟站起来说明天会，自己去睡了。本来他晚上睡不但不换睡衣，有时天凉连棉袄都穿了睡的，现在自己每晚穿衣换衣，早上穿衣起身再也不叫旁人帮忙。本来最不愿意念书写字，现在到了一定时候，就会自动写字念书。本来走一点路就叫肚疼或腿酸的，现在长路散步成了习惯。洗澡什么当然也看作当然了。最好是他现在学会了认真刷牙（他在德国死的弟弟两岁起就自己刷牙了），舀水满脸洗，洗过用干布擦，一点也不含糊了！在知识上也一样的有进步，原先在他念书写字因为上面含有强迫性质看作一种苦恼，现在得了相当的引诱与指导，自动的兴趣也慢慢的来了。这种地方虽则小，却未始不是想认真做父母的一个启示。不要怪你们孩子性子强不好，或是愁他们身子不好，实际只要你们肯费一点心思，花一点工夫，认清了孩子本能的倾向，治水似的耐心的去疏导它，原来不好的地方很容易变好，性情、身体，都可以立刻见效的。"性相近，习相远"，这话是真理；我们或许有一天可以进一步相信"人之初，性本善"哪！没有工作比创造的工作更愉快更伟大的：做父母的都有一个创作的机会，把你们的孩子养成一个健康、活泼、灵敏、慈爱的成人，替社会造个有用的人才，替自然完成一个有意识的工作，同时也增你们自己的光，添你们的欢喜——这机会还不够大吗？看看现代的成人，为什么都是这懒，遗脏（尤其在品格上与思想上），这蠢，这丑，这破烂；看看现代的青年，为什么这弱，这忌心重，这多愁多悲哀，这种种的不健康——多半是做爹娘的当初不曾尽他们应尽的责任，一半是愚暗，一半是懒怠，结果对不起社会，对不起孩子们自身，自己也没有好处，这真是何苦来！

我的祖母之死

一

一个单纯的孩子，

过他快活的时光，

兴匆匆的，活泼泼的，

何尝识别生存与死亡？

这四行诗是英国诗人华茨华斯（William Wordsworth）一首有名的小诗叫做"我们是七人"（We are Seven）的开端，也就是他的全诗的主意。这位爱自然、爱儿童的诗人，有一次碰着一个八岁的小女孩，发鬟蓬松的可爱，他问她兄弟姊妹共有几人，她说我们是七个，两个在城里，两个在外国，还有一个姊妹一个哥哥，在她家里附近教堂的墓园里埋着。但她小孩的心里，却不分清生与死的界限，她每晚携着她的干点心与小盘皿，到那墓园的草地里，独自的吃，独自的唱，唱给她的在土堆里眠着的兄姊听，虽则他们静悄悄的莫有回响，她烂漫的童心却不曾感到生死间有不可思议的阻隔；所以任凭华翁多方的譬解，她只是睁着一双灵动的小眼，回答说：

"可是，先生，我们还是七人。"

二

其实华翁自己的童真，也不让那小女孩的完全。他曾经说，"在孩童时期，我不能相信我自己有一天也会得悄悄的躺在坟里，我的骸骨会得变成尘土"。又一次他对人说，"我做孩子时最想不通的，是死的这回事将来也会得轮到我自己身上"。

孩子们天生是好奇的，他们要知道猫儿为什么要吃耗子，小弟弟从哪里变出来的，或是究竟先有鸡还是先有鸡蛋；但人生最重大的变端——死的现象与实在，他们也只能含糊的看过，我们不能期望一个个小孩子们都是搔头穷思的丹麦王子。他们临到丧故，往往跟着大人啼哭，但他只要眼泪一干，就会到院子里踢毽子，赶蝴蝶，即使在屋子里长眠不醒了的是他们的亲爹或亲娘，大哥或小妹，我们也不能盼望悼死的悲哀可以完全翳蚀了他们稚羊小狗似的欢欣。你如其对孩子说，你妈死了，你知道不知道——他十次里有九次只是对着你发呆，但他等到要妈叫妈，妈偏不应的时候，他的嫩颊上就会有热泪流下。但小孩天然的一种表情，往往可以给人们最深的感动。我生平最忘不了的一次电影，就是描写一个小孩爱恋已死母亲的种种天真的情景。她在园里看种花，园丁告诉她这花在泥里，浇下水去，就会长大起来。那天晚上天下大雨，她睡在床上，被雨声惊醒了，忽然想起园丁的话，她的小脑筋里就发生了绝妙的主意。她偷偷的爬出了床，走下楼梯，到书房里去拿下桌上供着的她死母的照片，一把揣在怀里，也不顾倾倒着的大雨，一直走到园里，在地上用园丁的小锄掘松了泥土，把她怀里的亲妈，谨慎的取了出来，栽在泥里，把松泥掩护着；她做完了工就蹲在那里守候——一个三四岁的女孩，穿着白色的睡衣，在深夜的暴雨里，蹲在露天的地上，专心笃意的盼望已经死去的亲娘，像花草一般，从泥土里发长出来！

三

我初次遭逢亲属的大故，是二十年前我祖父的死，那时我还不满六岁。那是我生平第一次可怕的经验，但我追想当时的心理，我对于死的见解也不见得比华翁的那位小姑娘高明。我记得那天夜里，家里人吩咐祖父病重，他们今夜不睡了，但叫我和我的姊妹先上楼睡去，回头要我们时他们会来叫的。我们就上楼去睡了，底下就是祖父的卧房，我那时也不十分明白，只知道今夜一定有很怕的事，有火烧、强盗抢、做怕梦，一样的可怕。我也不十分睡着，只听得楼下的急步声、碗碟声、唤婢仆声、隐隐的哭泣声，不息的响着。过了半夜，他们上来把我从睡梦里抱了下去，我醒过来只听得一片的哭声，他们已经把长条香点起来，一屋子的烟，一屋子的人，围拢在床前，哭的哭，喊的喊，我也捱了过去，在人丛里偷看大床里的好祖父。忽然听说醒了醒了，哭喊声也歇了，我看见父亲爬在床里，把病父抱持在怀里，祖父倚在他的身上，双眼紧闭着，口里衔着一块黑色的药物，他说话了，很清的声音，虽则我不曾听明他说的什么话，后来知道他经过了一阵昏晕，他又醒了过来对家人说："你们吃吓了，这算是小死。"他接着又说了好几句话，随讲音随低，呼气随微，去了，再不醒了，但我却不曾亲见最后的弥留，也许是我记不起，总之我那时早已跪在地板上，手里擎着香，跟着大众高声的哭喊了。

四

此后我在亲戚家收殓虽则看得不少，但死的实在的状况却不曾见过。我们念书人的幻想力是比较的丰富，但往往因为有了幻想力，就不管生命现象的实在，结果是书呆子，陆放翁说的"百无一用是书生"。人生的范围是无穷的，我们少年时精力充足什么都不怕尝试，只愁没有出奇的事情做，往往抱怨这宇宙太窄，青天太低，大鹏似的翅膀飞不痛快，但是……但是平心的说，且不论奇的、怪的、特别的、离奇的，我们姑且试问人生里最基本的事实，最单纯的、最普遍的、最平庸的、最近人情的经验，我们究竟能有多少的把握？我们能有多少深彻的了解？我们是否都亲身经历过？譬如说：生产、恋爱、痛苦、悲、死、妒、恨、快乐、真疲倦、真饥饿、渴、毒焰似的渴、真的幸福、冻的刑罚、忏悔、种种的情热。我可以说，我们平常人生观、人类、人道、人情、真理、哲理、本能等名词不离口吻的念书人们，什么文学家，什么哲学家，关于真正人生基本的事实的实在，知道的恐怕是极微至鲜，即使不等于圆圈。我有一个朋友，他和他夫人的感情极厚，一次他夫人临到难产，因为在外国，所以进医院什么都得他自己照料，最后医生宣言只有用手术一法，但性命不能担保，他没有法子，只好和他半死的夫人诀别（解剖时亲属不准在旁的）。满心毒魔似的难受，他出了医院，走在道上，走上桥去，像得了离魂病似的，心脉舂臼似的跳着，最后他听着了教堂和缓的钟声，他就不自主的跟着钟声，进了教堂，跟着在做礼拜的跪着，祷告，忏悔，祈求，唱诗，流泪（他并不是信教的人），他这样捱过时刻，后来回转医院时，一步步都是惨酷的磨难，比上行刑场的犯人，加倍的难受，他怕见医生与看护妇，仿佛他的运命是在他们的手掌里握着。事后他对人说："我这才知道了人生一点子的意味！"

五

所以不曾经历过精神或心灵的大变的人们，只是在生命的户外徘徊，也许偶尔猜想到几分墙内的动静，但总是浮的浅的，不切实的，甚至完全是隔膜的。人生也许是个空虚的幻梦，但在这幻象中，生与死，恋爱与痛苦，毕竟是陡起的奇峰，应得激动我们彷徨者的注意，在此中也许可以感悟到一些幻里的真，虚中的实。这浮动的水泡不曾破裂以前，也应得饱吸自由的日光，反射几丝颜色！

我是一只不羁的野驹，我往往纵容想象的猖狂，诡辩人生的现实；比如凭藉凹折的玻璃，觉察当前景色。但时而复再，我也能从烦嚣的杂响中听出清新的乐调，在眩耀的杂彩里，看出有条理的意匠。这次祖母的大故，老家庭的生活，给我不少静定的时刻，不少深刻的反省。我不敢说我因此感悟了部分的真理，或是取得了若干的智慧，我只能说我因此与实际生活更深了一层的接触，益发激动我对于人生种种好奇的探讨，益发使我惊讶这迷迷的玄妙，不但死是神奇的现象，不但生命与呼吸是神奇的现象，就连日常的生活与习惯与迷信，也好像放射着异样的光闪，不容我们擅用一两个形容词来概状，更不容我们昌言什么主义来抹煞——一个革新者的热心，碰着了实在的寒冰！

六

我在我的日记里翻出一封不曾写完不曾付寄的信，是我祖母死后第二天的早上写的。我那时在极强烈的极鲜明的时刻内，很想把那几日经过感想与疑问，痛快的写给一个同情的好友，使他在数千里外也能分尝我强烈的鲜明的感情。那位同情的好友我选中了通伯①。但那封信却只起了一个呆重的头，一为丧中忙，二为我那时眼热不耐用心，始终不曾写就，一直挨到现在再想补写，恐怕强烈已经变弱，鲜明已经透暗，逃亡的囚逋，不易追获的了。我现在把那封残信录在这里，再来追摹当时的情景。

通伯：我的祖母死了！从昨夜十时半起，直到现在，满屋子只是号啕呼抢的悲音与和尚通士女僧的礼忏鼓磬声。二十年前祖父丧时的情景，如今又在眼前了。忘不了的情景！你愿否听我讲些？

我一路回家，怕的是也许已经见不到老人，但老人却在生死的交关仿佛存心的弥留着，等待她最钟爱的孙儿——即不能与他开言诀别，也使他尚能把握她依然温暖的手掌，抚摩她依然跳动着的胸怀，凝视她依然能自开自阖虽则不再能表情的目睛。她的病是脑充血的一种，中医称为"卒中"（最难救的中风）。她十日前在暗房里踬仆倒地，从此不再开口出言，登仙似的结束了她八十四年的长寿，六十年良妻与贤母的辛勤，她现

---

① 陈源（1896—1910），字通伯，笔名陈西滢，江苏无锡人。

在已经永远的脱辞了烦恼的人间，还归她清净自在的来处。我们承受她一生的厚爱与荫泽的儿孙，此时亲见，将来追念，她最后的神化，不能自禁中怀的摧痛，热泪暴雨似的盆涌，然痛心中却亦隐有无穷的赞美，热泪中依稀想见她功成德备的微笑，无形中似有不朽的灵光，永远的临照她绵衍的后裔……

七

旧历的乞巧那一天，我们一大群快活的游踪，驴子灰的黄的白的，轿子四个脚夫抬的，正在山海关外，纡回的、曲折的绕登角山的栖贤寺，面对着残圮的长城，巨虫似的爬山越岭，隐入烟霭的迷茫。那晚回北戴河海滨住处，已经半夜，我们还打算天亮四点钟上莲峰山去看日出，我已经快上床，忽然想起了，出去问有信没有，听差递给我一封电报，家里来的四等电报。我就知道不妙，果然是"祖母病危速回"！我当晚就收拾行装，赶早上六时车到天津，晚上才上津浦快车。正嫌路远车慢，半路又为水发冲坏了轨道过不去，一停就停了十二点钟有余，在车里多过了一夜，直到第三天的中午方才过江上沪宁车。这趟车如其准点到上海，刚好可以接上沪杭的夜车，谁知道又误了点，误了不多不少的一分钟，一面我们的车进站，他们的车头呜的一声叫，别断别断的去了！我若然是空身子，还可以冒险跳车，偏偏我的一双手又被行李雇定了，所以只得定着眼睛送它走。

所以直到八月二十二日的中午我方才到家。我给通伯的信说"怕是已经见不着老人"，在路上那几天真是难受，缩不短的距离没有法子，但是那急人的水发，急人的火车，几面凑扰来，叫我整整的迟一昼夜到家！试想病危了的八十四岁的老人，这二十四点钟不是容易过的，说不定她刚巧在这个期间内有什么动静，那才叫人抱憾哩！但是结果还算没有多大的差池——她老人家还在生死的交关等着!

八

奶奶——奶奶——奶奶! 奶——奶! 你的孙儿回来了,奶奶! 没有回音。老太太阖着眼,仰面躺在床里,右手拿着一把半旧的雕翎扇很自在的扇动着。老太太原来就怕热,每年暑天总是扇子不离手的,那几天又是特别的热。这还不是好好的老太太,呼吸顶匀净的,定是睡着了,谁说危险! 奶奶,奶奶! 她把扇子放下了,伸手去摸着头顶上挂着的冰袋,一把抓得紧紧的,呼了一口长气,像是暑天赶道儿的喝了一碗凉汤似的,这不是她明明的有感觉不是? 我把她的手拿在我的手里,她似乎感觉我手心的热,可是她也让我握着,她开眼了! 右眼张得比左眼开些,瞳子却是发呆,我拿手指在她的眼前一挑,她也没有瞬,那准是她瞧不见了——奶奶,奶奶——她也真没有听见,难道她真是病了,真是危险,这样爱我疼我宠我的好祖母,难道真会得⋯⋯我心里一阵的难受,鼻子里一阵的酸,滚热的眼泪就迸了出来。这时候床前已经挤满了人,我的这位,我的那位,我一眼看过去,只见一片惨白忧愁的面色,一双双装满了泪珠的眼眶。我的妈更看的憔悴。她们已经伺候了六天六夜,妈对我讲祖母这回不幸的情形,怎样的她夜饭前还在大厅上吩咐事情,怎样的饭后进房去自己擦脸,不知怎样的闪了下去,外面人听着响声才进去,已经是不能开口了,怎样的请医生,一直到现在还没有转机⋯⋯

一个人到了天伦骨肉的中间,整套的思想情绪,就变换了式样与颜色。你的不自然的口音与语法没有用了;你的耀眼的袍服可以不必穿了;你的洁白的天使的翅膀,预备飞翔出人间到天堂的,不便在你的慈母跟前自由的开豁;你的理想的楼台亭阁,也不易轻易的放进这二百年的老屋;你的佩剑、要塞,以及种种的防御,在争竞的外界即使是必要的,到此只是可笑的累赘。在这里,不比在其余的地方，他们所要求于你的，只是随熟的声音与笑貌，只是好的、纯粹的本性，只是一个没有斑点子的赤裸裸的好心。在这些纯爱的骨肉的经纬中心，不由得你不从你的天性里抽出最柔糯亦最有力的几缕丝线来加密或是缝补这幅天伦的结构。

所以我那时坐在祖母的床边，含着两朵热泪，听母亲叙述她的病况，我脑中发生了异常的感想，我像是至少逃回了二十年的光阴，正如我膝前子侄辈一般的高矮，回复了一片纯朴的童真，早上走来祖母的床前，揭开帐子叫一声软和的奶奶，她也回叫了我一声，伸手到里床去摸给我一个蜜枣或是三片状元糕，我又叫了一声奶奶，出去玩了，那是如何可爱的辰光，如何可爱的天真，但如今没有了，再也不回来了。现在床里躺着的，还不是我的亲爱的祖母，十个月前我伴着到普陀登山拜佛清健的祖母，但现在何以不再答应我的呼唤，何以不再能表情，不再能说话，她的灵性哪里去了，她的灵性哪里去了？

九

一天，一天，又是一天——在垂危的病榻前过的时刻，不比平常飞驶无碍的光阴，时钟上同样的一声嗒，直接打在你的焦急的心里，给你一种模糊的隐痛——祖母还是照样的眠着，右手的脉自从起病以来已是极微仅有的，但不能动弹的却反是有脉的左侧，右手还是不时在挥扇，但她的呼吸还是一例的平匀，面容虽不免瘦削，光泽依然不减，并没有显著的衰象，所以我们在旁边看她的，差不多每分钟都盼望她从这长期的睡眠中醒来，打一个哈欠，就开眼见人，开口说话——果然她醒了过来，我们也不会觉得离奇，像是原来应当似的。但这究竟是我们亲人绝望中的盼望，实际上所有的医生，中医、西医、针医，都已一致的回绝，说这是"不治之症"，中医说这脉象是凭证，西医说脑壳里血管破裂，虽则植物性机能——呼吸、消化——不曾停止，但言语中枢已经断绝——此外更专门更玄学更科学的理论我也记不得了。所以暂时不变的原因，就在老太太本来的体元太好了，拳术家说的"一时不能散工"，并不是病有转机的兆头。

我们自己人也何尝不明白这是个绝症？但我们却总不忍自认是绝望，这"不忍"便是人情。我有时在病榻前，在凄悒的静默中，发生了重大的疑问。科学家说人的意识与灵感，只是神经系最高的作用，这复杂、微妙的机械，只要部分有了损伤或是停顿，全体的动作便发生相当的影响；如其最重要的部分受了扰乱，他不是变成反常的疯癫，便是完全的失去意识。照这一说，体即是用，离了体即没有用；灵魂是宗教家的大谎，人的身体一死什么都完了。这是最干脆不过的说法，我们活着时有这样有那样已经尽够麻烦，尽够受，谁还有兴致，谁还愿意到坟墓的那一边再去发生关系？地狱也许是黑暗的，天堂是光明的，但光明与黑暗的区别无非是人类专擅的假定，我们只要摆脱这皮囊，还归我清静，我就不愿意头戴一个黄色的空圈子，合着手掌跪在云端里受罪！

再回到事实上来，我的祖母——一位神智最清明的老太太——究竟在哪里？我既然不能断定因为神经部分的震裂她的灵感性便永远的消减，但同时她又分明的失却了表情的能力，我只能设想她人格的自觉性，也许比平时消淡了不少，却依旧是在着，像在梦魇里将醒未醒时似的，明知她的儿女孙曾不住的叫唤她醒来，明知她即使要永别也总还有多少的嘱咐，但是可怜她的睛球再不能反映外界的印象，她的声带与口舌再不能表达她内心的情意，隔着这脆弱的肉体的关系，她的性灵再不能与她最亲的骨肉自由的交通——也许她也在整天整夜的伴着我们焦急，伴着我们伤心，伴着我们出泪，这才是可怜，这才真叫人悲感哩！

十

到了八月二十七那天，离她起病的第十一天，医生吩咐脉象大大的变了，叫我们当心，这十一天内每天她只咽入很困难的几滴稀薄的米汤，现在她的面上的光泽也不如早几天了，她的目眶更陷落了，她的口部的筋肉也更宽弛了，她右手的动作也减少了，即使拿起了扇子也不再能很自然的扇动了——她的大限的确已经到了。但是到晚饭后，反是没有什么显象。同时一家人着了忙，准备寿衣的，准备冥银的，准备香灯等等的。我从里走出外，又从外走进里，只见匆忙的脚步与严肃的面容。这时病人的大动脉已经微细的不可辨，虽则呼吸还不至怎样的急促。这时一门的骨肉已经齐集在病房里，等候那不可避免的时刻。到了十时光景，我和我的父亲正坐在房的那一头一张床上，忽然听得一个哭叫的声音说——"大家快来看呀，老太太的眼睛张大了！"这尖锐的喊声，仿佛是一大桶的冰水浇在我的身上，我所有的毛管一齐竖了起来，我们踉跄的奔到了床前，挤进了人群。果然，老太太的眼睛张大了，张得很大了！这是我一生从不曾见过，也是我一辈子忘不了的眼见的神奇。（恕罪我的描写！）不但是两眼，面容也是绝对的神变了（Transfigured）：她原来皱缩的面上，发出一种鲜润的彩泽，仿佛半瘀的血脉，又一度满充了生命的精液，她的口，她的两颊，也都回复了异样的丰润；同时她的呼吸渐渐的上升，急进的短促，现在已经几乎脱离了气管，只在鼻孔里脆响的呼出了。但是最神奇不过的是一只眼睛！她的瞳孔早已失去了收敛性，呆顿的放大了。但是最后那几秒钟！不但眼眶是充分的张开了，不但黑白分明，瞳孔锐利的紧敛了，并且放射着一种不可形容，不可信的辉光，我只能称他为"生命最集中的灵光"！这时候床前只是一片的哭声，子媳唤着娘，孙子唤着祖母，婢仆争喊着老太太，几个稚龄的曾孙，也跟着狂叫太太……但老太太最后的开眼，仿佛是与她亲爱的骨肉，作无言的诀别，我们都在号泣的送终，她也安慰了，她放心的去了。在几秒时内，死的黑影已经移上了老人的面部，遏灭了生命的异彩，她最后的呼气，正似水泡破裂，电光沓灭，菩提的一响，生命呼出了窍，什么都止息了。

十一

　　我满心充塞了死象的神奇，同时又须雇管我有病的母亲，她那时出性的号啕，在地板上滚着，我自己反而哭不出来；我自己也觉得奇怪，眼看着一家长幼的涕泪滂沱，耳听着狂涕似的呼抢号叫，我不但不发生同情的反应，却反而达到了一个超感情的、静定的、幽妙的意境，我想象的看见祖母脱离了躯壳与人间，穿着雪白的长袍，冉冉的上升天去，我只想默默的跪在尘埃，赞美她一生的功德，赞美她一生的圆寂。这是我的设想！我们内地人却没有这样纯粹的宗教思想，他们的假定是不论死的是高年厚德的老人或是无知无愆的幼孩，或是罪大恶极的凶人，临到弥留的时刻总是一例的有无常鬼，摸壁鬼，牛头马面，赤发獠牙的阴差等等到门，拿着镣链枷锁，来捉拿阴魂到案。所以烧纸帛是平他们的暴戾，最后的呼抢是没奈何的诀别。这也许是大部分临死时实在的情景，但我们却不能概定所有的灵魂都不免遭受这样的凌辱。譬如我们的祖老太太的死，我只能想象她是登天，只能想象她慈祥的神化——像那样鼎沸的号啕，固然是至性不能自禁，但我总以为不如匍伏隐泣或祷默较为近情、较为合理。

　　理智发达了，感情便失了自然的浓挚。厌世主义的看来，眼泪与笑声一样是空虚的，无意义的。但厌世主义姑且不论，我却不相信理智的发达会妨碍天然的情感；如其教育真有效力，我以为效力就在剥削了不合理性的"感情作用"，但绝不会有损真纯的感情；他眼泪也许比一般人流得少些，但他等到流泪的时候，他的泪才是应流的泪。我也是智识愈开流泪愈少的一个人，但这一次却也真的哭了好几次。一次是伴我的姑母哭的，她为产后不曾复元，所以祖母的病一直瞒着她，一直到了祖母故后的早上方才通知她。她扶病来了，她还不曾下轿，我已经听出她在啜泣，我一时感觉一阵的悲伤，等到她出轿放声时，我也在房中嘘唏不住。又一次是伴祖母当年的赠嫁婢哭的。她比祖母小十一岁，今年七十三岁，亦已是个白发的婆子，她也来哭她的"小姐"，她是见着我祖母的花烛的唯一个人，她的一哭我也哭了。

再有是伴我的父亲哭的。我总是觉得一个身体伟大的人，他动情感的时候，动人的力量也比平常人伟大些。我见了我父亲哭泣，我就忍不住要伴着淌泪。但是感动我最强烈的几次，是他一人倒在床里，反复的啜泣着，叫着妈，像一个小孩似的，我就感到最热烈的伤感，在他伟大的心胸里浪涛似的起伏，我就感到母子的感情的确是一切感情的起原与总结，等到一失慈爱的荫蔽，仿佛一生的事业顿时莫有了根柢，所有的快乐都不能填平这唯一的缺陷，所以他这一哭，我也真哭了。

但是我的祖母果真是死了吗？她的躯体是的。但她是不死的。诗人勃兰恩德（Bryant）说：

So live, that when thy summons comes to join the innumerable caravan, which moves to that mysterious realm where each one takes his chamber in the silent halls of death, then go not, like the quarry slave at night scourged to his dungeon, but sustained and soothed.

By an unfaltering truth, approach thy grave like one that wraps the drapery of his couch, about him, and lies down to pleasant dreams.

如果我们生前是尽责任的，是无愧的，我们就会安坦的走近我们的坟墓，我们的灵魂里不会有惭愧或悔恨的啮痕。人生自生至死，如勃兰恩德的比喻，真是大队的旅客在不尽的沙漠中进行，只要良心有个安顿，到夜里你卧倒在帐幕里，也就不怕噩梦来缠绕。

我的祖母，在那旧式的环境里，到我们家来五十九年，真像是做了长期的苦工，她何尝有一日的安闲，不必说子女的嫁娶，就是一家的柴米油盐，扫地抹桌，哪一件事不在八十岁老人早晚的心上！我的伯父快近六十岁了，但他的起居饮食，还差不多完全是祖母经管的；初出世的曾孙如其有些身热咳嗽，老太太晚上就睡不安稳；她爱我宠我的深情，更不是文字所能描写；她那深厚的慈荫，真是无所不包，无所不蔽。但她的身心即使劳碌了一生，她的报酬却在灵魂无上的平安；她的安慰就在她的儿女孙曾，只要我们能够步她的前例，各尽天定的责任，她在冥冥中也就永远的微笑了。

第一章

1918—1922

1918 年，徐志摩拜梁启超为师后，随即赴美，入克拉克大学社会学系读书，所习专业为银行及社会学。1919 年 6 月，徐志摩在克拉克大学毕业，获该校一等荣誉奖。同年 9 月，考入哥伦比亚大学研究院习政治，倾心于政治、劳工、民主、文明等问题的研究。1920 年 9 月，徐志摩以学位论文《论中国的妇女地位》获哥伦比亚大学经济学硕士学位。

徐志摩在克拉克时与董任坚、张道宏、李济之等，结识了吴宓、梅光迪、赵元任等中国留学生。他政治热情空前高涨，热心各种社团活动，曾加入陆军训练团接受军事训练，还和李济之一起参加了哈佛大学的中国学生国防会，并意欲成立"中华合作协进社"。

1920 年 9 月获得硕士学位后，徐志摩了放弃了继续攻读博士学位的机会，随即离美赴英，拟进剑桥大学跟罗素读书。但到伦敦时，罗素已去中国，徐志摩遂改进伦敦大学政治经济学院，师从著名政治学家拉斯基攻读政治经济学博士学位。1921 年因与拉斯基的矛盾，经剑桥大学教授狄更生帮助，从伦敦大学转入剑桥大学国王学院，由此开启了康桥时期。

1920 年冬，张幼仪随刘子锴至英国伦敦，与徐志摩相聚。1921 年秋，张幼仪赴德求学，居柏林，徐志摩仍在伦敦。1921 年徐志摩在英国认识林长民及其女林徽音，经林长民介绍认识狄更生。1922 年 2 月，徐志摩次子彼得生于柏林。3 月，在柏林由吴经熊、金岳霖作证，与张幼仪离婚。

在英国期间，徐志摩结识了曼殊菲尔、陈西滢、章士钊、威尔斯、魏雷和卞因等中英著名作家和学者。

致南洋中学同学书

一九一八年八月十四日，志摩启行赴美，诸先生既祖饯之，复临送之，其惠于摩者至，抑其期于摩者深矣。窃闻之，谋不出几席者，忧隐于眉睫，足不逾闾里者，知拘于蓬蒿。诸先生于志摩之行也，岂不曰国难方兴，忧心如捣，室如县磬，野无青草，嗟尔青年，维国之宝，慎尔所习，以骍我脑。诚哉，是摩之所以引惕而自励也。

传曰：父母在，不远游。今弃祖国五万里，违父母之养，入异俗之域，舍安乐而耽劳苦，固未尝不痛心欲泣，而卒不得已者，将以忍小剧而克大绪也。耻德业之不立，遑恤斯须之辛苦；悼邦国之殄瘁，敢恋晨昏之小节：刘子舞剑，良有以也；祖生击楫，岂徒然哉？惟以华夏文物之邦，不能使有志之士，左右逢源，至于跋涉间关，乞他人之糟粕，作无谬之妄想，其亦可悲而可恸矣。

垂髫之年，辄抵掌恤慨，以破浪乘风为人生至乐，今自出海以来，身之所历，目之所触，皆足悲哭呜咽，不自知涕之何从也，而何有于乐？我国自戊戌政变，渡海求学者，岁积月增。比其返也，与闻国政者有之，置身实业者有之，投闲置散者有之。其上焉者，非无宏才也，或蔽于利。其中焉者，非无绩学也，或绌于用。其下焉者，非鲋涸无援，即枉寻直尺。悲夫！是国之宝也，而颠倒错乱若是。岂无志士，曷不急起直追，取法意大利之三杰，而犹徘徊因循，岂待穷途日暮而后夺博浪之椎，效韩安之狙？须知世杰秀夫不得回珠崖之飓，哥修士哥不获续波兰之祀。

所谓青年爱国者何如？尝试论之：夫读书至于感怀国难，决然远迈，方其浮海而东也，岂不慨然以天下为己任？及其足履目击，动魄刿心，未尝不握拳呼天，油然发其爱国之忱，其竟学而归，又未尝不思善用其所学，以利导我国家。虽然我徒见其初而已，得志而后，能毋徇私营利，犯天下之大不韪者鲜矣，又安望以性命，任

029

天下之重哉？夫西人贾竖之属，皆知爱其国，而吾所恃以为国宝者，咻咻乎不举其国而售之不止。即有一二英俊不诎之士，号呼奔走，而大厦将倾，固非一木所能支。且社会道德日益滔滔，庸庸者流引鸩自绝，而莫之止，虽欲不死得乎？窃以是窥其隐矣。游学生之不竞，何以故？以其内无所确持，外无所信约。人非生而知之，固将困而学之也。内无所持，故怯、故蔽、故易诱；外无所约，故贪、故谲、故披猖。怯则畏难而耽安，蔽则蒙利而蔑义，易诱则天真日汨，耆欲日深。腐于内则溃其皮，丧其本，斯败其行。贪以求，谲以伎，放行无忌，万恶骈生。得志则祸天下，委伏则乱乡党，如水就下，不得其道则泛滥横溢，势也不可得而御也。

　　如之何则可？曰：疏其源，导其流，而水为民利矣。我故曰："必内有所确持，外有所信约者，此疏导之法也。"庄生曰："内外犍。"朱子曰："内外交养。"皆是术也。确持奈何？言致其诚，习其勤，言诚自不欺，言勤自凤兴。庄敬笃励，意趣神明，志足以自固，识足以自察，恒足以自立。若是乎，金石可穿，鬼神可格，物虽欲厉之，容可信乎！信约奈何？人之生也，必有严师至友督饬之，而后能规化于善。圣人忧民生之无度也，为之礼乐以范之，伦常以约之。方今沧海横流之际，固非一二人之力可以排奡而砥柱，必也集同志，严誓约，明气节，革弊俗。积之深，而后发之大，众志成城，而后可有为于天下。若是乎，虽欲为不善，而势有所不能。而况益之以内养之功，光明灿烂，蔚为世表，贤者尽其才，而不肖者止于无咎。拨乱反正，雪耻振威，其在斯乎？其在斯乎？或曰：子言之易欤！行子之道者有之而未成也，奈何？然则必其持之未确也，约之未信也，偏于内则俭，骛于外则紊。世有英彦，必证吾言。况今日之世，内忧外患，志士贲兴，所谓时势造英雄也。时乎！时乎！国运以苟延也今日，作波韩之续也今日，而今日之事，吾属青年，实负其责。勿以地大物博，妄自夸诞，往者不可追，来者犹可谏。夫朝野之醉生梦死，固足自亡绝，而况他人之鱼肉我耶？

志摩满怀凄怆，不觉其言之冗而气之激，瞻彼弁髦，怒如捣兮，有不得不一吐其愚以商榷于我诸先进之前也。摩少鄙，不知世界之大，感社会之恶流，几何不丧其所操，而入醉生梦死之途？此其自为悲怜不暇，故益自奋勉，将悃悃愊愊，致其忠诚，以践今日之言。幸而有成，亦所以答诸先生期望之心于万一也！

八月三十一日太平洋舟中记

志摩杂记

一

十月十五日起，同居四人一体遵守协定章程，大目如六时起身，七时朝会（激耻发心），晚唱国歌，十时半归寝，日间勤学而外，运动散步阅报。

雄心已蓬勃，懒骨尚支离；日者晚间入寝将十一时，早六时起身，畏冷，口腻，必盥洗后始神气清爽，每餐后辄迟凝欲睡，在图书馆中过于温暖，尤令懒气外泄，睡魔内侵；惟晚上读书最为适意，亦二十年来习惯之果。生平病一懒字。母亲无日不以为言，几乎把一生懒了过去，从今打起精神，以杀懒虫，减懒气第一桩要事。

因懒而散漫，美其称曰落拓，余父母皆勤而能励，儿子何以懒散若是，岂查桐荪先生之遗教邪！志摩自是血性大，奈何幼时及成人，遂不闻丝毫激刺语；长受恶社会之熏陶，养成一种恶观念，恶习气，散漫无纪至于如此。从今起事事从秩序着手，头头是道，再要乱七八糟，难了难了。

可怜志摩失其性灵者二十余年矣！天不忍志摩以庸暗终其身也，幸得腾翮北游，濯羽青云，俯视下界，乃知所自从来者，其黑暗丑陋鄙塞龌龊，安足如是！反顾我身则犹是黑暗丑陋鄙塞龌龊之团体中之分子耳。其所有之持实未尝或缺，平日同在鲍鱼肆中，故习于臭，今忽到芝兰世界，始自惭形秽（以人性本善也）。于是始竭力磨其黑暗，剥其丑陋，辟其鄙塞，洗其龌龊，朝夕兢兢焉，而犹惧不逮。知矣，而行未从也；立矣，而未能前也。即使于此能行矣前矣，而难保他日之投身昔所从来之社会，虽有磨剥辟洗之心，而物欲腐于外，根性（恶根性）突于内，其不丧无常者几希焉！望磨剥辟洗之功也乎？摩以是战栗咒想，戴发弁股勿能自已也。

日者思想之英锐透辟，殆有生以来未尝有也。无论在昔混浊之社会中未尝思念及此，即自出海以来，至于距今十余日前，其颠顶壅塞，曾未尝一见天日之光也。请言今日之所思。

读梁先生之意大利三杰传，而志摩血气之勇始见。三杰之行状固极壮快之致，而先生之文笔亦天矫若神龙之盘空，力可拔山，气可盖世，淋漓沉痛，固不独志摩为之低昂慷慨，举凡天下有血性人，无不腾骧激发有不能自已者矣！昔以为英雄者，资自天也，不可得而冀也；今以为英雄之所以异于人者，以其能持一往之气，奔迅直前而无所阻阂也。孔子曰："我欲仁斯仁至矣！"至于自贬其志气拘于庸凡，斯其自求为庸凡。而不可得也非常哉。向使志摩能持读三杰之意气，而奔迅直前也：则玛志尼志摩也，加里保的志摩也，加富尔志摩也。惟其势有所外压而气有所中衰，则九仞之功或亏一篑。夫千古咸仰事变，怀彼三杰之意气者，不知其千万也！彼其不成者，气有所衰而意有所夺也。

志摩意气方新，桓桓如出栅之虎，以为天下事不足治也。虽然此浮气也，请循其本，志摩以为千古英雄圣贤之能治其业也，必有所藉。所藉者何？才乎，学乎，运乎？皆其旁支而非正干也。正干者何？至诚而已矣。天之能化，地之能造，无他，亦至诚而已矣。夫至诚然后几于神之所运金石穿焉；故神然后能成，志摩不敏，请致其诚。诚者本也。本立而道生，本之不立，则其学其识皆如陆子所谓藉寇兵赍盗粮者也。故愿于此沧海横流之日而揭橥致良知之说，以为万物先。世有君子，其予谅乎？

"不忮不求，何用不臧"，忮，害也，嫉也。文正云："善莫大于恕，德莫凶于妒"；妒者妾妇行琐琐奚比数。天分高者未尝肯折节，性气傲者未尝肯下人，若其欠修养之功，其极必至满怀荆棘，乖戾蹇诟，要之非大人之概也。君子以国家为先，以育才为业，拔下驷子中庸，甄琨瑶于瓦石；其贤于我者，则从而习之；其才于我者，则亲而敬之；一以成人，一以自成，此乐天知命之道也。忮忌小人之事也，伐性伤德何以得人？是故不自爱则已，如其有天下之心，则不忮其先已。

《论语》曰："君子不重则不威，学则不固。"非矫为矜庄之意也，故曰主忠信。非自外也，学者苟识天下之大，而后自视缺然，知缺而后能敬，敬生畏，畏天命，畏大人，畏贤人之言。畏者虑其行而自至也，天下事彙之繁颐曾勿能尽其一二。由是观之，梓匠舆人吾勿如也，内有所谨，则外有所重，而后知求均已适用之学也。

葛尔敦曰：蛮夷之性无远虑而贪婪，此其德之所以与禽兽邻也。试冥目而求诸我，其德不邻于蛮夷也几希？可不惧哉！可不惧哉！

二十九日读任公先生《新民说》，及《德育鉴》，合十稽首，喜惧愧感，一时交集。不记宝玉读宝钗之《螃蟹咏》而曰："我的也该烧了！"今我读先生文亦曰："弟子的也该烧了！"（未免轻亵！）

知道即是良知，知过即是致知，直截痛快，服膺！服膺！

二

是晚余天休诵其所著文于好而博士之居，凌来语：曷往一听，题为《中国之社会革命》。七时与道宏浸之同往。列席者可十五人，皆通人硕士，好而博士华颠虮髯，翩然而出，一室肃然，余氏乃始诵其文。先溯革命之史，继揭中国之隐忧，及今日西南之扞格，维新与守旧之激战，终谓治中国宜以经济为先。其论议不无可取，但撷材过窘，多不切要。既已，好而征询凌氏之意，凌鸥笑而起，丑

诋余氏为不识不知，以一隅之见概括全国，并不直其所主张。余氏
褊浅人也，兴而哗辩，竟涉私人之意气，无可解决。好而谘他人之
意而折衷之，道宏犹力指余氏取材之不允当，并斥余氏为自暴其短，
无非欲为之辞，以炫高明。当时余未剖析权量其间。而余复哓哓不
已，好而卒止之始已。

论曰：吾以是觇其微矣！余不学无术，器量褊浅，一遭抨击而
悻悻不能已，至于凌，其亦险滑可畏人哉！尖刻刺讽，务倾人以为
快，其寻常笑语殷勤，实则利剑之藏于腹也。吾以是而兴悲，今夫
能舍意气，竭其力以事邦家者，又有几人哉！小有才，便佽然自泰，
有贤于我者，则排挤之，以显己长，且复矫饰状貌以愚人，然人终
不被愚，徒见其心劳日拙耳。

朱熹云："且慢我只一个浑身，如何兼得许多。"福尔摩斯云：
"人之于学，譬犹治宝，择其最精而通用者，而次之以序，则庶几
矣！不然，以有涯随无涯，盲搜妄讨，庞杂凌乱，不可以作巫医。"
二语可相对照。

鲁尝云："世有专学而无家。"家百里曰："其言无所不能者，其
实一无所能也。"凡性气高傲人，往往旁骛不肯专一，此所谓聪明误
也。志固不可不大，而亦不可过大，必笃必颛，乃实乃张，读书所
以致用，若摇惑眩乱，如入深雾，不知西东矣！

忠言逆耳，圣贤亦知其然，而于心气高傲人尤甚。人之谤己者，
辄搀击之，怒绝之，是钳忠谏之口，而塞自新之涂也。余昔亦未尝
知己之有过，有责我者，乃反覆强辩，必直己曲人而后已，因是诤
言绝矣。后乃力自戒勉，始知诔我者，贼我也，毁我者，成我也。

合作底意义

我写这篇文字，先须交代明白，我并不想研究合作底学理，也
不想分析合作底利弊。不过因为普通一班人民未能明白合作是什么

一回事，所以借一个机会，将合作底大意，简单说明一下。

合作，英文叫做 Cooperation，国内有人翻做协社，有人叫合社，有人叫组合，等等不一。其实，名异实同。现在我们新发起的团体，定名为合作协进社。并非说合作一定比旁的译名好些，不过因为上海复旦大学底学生，已设有合作银行及消费合作，并且本会的发起人薛仙舟先生主张沿用"合作"这两字，同人没有异议，所以就如此定名。

近数十年来，合作运动底势力，异常扩大，所有工商业先进国，没有不受极大的影响。即如英国，最近的统计，消费合作会员底总数，占总人口五分之一。其余譬如丹麦、瑞士等小国，合作底精神更加发展。只有远东的国家，还没有感受同样的影响。但是单说吾国，就我所知，近年来也已经发现许多合作底机关：北京大学底消费公社；复旦大学底消费合作，及合作银行；以及其余学校内学生入股之公售品所等，都含有合作底意味。

本社底宗旨，在于教导普通人民，使知道合作底利益及其组织法，并且要他们来实地试验，以为消弭阶级竞争，发展平民经济的初步。好在合作底意义，是极简单，实行也很容易，用不到什么高深或专门知识。我们在海外的人，暂时只好尽言论鼓吹底责任。但是很热心希望国内底青年，能够费一部分工夫，把合作底运动，研究个透彻。果真认明这一件新事业是有益于平民的，是有助于国家经济底发展，是有解决当世社会难题底根本价值的，就请你大家放出十二分精神，能写的写，能讲的讲，能实行的实行。总要使得一般人民领略这里面的好处，赶快合作起来。

我现在想用一个简单的譬喻，说明合作底道理。假如说买书。你不论到国内哪　个书坊去买外国书，定价两元的书，你要出三元才能买到，但是照金银兑换率算起来，二元英金只值得二元墨银；岂不是明明他们赚了你一块钱？就算他运输费营业费种种合着五角，你还是凭空多出了五角钱。吃亏了你，便宜了书坊底股东。但是你没有法子，只好忍气吞声多出这笔冤钱，除非你不买那本书。再说一个例，你又到某公司去买一双美国制的网球拍。定价本是美金十元，现在你要出到十八元（假如金元仍旧与银元同价）。这八块钱，岂不是明明供给了某公司底资本家吗？照以上两个例看起来，你所以情愿多出钱的缘故，就是因为那些店铺，是发售那些物品的唯一机关。你要不问他买，你就不能享用那些物品。这个现象，我叫他做"中人底利益"，Middle man's profit。因为某书馆某公司，并不是原版书，网球拍底最后生产者；他们无非从外国贩进来，加上一笔红利——一份"敲竹杠的大佣钱"。但是学生要有合作底机关，这类中人底利益，就可以消灭。并且合作者还可以享其余的许多利益。让我慢慢讲给你听。

譬如有一千人组织一个消费合作。每人认十块钱底基本金。那时虽然需要外国货，你不必再往什么书坊及什么公司，去让他中饱。换一句说话，你就可以用合作社底名义，到外国去直接定货。买书罢，大概可以按批发算，至少打一个七五折。兑换率，不用说，当然照市价核算。结果是向消费合作交易的人省了一笔中人底利益。因为合作底目的，是经济的公道，不是营利。除开进口货，就是土货也有同样的情形。譬如一个书坊带卖湖南狼毫笔。这笔价里面，就含有很重的中人底利益。现在你要有了合作的机关，就可以直接向湖南笔店去批发。结果，是中人利益底消灭。其余也就可以类推。

上节所说，无非消费合作最简单的一步，但是已有许多明显的利益。进一步说，这消费合作，不妨置办公众用品底生产机关。譬如衣服、皮鞋等类，消费合作可以用上多少衣匠鞋匠，外面去采办衣鞋底原料。生产成本轻、材料好的用品。如其规模大了，消费合作就可以开上小小的工厂，预备出产多量的物品。至于推广的程度如何，全看特别的情形说话，不能预定。

但是合作运动，归根是平民的趋势。本社底最大希望，就想解决社会极端贫富不均的现象。我们常听说,国内到处是"民不聊生"。我们相信合作是"聊生"的一个办法。请就农民地位说。

照我们浙西底情形,乡下人实在可怜。目下也没有统计,大概大多数是佃户。佃户,终年手足胼胝,无非替田主做活。碰着好年岁,还可以勉强过去。要是收成差了,或者遭着凶年,那真是天昏地黑,吁告无门。田主如果慈悲为怀,还可以说话。但是十有九人是黑心黑肺,只管自己底利益,不顾农夫底死活。弄到结果,农夫就是自己不饿死,也得卖儿卖女,骨肉分离。其中的苦处,真非笔墨所能形容。每到蚕汛的时候,一班乡下人东奔西走,哀哀求告地借钱养蚕。"加一"是普通的利率。我听见人说最高的利率竟有到五六分的。乡下人要如借得到钱,不管杀人的利息,还可以借本生利,靠着一家人二十四分的勤劳;收成好的时候,偿清了债务,还可以攒下几个一把汗一把血的性命钱。要是不幸收成差些,或者有时竟然全功尽弃,那结果可就残惨不堪了。重利盘剥的恶魔,临到这样情形,非但没有丝毫怜悯之心,反而趾高气扬地愈加得意。因为农夫还不出钱的时候,他就打起他鬼算盘,利加利,利生利。东盘西算,要不了几多时候,农夫衣食所恃的田地房屋,就并入他万恶的财产中了。以后农夫底境遇,也就可想而知了。我现在没有工夫,来形容那些惨无人理的现象。回到本题上来说话,我们相信合作可以救济农民一部分的不幸情形。关于耕种一方面,要有合作底机关,农民就可以合起来,买公共的机器,设施水旱的防御,制备科学的肥料,以及其余费钱的重要农具。总之,个人所不能供给不能改良的地方,有了相当的合作团体,一切的利益,就都可以实现。关于信用一方面,要有合作银行及类似的机关,农夫就不至于再吃那些重利盘剥的苦楚,自然有经济自立的一天。农事合作,在欧美各国,成效早著,根深蒂固。只有吾国依然故步自封,不知采用发展平民经济的根本计较。解决现代社会经济底难题,归根还是我们青年人底责任。当此思潮解放劳工神圣的时代,我们希望全国底青年,除开言论鼓吹以外，大家应该打起精神，实事求是，来做一番新时期底新事业，打出一条新生路，造成新国家底新生命。责无旁贷，青年啊，来罢！

上面所讲合作的种类，无非说明一个大意；大众看了，大概可以明白合作究竟是什么一回事。以后，还想陆续发表关于合作学理方面进一步的文字，关于实行方面详细地研究。看本报的人如有疑问，请迳投函本报，同人非常愿意跟大众共同研究。我还有一句话，现在国内新出的杂志等类，不下数百种；但是看的人恐怕除学生外，别界不见得十分踊跃。一班守旧的人，对于新文化运动的观念，以为是洪水猛兽；可又没有能力来湮水赶兽，只好充耳不闻，闭目不看，偶然谈起的时候，就唉声叹气地痛骂一顿，牢骚一番。还有一班愿意研究新文化意义的人，大半又缺乏评判和鉴别的力量；看了一篇社会主义的文章，就大讲社会主义；看了一篇共产主义的译述，就大吹共产主义；这是新运动难掩的弱点。总之，我们这合作运动，是国民全体运动，不是一部分人底责任。是实际社会改组的先声，不是空口说白话。

致双亲

父母亲大人膝下：

儿自离纽约以来，过二月矣！除与家中通电一次外，未尝得一纸消息。儿不见大人亲笔恐有年矣。儿海外留学，只影孤身，孺慕之私，不俟罄述。大人爱儿岂不思有以慰儿邪？上次崇庆弟来书，言已作一长书万余言，其中母亲属笔者甚多，不久即寄。儿闻信欣喜可知，然时阅四月，信犹未来。以近世交通之便，以家人爱情之切，而音信难通如此，亦可异也。从前鈆媳①尚不时有短简为慰，比

---

① 即张幼仪。

自发心游欧以来，竟亦不复作书。儿实可怜，大人知否？即今鈖媳出来事，虽蒙大人慨诺，犹不知何日能来？张奚若言犹在耳，以彼血性，奈何以风波生怯，况冬渡重洋，又极安便哉。如此信到家时，犹未有解决，望大人更以儿意小助奚若，儿切盼其来，非徒为儿媳计也。国内刀兵灾疠，闻之伤心，吾浙亦闻有水患，不知今如何矣。欢儿乐否，转瞬三足岁矣！（以后吾家小儿计年，务按阳历算实年，譬如人问欢几岁，答以两岁半［现在十一月］，旧办法实在不通，改良为是。）儿他日归，欢儿不识父矣！即乃父亦不知阿儿何若，虽见照片，不足凭也，最好盼鈖媳能将欢儿一日自朝至暮行为说话，一起记下，寄我读之则可知儿性气智慧之梗概矣！外祖父今在吾家否？乐否？儿良欲慰老人而无如何，儿不久即寄一相片与老人以慰之，望为儿言愿大人安乐。祖母大人不尝望儿归乎？今知儿又不归，得毋不乐？然幸大人为儿慰祖母曰儿既跋涉海外，必不可功弃一篑，如学不成器，儿亦无颜见家长父老，儿爱祖母非言语可宣，儿愿与老人共品清茶，儿愿坐老人怀听讲长毛故事，儿愿讲外国故事逗老人大笑，老人必喜听外国鬼子家庭社会情状，种种天伦乐事，将来儿归日当痛一畅叙，大人当知儿知识许有长进，儿烂漫天真依然无改，此亦儿独具之德，而大人所当欣宠者也。儿近日亦口念蒋姑丈，儿看外国社会事物多，愈觉如蒋姑丈之蔼然君子为难能可贵，儿甚愿以年来管见所及，与姑丈共商榷之。儿迁居事，恐已于上信中述及，总之儿现居宽静自由，儿甚喜之。更有一事为大人所乐闻者，即儿自到伦敦以来，顿觉性灵益发开展，求学兴味益深，庶几有成，其在此乎？儿尤喜与英国名士交接，得益倍蓰，真所谓学不完的聪明。儿过一年始觉一年之过法不妥，以前初到美国，回首从前教育如腐朽，到纽约后，回首第一年如虚度，今复悔去年之未算用，大概下半年又是一种进步之表现，要可喜也。伦敦天气也不十分坏，就是物质方面不及美国远甚，如儿住处尚是煤气灯而非电灯，更无热水管，烧煤而已，然儿安之。专此。愿大人万福金安。

儿又申谨禀

十一月廿六日

我所知道的康桥

一

我这一生的周折，大都寻得出感情的线索。不论别的，单说求学。我到英国是为要从罗素。罗素来中国时，我已经在美国。他那不确的死耗传到的时候，我真的出眼泪不够，还作悼诗来了。他没有死，我自然高兴。我摆脱了哥伦比亚大博士衔的引诱，买船票过大西洋，想跟这位二十世纪的福禄泰尔认真念一点书去。谁知一到英国才知道事情变样了：一为他在战时主张和平，二为他离婚，罗素叫康桥给除名了，他原来是 Trinity College 的 fellow，这来他的 fellowship 也给取消了。他回英国后就在伦敦住下，夫妻两人卖文章过日子。因此我也不曾遂我从学的始愿。我在伦敦政治经济学院里混了半年，正感着闷想换路走的时候，我认识了狄更生先生。狄更生——Galsworthy Lowes Dickinson——是一个有名的作者，他的《一个中国人通信》（Letters from John Chinaman）与《一个现代聚餐谈话》（A Modern Symposium）两本小册子早得了我的景仰。我第一次会着他是在伦敦国际联盟协会席上，那天林宗孟先生演说，他做主席；第二次是宗孟寓里吃茶，有他。

以后我常到他家里去。他看出我的烦闷，劝我到康桥去，他自己是王家学院（King's College）的 fellow。我就写信去问两个学院，回信都说学额早满了，随后还是狄更生先生替我去在他的学院里说好了，给我一个特别生的资格，随意选科听讲。从此黑方巾、黑披袍的风光也被我占着了。初起我在离康桥六英里的乡下叫沙士顿的地方租了几间小屋住下，同居的有我从前的夫人张幼仪女士与郭虞裳君。每天一早我坐街车（有时自行车）上学，到晚回家。这样的生活过了一个春，但我在康桥还只是个陌生人，谁都不认识，康桥的生活，可以说完全不曾尝着，我知道的只是一个图书馆，几个课室，和三两个吃便宜饭的茶食铺子。狄更生常在伦敦或是大陆上，所以也不常见他。那年的秋季我一个人回到康桥，整整有一学年，那时我才有机会接近真正的康桥生活，同时我也慢慢的"发见"了康桥。我不曾知道过更大的愉快。

二

"单独"是一个耐寻味的现象。我有时想它是任何发见的第一个条件。你要发见你的朋友的"真"，你得有与他单独的机会。你要发见你自己的真，你得给你自己一个单独的机会。

你要发见一个地方（地方一样有灵性），你也得有单独玩的机会。

我们这一辈子，认真说，能认识几个人？能认识几个地方？我们都是太匆忙，太没有单独的机会。说实话，我连我的本乡都没有什么了解。康桥我要算是有相当交情的，再次许只有新认识的翡冷翠了。啊，那些清晨，那些黄昏，我一个人发疑似的在康桥！绝对的单独。

但一个人要写他最心爱的物件，不论是人是地，是多么使他为难的一个工作？你怕，你怕描坏了它，你怕说过分了恼了它，你怕说太谨慎了辜负了它。我现在想写康桥，也正是这样的心理，我不曾写，我就知道这回是写不好的——况且又是临时逼出来的事情。但我却不能不写，上期预告已经出去了。我想勉强分两节写：一是我所知道的康桥的天然景色；一是我所知道的康桥的学生生活。我今晚只能极简的写些，等以后有兴会时再补。

三

康桥的灵性全在一条河上；康河，我敢说是全世界最秀丽的一条水。河的名字是葛兰大（Granta），也有叫康河（River Cam）的，许有上下流的区别，我不甚清楚。河身多的是曲折，上游是有名的拜伦潭——Byron's Pool——当年拜伦常在那里玩的；有一个老村子叫格兰骞斯德，有一个果子园，你可以躺在累累的桃李树荫下吃茶，花果会掉入你的茶杯，小雀子会到你桌上来啄食，那真是别有一番天地。这是上游；下游是从骞斯德顿下去，河面展开，那是春夏间竞舟的场所。上下河分界处有一个坝筑，水流急得很，在星光下听水声，听近村晚钟声，听河畔倦牛刍草声，是我康桥经验中最神秘的一种：大自然的优美、宁静，调谐在这星光与波光的默契中不期然的淹入了你的性灵。

但康河的精华是在它的中段，著名的 Backs，这两岸是几个最蜚声的学院的建筑。从上面下来是 Pembroke，St. Katharine's，King's，Clare，Trinty，St. John's。最令人流连的一节是克莱亚与王家学院的毗连处，克莱亚的秀丽紧邻着王家教堂（King's Chapel）的宏伟。别的地方尽有更美更庄严的建筑，例如巴黎赛因河的罗浮宫一带，威尼斯的利阿尔多大桥的两岸，翡冷翠维基乌大桥的周遭；但康桥的 Backs 自有它的特长，这不容易用一二个状词来概括，它那脱尽尘埃气的一种清澈秀逸的意境可说是超出了画图而化生了音乐的神味。

再没有比这一群建筑更调谐更匀称的了！论画，可比的许只有柯罗（Corot）的田野；论音乐，可比的许只有肖班（Chopin）的夜曲。就这，也不能给你依稀的印象，它给你的美感简直是神灵性的一种。

假如你站在王家学院桥边的那棵大椈树荫下眺望，右侧面，隔着一大方浅草坪，是我们的校友居（Fellows Building），那年代并不早，但它的妩媚也是不可掩的，它那苍白的石壁上春夏间满缀着艳色的蔷薇在和风中摇头，更移左是那教堂，森林似的尖阁不可浼的永远直指着天空；更左是克莱亚，啊！那不可信的玲珑的方庭，谁说这不是圣克莱亚（St. Clare）的化身，哪一块石上不闪耀着她当年圣洁的精神？在克莱亚后背隐约可辨的是康桥最潇贵最骄纵的三清学院（Trinity），它那临河的图书楼上坐镇着拜伦神采惊人的雕像。

但这时你的注意早已叫克莱亚的三环洞桥魔术似的摄住。你见过西湖白堤上的西泠断桥不是？（可怜它们早已叫代表近代丑恶精神的汽车公司给铲平了，现在它们跟着苍凉的雷峰永远辞别了人间）你忘不了那桥上斑驳的苍苔，木栅的古色，与那桥拱下泄漏的湖光与山色不是？克莱亚并没有那样体面的衬托，它也不比庐山栖贤寺旁的观音桥，上瞰五老的奇峰，下临深潭与飞瀑；它只是怯怜怜的一座三环洞的小桥，它那桥洞间也只掩映着细纹的波粼与婆娑的树影，它那桥上栉比的小穿兰与兰节顶上双双的白石球，也只是村姑子头上不夸张的香草与野花一类的装饰；但你凝神的看着，更凝神的看着，你再反省你的心境，看还有一丝屑的俗念沾滞不？只要你审美的本能不曾汩灭时，这是你的机会实现纯粹美感的神奇！

但你还得选你赏鉴的时辰。英国的天时与气候是走极端的。冬天是荒谬的坏，逢着连绵的雾盲天你一定不迟疑的甘愿进地狱本身去试试；春天（英国是几乎没有夏天的）是更荒谬的可爱，尤其是它那四五月间最渐缓最艳丽的黄昏，那才真是寸寸黄金。

在康河边上过一个黄昏是一服灵魂的补剂。啊！我那时蜜甜的单独，那时蜜甜的闲暇。一晚又一晚的，只见我出神似的倚在桥阑上向西天凝望——

　　　　看一回凝静的桥影，

　　　　数一数螺细的波纹：

　　　　我倚暖了石阑的青苔，

青苔凉透了我的心坎……

还有几句更笨重的怎能仿佛那游丝似轻妙的情景：

> 难忘七月的黄昏，远树凝寂，
> 像墨泼的山形，衬出轻柔暝色，
> 密稠稠，七分鹅黄，三分橘绿，
> 那妙意只可去秋梦边缘捕捉……

四

这河身的两岸都是四季常青最葱翠的草坪。从校友居的楼上望去，对岸草场上，不论早晚，永远有十数匹黄牛与白马，胫蹄没在恣蔓的草丛中，从容的在咬嚼，星星的黄花在风中动荡，应和着它们尾鬃的扫拂。桥的两端有斜倚的垂柳与椭荫护住；水是澈底的清澄，深不足四尺，匀匀的长着长条的水草。

这岸边的草坪又是我的爱宠，在清朝，在傍晚，我常去这天然的织锦上坐地，有时读书，有时看水；有时仰卧着看天空的行云，有时反扑着搂抱大地的温软。

但河上的风流还不止两岸的秀丽。你得买船去玩。船不止一种：有普通的双桨划船，有轻快的薄皮舟（canoe），有最别致的长形撑篙船（punt）。最末的一种是别处不常有的：约莫有二丈长，三尺宽，你站直在船梢上用长竿撑着走的。这撑是一种技术。我手脚太蠢，始终不曾学会。你初起手尝试时，容易把船身横住在河中，东颠西撞的狼狈。英国人是不轻易开口笑人的，但是小心他们不出声的皱眉！也不知有多少次河中本来优闲的秩序叫我这莽撞的外行给搅乱了。我真的始终不曾学会；每回我不服输跑去租船再试的时候，有一个白胡子的船家往往带讥讽的对我说："先生，这撑船费劲，天热累人，还是拿个薄皮舟溜溜吧！"我哪里肯听话，长篙子一点就把船撑了开去，结果还是把河身一段段的腰斩了去。

你站在桥上去看人家撑，那多不费劲，多美！尤其在礼拜天有几个专家的女郎，穿一身缟素衣服，裙裾在风前悠悠的飘着，戴一顶宽边的薄纱帽，帽影在水草间颤动，你看她们出桥洞时的姿态，捻起一根竟像没有分量的长竿，只轻轻的，不经心的往波心里一点，身子微微的一蹲，这船身便波的转出了桥影，翠条鱼似的向前滑了去。她们那敏捷，那闲暇，那轻盈，真是值得歌咏的。

在初夏阳光渐暖时你去买一只小船，划去桥边荫下躺着念你的书或是做你的梦，槐花香在水面上飘浮，鱼群的唼喋声在你的耳边挑逗。或是在初秋的黄昏，近着新月的寒光，望上流僻静处远去。爱热闹的少年们携着他们的女友，在船沿上支着双双的东洋彩纸灯，带着话匣子，船心里用软垫铺着，也开向无人迹处去享他们的野福——谁不爱听那水底翻的音乐在静定的河上描写梦意与春光！

住惯城市的人不易知道季候的变迁。看见叶子掉知道是秋，看见叶子绿知道是春；天冷了装炉子，天热了拆炉子；脱下棉袍，换上夹袍，脱下夹袍，穿上单袍；不过如此罢了。天上星斗的消息，地下泥土里的消息，空中风吹的消息，都不关我们的事。忙着哪，这样那样事情多着，谁耐烦管星星的移转，花草的消长，风云的变幻？同时我们抱怨我们的生活、苦痛、烦闷、拘束、枯燥，谁肯承认做人是快乐？谁不多少间咒诅人生？

但不满意的生活大都是由于自取的。我是一个生命的信仰者，我信生活绝不是我们大多数人仅仅从自身经验推得的那样暗惨。我们的病根是在"忘本"。人是自然的产儿，就比枝头的花与鸟是自然的产儿；但我们不幸是文明人，入世深似一天，离自然远似一天。离开了泥土的花草，离开了水的鱼，能快活吗？能生存吗？从大自然，我们取得我们的生命；从大自然，我们应分取得我们继续的资养。哪一株婆娑的大木没有盘错的根柢深入在无尽藏的地里？我们是永远不能独立的。有幸福是永远不离母亲抚育的孩子，有健康是永远接近自然的人们。不必一定与鹿豕游，不必一定回"洞府"去；为医治我们当前生活的枯窘，只要"不完全遗忘自然"一张轻淡的药方，我们的病象就有缓和的希望。在青草里打几个滚，到海水里洗几次浴，到高处去看几次朝霞与晚照——你肩背上的负担就会轻松了去的。

这是极肤浅的道理，当然。但我要没有过过康桥的日子，我就不会有这样的自信。我这一辈子就只那一春，说也可怜，算是不曾虚度。就只那一春，我的生活是自然的，是真愉快的！

（虽则碰巧那也是我最感受人生痛苦的时期）。我那时有的是闲暇，有的是自由，有的是绝对单独的机会。说也奇怪，竟像是第一次，我辨认了星月的光明，草的青，花的香，流水的殷勤。我能忘记那初春的睥睨吗？曾经有多少个清晨我独自冒着冷去薄霜铺地的林子里闲步——为听鸟语，为盼朝阳，为寻泥土里渐次苏醒的花草，为体会最微细最神妙的春信。啊，那是新来的画眉在那边啁不尽的青枝上试它的新声！啊，这是第一朵小雪球花挣出了半冻的地面！啊，这不是新来的潮润沾上了寂寞的柳条？

静极了，这朝来水溶溶的大道，只远处牛奶车的铃声，点缀这周遭的沉默。顺着这大道走去，走到尽头，再转入林子里的小径，往烟雾浓密处走去，头顶是交枝的榆荫，透露着漠楞楞的曙色；再往前走去，走尽这林子，当前是平坦的原野，望见了村舍，初青的麦田，更远三两个馒形的小山掩住了一条通道。天边是雾茫茫的，尖尖的黑影是近村的教寺。听，那晓钟和缓的清音。这一带是此邦中部的平原，地形像是海里的轻波，默沉沉的起伏；山岭是望不见的，有的是常青的草原与沃腴的田壤。登那土阜上望去，康桥只是一带茂林，拥戴着几处娉婷的尖阁。妩媚的康河也望不见踪迹，你只能循着那锦带似的林木想象那一流清浅。村舍与树林是这地盘上的棋子，有村舍处有佳荫，有佳荫处有村舍。这早起是看炊烟的时辰：朝雾渐渐的升起，揭开了这灰苍苍的天幕（最好是微霰后的光景），远近的炊烟，成丝的、成缕的、成卷的、轻快的、迟重的、浓灰的、淡青的、惨白的，在静定的朝气里渐渐的上腾，渐渐的不见，仿佛是朝来人们的祈祷，参差的翳入了天听。朝阳是难得见的，这初春的天气。但它来时是起早人莫大的愉快。顷刻间这田野添深了颜色，一层轻纱似的金粉糁上了这草，这树，这通道，这庄舍。顷刻间这周遭弥漫了清晨富丽的温柔。顷刻间你的心怀也分润了白天诞生的光荣。"春"！这胜利的晴空仿佛在你的耳边私语。"春"！你那快活的灵魂也仿佛在那里回响。

伺候着河上的风光，这春来一天有一天的消息。关心石上的苔痕，关心败草里的花鲜，关心这水流的缓急，关心水草的滋长，关心天上的云霞，关心新来的鸟语。怯怜怜的小雪球是探春信的小使。铃兰与香草是欢喜的初声。窈窕的莲馨，玲珑的石水仙，爱热闹的克罗克斯，耐辛苦的蒲公英与雏菊——这时候春光已是烂漫在人间，更不须殷勤问讯。

瑰丽的春放。这是你野游的时期。可爱的路政，这里不比中国，哪一处不是坦荡荡的大道？徒步是一个愉快，但骑自转车是一个更大的愉快，在康桥骑车是普遍的技术；妇人、稚子、老翁，一致享受这双轮舞的快乐。（在康桥听说自转车是不怕人偷的，就为人人都自己有车，没人要偷）。任你选一个方向，任你上一条通道，顺着这带草味的和风，放轮远去，保管你这半天的逍遥是你性灵的补剂。这道上有的是清荫与美草，随地都可以供你休憩。你如爱花，这里多的是锦绣似的草原。你如爱鸟，这里多的是巧啭的鸣禽。你如爱儿童，这乡间到处是可亲的稚子。你如爱人情，这里多的是不嫌远客的乡人，你到处可以"挂单"借宿，有酪浆与嫩薯供你饱餐，有夺目的果鲜恣你尝新。你如爱酒，这乡间每"望"都为你储有上好的新酿，黑啤如太浓，苹果酒、姜酒都是供你解渴润肺的。……带一卷书，走十里路，选一块清静地，看天，听鸟，读书，倦了时，和身在草绵绵处寻梦去——你能想象更适情更适性的消遣吗?

陆放翁有一联诗句:"传呼快马迎新月,却上轻舆趁晚凉";这是做地方官的风流。我在康桥时虽没马骑,没轿子坐,却也有我的风流:我常常在夕阳西晒时骑了车迎着天边扁大的日头直追。日头是追不到的,我没有夸父的荒诞,但晚景的温存却被我这样偷尝了不少。有三两幅画图似的经验至今还是栩栩的留着。只说看夕阳,我们平常只知道登山或是临海,但实际只须辽阔的天际,平地上的晚霞有时也是一样的神奇。有一次我赶到一个地方,手把着一家村庄的篱笆,隔着一大田的麦浪,看西天的变幻。有一次是正冲着一条宽广的大道,过来一大群羊,放草归来的,偌大的太阳在它们后背放射着万缕的金辉,天上却是乌青青的,只剩这不可逼视的威光中的一条大路,一群生物,我心头顿时感着神异性的压迫,我真的跪下了,对着这冉冉渐翳的金光。再有一次是更不可忘的奇景,那是临着一大片望不到头的草原,满开着艳红的罂粟,在青草里亭亭像是万盏的金灯,阳光从褐色云斜着过来,幻成一种异样紫色,透明似的不可逼视,刹那间在我迷眩了的视觉中,这草田变成了……不说也罢,说来你们也是不信的!

一别二年多了,康桥,谁知我这思乡的隐忧?也不想别的,我只要那晚钟撼动的黄昏,没遮拦的田野,独自斜倚在软草里,看第一个大星在天边出现!

巴黎的鳞爪

咳巴黎!到过巴黎的一定不会再希罕天堂;尝过巴黎的,老实说,连地狱都不想去了。整个的巴黎就像是一床野鸭绒的垫褥,衬得你通体舒泰,硬骨头都给熏酥了的——有时许太热一些。那也不碍事,只要你受得住。赞美是多余的,正如赞美天堂是多余的;咒诅也是多余的,正如咒诅地狱是多余的。巴黎,软绵绵的巴黎,只在你临别的时候轻轻地嘱咐一声"别忘了，再来！"其实连这都是多余的。谁不想再去？谁忘得了？

香草在你的脚下，春风在你的脸上，微笑在你的周遭。不拘束你，不责备你，不督饬你，不窘你，不恼你，不揉你。它搂着你，可不缚住你：是一条温存的臂膀，不是根绳子。它不是不让你跑，但它那招逗的指尖却永远在你的记忆里晃着。多轻盈的步履，罗袜的丝光随时可以沾上你记忆的颜色！

但巴黎却不是单调的喜剧。赛因河的柔波里掩映着罗浮宫的情影，它也收藏着不少失意人最后的呼吸。流着，温驯的水波；流着，缠绵的恩怨。咖啡馆：和着交颈的软语，开怀的笑响，有踞坐在屋隅里蓬头少年计较自毁的哀思。跳舞场：和着翻飞的乐调，迷醇的酒香，有独自支颐的少妇思量着往迹的怆心。浮动在上一层的许是光明，是欢畅，是快乐，是甜蜜，是和谐；但沉淀在底里阳光照不到的才是人事经验的本质：说重一点是悲哀，说轻一点是惆怅：谁不愿意永远在轻快的流波里漾着，可得留神了你往深处去时的发见！

一天一个从巴黎来的朋友找我闲谈，谈起了劲，茶也没喝，烟也没吸，一直从黄昏谈到天亮，才各自上床去躺了一歇，我一合眼就回到了巴黎，方才朋友讲的情境惝怳的把我自己也缠了进去；这巴黎的梦真醇人，醇你的心，醇你的意志，醇你的四肢百体，那味儿除是亲尝过的谁能想象！——我醒过来时还是迷糊的忘了我在哪儿，刚巧一个小朋友进房来站在我的床前笑吟吟喊我"你做什么梦来了，朋友，为什么两眼潮潮的像哭似的？"我伸手一摸，果然眼里有水，不觉也失笑了——可是朝来的梦，一个诗人说的，同是这悲凉滋味，正不知这泪是为哪一个梦流的呢！

下面写下的不成文章，不是小说，不是写实，也不是写梦，在我写的人只当是随口曲，南边人说的"出门不认货"，随你们宽容的读者们怎样看罢。

出门人也不能太小心了。走道总得带些探险的意味。生活的趣味大半就在不预期的发见，要是所有的明天全是今天刻板的化身，那我们活什么来了？正如小孩子上山就得采花，到海边就得捡贝壳，书呆子进图书馆想捞新智慧——出门人到了巴黎就想……

你的批评也不能过分严正不是？少年老成——什么话！老成是老年人的特权，也是他们的本分；说来也不是他们甘愿，他们是到了年纪不得不。少年人如何能老成？老成了才是怪哪！

放宽一点说，人生只是个机缘巧合；别瞧日常生活河水似的流得平顺，它那里面多的是潜流，多的是旋涡——轮着的时候谁躲得了给卷了进去？那就是你发愁的时候，是你登仙的时候，是你辨着酸的时候，是你尝着甜的时候。

巴黎也不定比别的地方怎样不同：不同就在那边生活流波里的潜流更猛，旋涡更急，因此你叫给卷进去的机会也就更多。

我赶快得声明我是没有叫巴黎的旋涡给淹了去——虽则也就够险。多半的时候我只是站在赛因河岸边看热闹，下水去的时候也不能说没有，但至多也不过在靠岸清浅处溜着，从没敢往深处跑——这来旋涡的纹螺，势道，力量，可比远在岸上时认清楚多了。

一、九小时的萍水缘

我忘不了她。她是在人生的急流里转着的一张萍叶，我见着了它，搁在手里把玩了一响，依旧交还给它的命运，任它飘流去——它以前的飘泊我不曾见来，它以后的飘泊，我也见不着，但就这曾经相识匆匆的恩缘——实际上我与她相处不过九小时——已在我的心泥上印下踪迹，我如何能忘，在忆起时如何能不感须臾的惆怅？

那天我坐在那热闹的饭店里瞥眼看着她，她独坐在灯光最暗漆的屋角里，这屋内哪一个男子不带媚态，哪一个女子的胭脂口上不沾笑容，就只她：穿一身淡素衣裳，戴一顶宽边的黑帽，在鬙密的睫毛上隐隐闪亮着深思的目光——我几乎疑心她是修道院的女僧偶尔到红尘里随喜来了。我不能不接着注意她，她的别样的支颐的倦态，她的曼长的手指，她的落漠的神情，有意无意间的叹息，在在都激发我的好奇——虽则我那时左边已经坐下了一个瘦的，右边来了肥的，四条光滑的手臂不住的在我面前晃着酒杯。但更使我奇异的是她不等跳舞开始就匆匆的出去了，好像害怕或是厌恶似的。第一晚这样，第二晚又是这样：独自默默的坐着，到时候又匆匆的离去。到了第三晚她再来的时候我再也忍不住不想法接近她。第一次得着的回音，虽则是"多谢好意，我再不愿交友"的一个拒绝，只是加深了我的同情的好奇。我再不能放过她。巴黎的好处就在处处近人情；爱慕的自由是永远容许的。你见谁爱慕谁想接近谁，绝不是犯罪，除非你在经程中泄漏了你的尘气暴气，陋相或是贫相，那不是文明的巴黎人所能容忍的。只要你"识相"，上海人说的，什么可能的机会你都可以利用。对方人理你不理你，当然又是一回事；但只要你的步骤对，文明的巴黎人决不让你难堪。

我不能放过她。第二次我大胆写了个字条付中间人——店主人——交去。我心里直怔怔的怕讨没趣。可是回话来了——她就走了，你跟着去吧。

她果然在饭店门口等着我。

你为什么一定要找我说话，先生，像我这再不愿意有朋友的人？

她张着大眼看我，口唇微微的颤着。

我的冒昧是不望恕的，但是我看了你忧郁的神情我足足难受了三天，也不知怎的我就想接近你，和你谈一次话，如其你许我，那就是我的想望，再没有别的意思。

真有她那眼内绽出了泪来，我话还没说完。

想不到我的心事又叫一个异邦人看透了……她声音都哑了。

我们在路灯的灯光下默默的互注了一晌，并着肩沿马路走去，走不到多远她说不能走，我就问了她的允许雇车坐上，直望波龙尼大林园清凉的暑夜里兜去。

原来如此，难怪你听了跳舞的音乐像是厌恶似的，但既然不愿意何以每晚还去?

那是我的感情作用;我有些舍不得不去,我在巴黎一天,那是我最初遇见——他的地方,但那时候的我……可是你真的同情我的际遇吗,先生? 我快有两个月不开口了,不瞒你说,今晚见了你我再也不能制止,我爽性说给你我的生平的始末吧,只要你不嫌。我们还是回那饭庄去罢。

你不是厌烦跳舞的音乐吗?

她初次笑了。多齐整洁白的牙齿,在道上的幽光里亮着! 有了你我的生气就回复了不少,我还怕什么音乐?

我们俩重进饭庄去选一个基角坐下,喝完了两瓶香槟,从十一时舞影最凌乱时谈起,直到早三时客人散尽侍役打扫屋子时才起身走,我在她的可怜身世的演述中遗忘了一切,当前的歌舞再不能分我丝毫的注意。

下面是她的自述。

我是在巴黎生长的。我从小就爱读天方夜谭的故事,以及当代描写东方的文学;啊,东方,我的童真的梦魂哪一刻不在它的玫瑰园中留恋? 十四岁那年我的姊姊带我上北京去住,她在那边开一个时式的帽铺,有一天我看见一个小身材的中国人来买帽子,我就觉着奇怪,一来他长得异样的清秀,来他为什么要来买那样时式的女帽;到了下午一个女太太拿了方才买去的帽子来换了,我姊姊就问她那中国人是谁,她说是她的丈夫,说开了头她就讲她当初怎样为爱他触怒了自己的父母,结果断绝了家庭和他结婚,但她一点也不追悔,因为她的中国丈夫待她怎样好法,她不信西方人会得像他那样体贴,那样温存。我再也忘不了她说话时满心怡悦的笑容。从此我仰慕东方的私衷又添深了一层颜色。

我再回巴黎的时候已经长成了,我父亲是最宠爱我的,我要什么他就给我什么。我那时就爱跳舞,啊,那些迷醉轻易的时光,巴黎哪一处舞场上不见我的舞影。我的妙龄,我的颜色,我的体态,我的聪慧，尤其是我那媚人的大眼——啊，如今你见的只是悲惨的余生再不留当时的丰韵——制定了我初期的堕落。我说堕落不是？是的，堕落，人生哪处不是堕落，这社会哪里容得一个有姿色的女人保全她的清洁？我正快走入险路的时候，我那慈爱的老父早已看出我的倾向，私下安排了一个机会，叫我与一个有爵位的英国人接近。一个十七岁的女子哪有什么主意，在两个月内我就做了新娘。

说起那四年结婚的生活，我也不应得过分的抱怨，但我们欧洲的势利的社会实在是树心里生了蠹，我怕再没有回复健康的希望。我到伦敦去做贵妇人时我还是个天真的孩子。哪有什么机心，哪懂得虚伪的卑鄙的人间的底里，我又是个外国人，到处遭受嫉忌与批评。还有我那叫名的丈夫。他娶我究竟为什么动机我始终不明白，许贪我年轻贪我貌美带回家去广告他自己的手段，因为真的我不曾感着他一息的真情；新婚不到几时他就对我冷淡了，其实他就没有热过，碰巧我是个傻孩子，一天不听着一半句软语，不受些温柔的怜惜，到晚上我就不自制的悲伤。他有的是钱，有的是趋奉谄媚，成天在外打猎作乐，我愁了不来慰我，我病了不来问我，连着三年抑郁的生涯完全消灭了我原来活泼快乐的天机，到第四年实在耽不住了，我与他吵一场回巴黎再见我父亲的时候，他几乎不认识我了。我自此就永别了我的英国丈夫。因为虽则实际的离婚手续在他方面到前午方始办理，他从我走了后也就不再来顾问我——这算是欧洲人夫妻的情分！

我从伦敦回到巴黎，就比久困的雀儿重复飞回了林中，眼内又有了笑，脸上又添了春色，不但身体好多，就连童年时的种种想望又在我心头活了回来。三四年结婚的经验更叫我厌恶西欧，更叫我神往东方。东方，啊，浪漫的多情的东方！我心里常常的怀念着。有一晚，那一个运定的晚上，我就在这屋子内见着了他，与今晚一样的歌声，一样的舞影，想起还不就是昨天，多飞快的光阴，就可怜我一个单薄的女子，无端叫运神摆布，在情网里顾连，在经验的苦海里沉沦，朋友，我自分是已经埋葬了的活人，你何苦又来逼着我把往事掘起，我的话是简短的，但我身受的苦恼，朋友，你信我，是不可量的；你望我的眼里看，凭着你的同情你可以在刹那间领会我灵魂的真际！

他是菲利滨人，也不知怎的我初次见面就迷了他。他肤色是深黄的，但他的性情是不可信的温柔；他身材是短的，但他的私语有多叫人魂销的魔力？啊，我到如今还不能怨他；我爱他太深，我爱他太真，我如何能一刻忘他，虽则他到后来也是一样的薄情，一样的冷酷。你不倦么，朋友，等我讲给你听？

我自从认识了他我便倾注给他我满怀的柔情，我想他，那负心的他，也够他的享受，那三个月神仙似的生活！我们差不多每晚在此聚会的。秘谈是他与我，欢舞是他与我，人间再有更甜美的经验吗？朋友你知道痴心人赤心爱恋的疯狂吗？因为不仅满足了我私心的想望，我十多年梦魂缭绕的东方理想的实现。有他我什么都有了，此外我更有什么沾恋？因此等到我家里为这事情与我开始交涉的时候，我更不踌躇的与我生身的父母根本决绝。我此时又想起了我垂髫时在北京见着的那个嫁中国人的女子，她与我一样也为了痴情牺牲一切，我只希冀她这时还能保持着她那纯爱的生活，不比我这失运人成天在幻灭的辛辣中回味。

我爱定了他。他是在巴黎求学的，不是贵族，也不是富人，那更使我放心，因为我早年的经验使我迷信真爱情是穷人才能供给的。谁知他骗了我——他家里也是有钱的，那时我在热恋中抛弃了家，牺牲了名誉，跟了这黄脸人离却巴黎，辞别欧洲，经过一个月的海程，我就到了我理想的灿烂的东方。啊，我那时的希望与快乐！但才出了红海，他就上了心事，经我再三的逼他才告诉他家里的实情，他父亲是菲利滨最有钱的土著，性情是极严厉的，他怕轻易不能收受我进他们的家庭。我真不愿意把此后可怜的身世烦你的听，朋友，但那才是我痴心人的结果，你耐心听着吧！

东方，东方才是我的烦恼！我这回投进了一个更陌生的社会，呼吸更沉闷的空气；他们自己中间也许有他们温软的人情，但轮着我的却一样还只是猜忌与讥刻，更不容情的刺袭我的孤独的性灵。果然他的家庭不容我进门，把我看作一个"巴黎淌来的可疑的妇人"。我为爱他也不知忍受了多少不可忍的侮辱，吞了多少悲泪，但我自慰的是他对我不变的恩情。因为在初到的一时他还是不时来慰我——我独自赁屋住着。但慢慢的也不知是人言浸润还是他原来爱我不深，他竟然表示割绝我的意思。朋友，试想我这孤身女子牺牲了一切为的还不是他的爱，如今连他都离了我，那我更有什么生机？我怎的始终不曾自毁，我至今还不信，因为我那时真的是没路走了。我又没有钱，他狠心丢了我，我如何能再去缠他，这也许是我们白种人的倔强，我不久便揩干了眼泪，出门去自寻活路。我在一个菲美合种人的家里寻得了一个保姆的职务；天幸我生性是耐烦领小孩的——我在伦敦的日子没孩子管我就养猫弄狗——救活我的是那三五个活灵的孩子，黑头发短手指的乖乖。在那炎热的岛上我是过了两年没颜色的生活，得了一次凶险的热病，从此我面上再不存青年期的光彩。我的心境正稍稍回复平衡的时候两件不幸的事情又临着了我：一件是我那他与另一女子的结婚，这消息使我昏绝了过去；一件是被我弃绝的慈父也不知怎的问得了我的踪迹来电说他老病快死要我回去。啊，天罚我！等我赶回巴黎的时候正好赶着与老人诀别，忏悔我先前的造孽！

从此我在人间还有什么意趣？我只是个实体的鬼影，活动的尸体；我的心也早就死了，再也不起波澜；在初次失望的时候我想像中还有个辽远的东方，但如今东方只在我的心上留下一个鲜明的新伤，我更有什么希冀，更有什么心情？但我每晚还是不由主的到这饭店里来小坐，正如死去的鬼魂忘不了他的老家！我这一生的经验本不想再向人前吐露的，谁知又碰着了你，苦苦的追着我，逼我再一度撩拨死尽的火灰，这来你够明白了，为什么我老是这落漠的神情，我猜你也是过路的客人，我深深自幸又接近一次人情的温慰，但我不敢希望什么，我的心是死定了的，时候也不早了，你看方才舞影凌乱的地板上现在只剩一片冷淡的灯光，侍役们已经收拾干净，我们也该走了，再会吧，多情的朋友！

二、"先生，你见过艳丽的肉没有？"

我在巴黎时常去看一个朋友，他是一个画家，住在一条老闻着鱼腥的小街底头一所老屋子的顶上一个 A 字式的尖阁里，光线暗惨得怕人，白天就靠两块日光胰子大小的玻璃窗给装装幌，反正住的人不嫌就得，他是照例不过正午不起身，不近天亮不上床的一位先生，下午他也不居家，起码总得上灯的时候他才脱下了他的外褂露出两条破烂的臂膀，埋身在他那艳丽的垃圾窝里开始他的工作。

艳丽的垃圾窝——它本身就是一幅妙画！我说给你听听。贴墙有精窄的一条上面盖着黑毛毡的算是他的床，在这上面就准你规规矩矩的躺着，不说起坐一定扎脑袋，就连翻身也不免冒犯斜着下来永远不退让的屋顶先生的身分！承着顶尖全屋子顶宽舒的部分放着他的书桌——我捏着一把汗叫它书桌，其实还用提吗，上边什么法宝都有，画册子，稿本，黑炭，颜色盘子，烂袜子，领结，软领子，热水瓶子压瘪了的、烧干了的酒精灯，电筒，各色的药瓶，彩油瓶，脏手绢，断头的笔杆，没有盖的墨水瓶子，一柄手枪，那是瞒不过我花七法郎在密歇耳大街路旁旧货摊上换来的，照相镜子，小手镜，断齿的梳子，蜜膏，晚上喝不完的咖啡杯，详梦的小书，还有——还有可疑的小纸盒儿，凡士林一类的油膏……一只破木板箱一头漆着名字上面蒙着一块灰色布的是他的梳妆台兼书架，一个洋瓷面盆半盆的胰子水似乎都叫一部旧版的卢骚集子给饕了去，一顶便帽套在洋瓷长提壶的耳柄上，从袋底里倒出来的小铜钱错落的散着像是土耳其人的符咒，几只稀小的烂苹果围着一条破香蕉像是一群大学教授们围着一个教育次长索薪……

壁上看得更斑斓了：这是我顶得意的一张庞那的底稿当废纸买来的，这是我临蒙内的裸体，不十分行，我来撩起灯罩你可以看清楚一点，草色太浓了，那膝都画坏了。这一小幅更名贵，你认是谁，罗丹的！那是我前年最大的运气，也算是错来的，老巴黎就是这点子便宜，挨了半年八个月的饿不要紧，只要有机会捞着真东西，这还不值得！那边一张挤在两幅油画缝里的，你见了没有，也是有来历的，那是我前年趁马克倒霉路过佛兰克福德时夹手抢来的，是真的孟督尔都难说，就差糊了一点，现在你给三千法郎我都不卖，加倍再加倍都值，你信不信？再看那一长条……在他那手指东点西的卖弄他的家珍的时候，你竟会忘了你站着的地方是不够六尺阔的一间阁楼，倒像跨在你头顶那两片斜着下来的屋顶也顺着他那艺术谈法术似的隐了去，露出一个爽恺的高天，壁上的疙瘩，壁蟢窠，霉块，钉疤，全化成了哥罗画帧中"飘摇欲化烟"的最美丽林树与轻快的流涧；桌上的破领带及手绢烂香蕉臭袜子等等也全变形成戴大阔边稻草帽的牧童们，偎着树打盹的，牵着牛在涧里喝水的，手反衬着脑袋放平在青草地上瞪眼看天的，斜眼溜着那边走进来的娘们手按着音腔吹横笛的——可不是那边来了一群娘们，全是年岁青青的，露着胸膛，散着头发，还有光着白腿的在青草地上跳着来了？……唵！小心扎脑袋，这屋子真扁纽，你出什么神来了？想着你的 Bel Ami 对不对？你到巴黎快半个月，该早有落儿了，这年头收成真容易——吭，太容易了！谁说巴黎不是理想的地狱？你吸烟斗吗？这儿有自来火。对不起，屋子里除了床，就是那张弹簧早经追悼过了的沙发，你坐坐吧，给你一个垫子，这是全屋子顶温柔的一样东西。

不错，那沙发，这阁楼上要没有那张沙发，主人的风格就落了一个极重要的原素。说它肚子里的弹簧完全没了劲，在主人说是太谦，在我说是简直污蔑了它。因为分明有一部分内簧是不曾死透的，那在正中间，看来倒像是一座分水岭，左右都是往下倾的，我初坐下时不提防它还有弹力，倒叫我骇了一下；靠手的套布可真是全霉了，露着黑黑黄黄不知是什么货色，活像主人衬衫的袖子。我正落了坐，他咬了咬嘴唇翻一翻眼珠微微的笑了。笑什么了你？我笑——你坐上沙发那样儿叫我想起爱菱。爱菱是谁？她呀——她是我第一个模特儿。模特儿？你的？你的破房子还有模特儿，你这穷鬼花得起……别急，究竟是中国初来的，听了模特儿就这样的起劲，看你那脖子都上了红印了！本来不算事，当然，可是我说像你这样的破鸡棚……破鸡棚便怎么样，耶稣生在马号里的，安琪儿们都在马矢里跪着礼拜哪！别忙，好朋友，我讲你听。如其巴黎人有一个好处，他就是不势利！中国人顶糟了，这一点；穷人有穷人的势利，阔人有阔人的势利，半不阑珊的有半不阑珊的势利——那才是半开化，才是野蛮！你看像我这样子，头发像刺猬、八九天不刮的破胡子，半年不收拾的脏衣服，鞋带扣不上的皮鞋——要在中国，谁不叫我外国叫化子，哪配进北京饭店一类的势利场；可是在巴黎，我就这样儿随便问哪一个衣服顶漂亮脖子搽得顶香的娘们跳舞，十回就有九回成，你信不信？至于模特儿，那更不成话，哪有在巴黎学美术的，不论多穷，一年里不换十来个眼珠亮亮的来坐样儿？屋子破更算什么？波希民的生活就是这样，按你说模特儿就不该坐坏沙发，你得准备杏黄贡缎绣丹凤朝阳做垫的太师椅请她坐你才安心对不对？再说……

别再说了！算我少见世面，算我是乡下老蛮，得了；可是说起模特儿，我倒有点好奇，你何妨讲些经验给我长长见识？有真好的没有？我们在美术院里见着的什么维纳丝得米罗，维纳丝梅第妻，还有铁青的，鲁班师的，鲍第千里的，丁稻来笃的，箕奥其安内的裸体实在是太美，太理想，太不可能，太不可思议；反面说，新派的比如雪尼约克的，玛提斯的，塞尚的，高耿的，弗朗刺马克的，又是太丑。太损，太不像人，一样的太不可能，太不可思议。人体美，究竟怎么一回事，我们不幸生长在中国，女人衣服一直穿到下巴底下，腰身与后部看不出多大分别的世界里，实在是太蒙昧无知，太不开眼。可是再说呢，东方人也许根本就不该叫人开眼的，你看过约翰巴里士那本《沙扬娜拉》没有，他那一段形容一个日本裸体舞女——就是一张脸子粉搽得像棺材里爬起来的颜色，此外耳朵以后下巴以下就比如一节蒸不透的珍珠米！——看了真叫人恶心。你们学美术的才有第一手的经验，我倒是……

你倒是真有点羡慕，对不对？不怪你，人总是人。不瞒你说，我学画画原来的动机也就是这点子对人体秘密的好奇。你说我穷相，不错，我真是穷，饭都吃不出，衣都穿不全，可是模特儿——我怎么也省不了。这对人体美的欣赏在我已经成了一种生理的要求，必要的奢侈，不可摆脱的嗜好；我宁可少吃俭穿，省下几个法郎来多雇几个模特儿。你简直可以说我是着了迷，成了病，发了疯，爱说什么就什么，我都承认——我就不能一天没有一个精光的女人躺在我的面前供养，安慰，喂饱我的“眼淫”。当初罗丹我猜也一定与我一样的狼狈，据说他那房子里老是有剥光了的女人，也不为坐样儿，单看她们日常生活“实际的”多变化的姿态——他是一个牧羊人，成天看着一群剥了毛皮的驯羊！鲁班师那位穷凶极恶的大手笔，说是常难为他太太做模特儿，结果因为他成天不断的画，他太太竟许连穿裤子的空儿都难得有！但如果这话是真的，鲁班师还是太傻，难怪他那画里的女人都是这剥白猪似的单调，少变化；美的分配在人体上是极神秘的一人现象，我不信有理想的全材，不论男女我想几乎是不可能的；上帝拿着一把颜色望地面上撒，玫瑰、罗兰、石榴、玉簪、剪秋罗，各样都沾到了一种或几种的彩泽，但绝没有一种花包涵所有可能的色调的，那如其有，按理论讲，岂不是又得回复了没颜色的本相？人休美也是这样的，有的美在胸部，有的腰部，有的下部，有的头发，有的手，有的脚踝，那不可理解的骨骼、筋肉、肌理的会合，形成各个不同的线条，色调的变化，皮面的涨度，毛管的分配，天然的姿态，不可制止的表情——也得你不怕麻烦细心体会发现去，上帝没有这样便宜你的事情，他决不给你一个具体的绝对美，如果有，我们所有艺术的努力就没了意义；巧妙就在你明知这山里有金子，可是在哪一点你得自己下功夫去找。啊！说起这艺术家审美的本能，我真要闭着眼感谢上帝——要不是它，岂不是所有人体的美，说窄一点，都变了古长安道上历代帝王的墓窟，全叫一层或几层薄薄的衣服给埋没了！回头我给你看我那张破床底下有一本宝贝，我这十年血汗辛苦的成绩——千把张的人体临摹，而且十分之九是在这间破鸡棚里钩下的，别看低我这张弹簧早经追悼了的沙发，这上面落座过至少一二百个当得起美字的女人！别提专门做模特儿的，巴黎哪一个不知道俺家黄脸什么，那不算希奇，我自负的是我独到的发见：一半因为看多了缘故，女人肉的引诱在我差不多完全消灭在美的欣赏里面，结果在我这双"淫眼"看来，一丝不挂的女人就同紫霞宫里翻出来的尸首穿得重重密密的摇不动我的性欲，反而说当真穿着得极整齐的女人，不论她在人堆里站着，在路上走着，只要我的眼到，她的衣服的障碍就无形的消灭，正如老练的矿师一瞥就认出矿苗，我这美术本能也是一瞥就认出"美苗"，一百次里错不了一次；每回发见了可能的时候，我就非想法找到她剥光了她叫我看个满意不成，上帝保佑这文明的巴黎，我失望的时候真难得有！我记得有一次在戏院子看着了一个贵妇人，实在没法想（我当然试来）我那难受就不用提了，比发疟疾还难受——她那特长分明是在小腹与……

够了够了！我倒叫你说得心痒痒的。人体美！这门学问，这门福气，我们不幸生长在东方，谁有机会研究享受过来？可是我既然到了巴黎，又幸气碰着你，我倒真想叨你的光开开我的眼，你得替我想法，要找在你这宏富的经验中比较最贴近理想的一个看看……

你又错了！什么，你意思花就许巴黎的花香，人体就许巴黎的美吗？太灭自己的威风了！别信那巴里士什么《沙扬娜拉》的胡说；听我说，正如东方的玫瑰不比西方的玫瑰差什么香味，东方的人体在得到相当的栽培以后，也同样不能比西方的人体差什么美——除了天然的限度，比如骨骼的大小，皮肤的色彩。同时顶要紧的当然要你自己性灵里有审美的活动，你得有眼睛，要不然这宇宙不论它本身多美多神奇在你还是白来的。我在巴黎苦过这十年，就为前途有一个宏愿：我要张大了我这经过训练的"淫眼"到东方去发现人体美——谁说我没有大文章做出来？至于你要借我的光开开眼，那是最容易不过的事情，可是我想想——可惜了，有个马达姆朗洒，原先在巴黎大学当物理讲师的，你看了准忘不了，现在可不在了，到伦敦去了；还有一个马达姆薛托漾，她是远在南边乡下开面包铺子的，她就够打倒你所有的丁稻来笃，所有的铁青，所有的箕奥其安内——尤其是给你这未入流看，长得太美了，她通体就看不出一根骨头的影子，全叫匀匀的肉给隐住的，圆的，润的，有一致节奏的，那妙是一百个哥蒂蔼也形容不全的，尤其是她那腰以下的结构，真是奇迹！你从意大利来该见过西龙尼维纳丝的残像，就那也只能仿佛，你不知道那活的气息的神奇，什么大艺术天才都没法移植到画布上或是石塑上去的（因此我常常自己心里辩论究竟是艺术高出自然还是自然高出艺术，我怕上帝僭先的机会毕竟比凡人多些）；不提别的单就她站在那里你看，从小腹接榫上股那两条交会的弧线起直往下贯到脚着地处止，那肉的浪纹就比是——实在是无可比——你梦里听着的音乐：不可信的轻柔，不可信的匀净，不可信的韵味——说粗一点，那两股相并处的一条线直贯到底，不漏一屑的破绽，你想通过一根发丝或是吹度一丝风息都是绝对不可能的——但同时又绝不是肥肉的黏着，那就呆了。真是梦！唉，就可惜多美一个天才偏叫一个身高六尺三寸长红胡子的面包师给糟蹋了；真的这世上的因缘说来真怪，我很少看见美妇人不嫁给猴子类牛类水马类的丑男人！但这是支话。眼前我招得到的，够资格的也就不少——有了方才你坐上这沙发的时候叫我想起了爱菱，也许你与她有缘分，我就为你招她去吧，我想应该可以容易招到的。可是上那儿呢？这

061

屋子终究不是欣赏美妇人的理想背景，第一不够开展，第二光线不够——至少为外行人像你一类着想……我有了一个顶好的主意，你远来客，也该独出心裁招待你一次，好在爱菱与我特别的熟，我要她怎么她就怎么；暂且约定后天吧，你上午十二点到我这里来，我们一同到芳丹薄罗的大森林里去，那是我常游的地方，尤其是阿房奇石相近一带，那边有的是天然的地毯，这时是自然最妖艳的日子，草青得滴得出翠来，树绿得涨得出油来，松鼠满地满树都是，也不很怕人，顶好玩的，我们决计到那一带去秘密野餐吧——至于"开眼"的话，我包你一个百二十分的满足，将来一定是你从欧洲带回家最不易磨灭的一个印象！一切有我布置去，你要是愿意贡献的话，也不用别的，就要你多买大杨梅，再带一瓶橘子酒，一瓶绿酒，我们享半天闲福去。现在我讲得也累了，我得躺一会儿，我拿我床底下那本秘本给你先揣摹揣摹……

隔一天我们从芳丹薄罗林子里回巴黎的时候，我仿佛刚做了一个最荒唐，最艳丽，最秘密的梦。

吸烟与文化

一

牛津是世界上名声压得倒人的一个学府。牛津的秘密是它的导师制。导师的秘密，按利卡克教授说，是"对准了他的徒弟们抽烟"。真的，在牛津或康桥地方要找一个不吸烟的学生是很费事的——先生更不用提。学会抽烟，学会沙发上古怪的坐法，学会半吞半吐的谈话——大学教育就够格儿了。"牛津人""康桥人"：还不觳斗吗？我如其有钱办学堂的话，利卡克说，第一件事情我要做的是造一间吸烟室，其次造宿舍，再次造图书室；真要到了有钱没地方花的时候再来造课堂。

二

怪不得有人就会说，原来英国学生就会吃烟，就会懒惰。

臭绅士的架子！臭架子的绅士！难怪我们这年头背心上刺刺的老不舒服，原来我们中间也来了几个叫土巴菰烟臭熏出来的破绅士！

这年头说话得谨慎些。提起英国就犯嫌疑。贵族主义！帝国主义！走狗！挖个坑埋了他！

实际上事情可不这么简单。侵略、压迫，该咒是一件事，别的事情可不跟着走。至少我们得承认英国，就它本身说，是一个站得住的国家，英国人是有出息的民族。它的是有组织的生活，它的是有活气的文化。我们也得承认牛津或是康桥至少是一个十分可羡慕的学府，它们是英国文化生活的娘胎。多少伟大的政治家、学者、诗人、艺术家、科学家，是这两个学府的产儿——烟味儿给熏出来的。

三

利卡克的话不完全是俏皮话。"抽烟主义"是值得研究的。但吸烟室究竟是怎么一回事？烟斗里如何抽得出文化真髓来？对准了学生抽烟怎样是英国教育的秘密？利卡克先生没有描写牛津、康桥生活的真相；他只这么说，他不曾说出一个所以然来。许有人愿意听听的，我想。我也叫名在英国念过两年书，大部分的时间在康桥。但严格的说，我还是不够资格的。我当初并不是像我的朋友温源宁先生似的出了大金镑正式去请教熏烟的：我只是个，比方说，烤小半熟的白薯，离着焦味儿透香还正远哪。但我在康桥的日子可真是享福，深怕这辈子再也得不到那样蜜甜的机会了。我不敢说康桥给了我多少学问或是教会了我什么。我不敢说受了康桥的洗礼，一个人就会变气息，脱凡胎。我敢说的只是——就我个人说，我的眼是康桥教我睁的，我的求知欲是康桥给我拨动的，我的自我的意识是康桥给我胚胎的。我在美国有整两年，在英国也算是整两年。在美国我忙的是上课,听讲,写考卷,龈橡皮糖,看电影,赌咒;在康桥我忙的是散步,划船,骑自转车,抽烟,闲谈,吃五点钟茶、牛油烤饼,看闲书。如其我到美国的时候是一个不含糊的草包,我离开自由神的时候也还是那原封没有动;但如其我在美国时候不曾通窍,我在康桥的日子至少自己明白了原先只是一肚子颟顸。这分别不能算小。

我早想谈谈康桥,对它我有的是无限的柔情。但我又怕亵渎了它似的始终不曾出口。这年头!只要"贵族教育"一个无意识的口号就可以把牛顿、达尔文、米尔顿、拜伦、华茨华斯、阿诺尔德、纽门、罗刹蒂、格兰士顿等所从来的母校一下抹煞。再说年来交通便利了,各式各种日新月异的教育原理教育新制翩翩的从各方向的外洋飞到中华,哪还容得厨房老过四百年墙壁上爬满骚胡髭一类藤萝的老书院一起来上讲坛?

四

但另换一个方向看去,我们也见到少数有见地的人再也看不过国内高等教育的混沌现象,想跳开了蹂烂的道儿,回头另寻新路走去。向外望去,现成有牛津、康桥青藤缭绕的学院招着你微笑;回头望去,五老峰下飞泉声中白鹿洞一类的书院瞅着你惆怅。这浪漫的思乡病跟着现代教育丑化的程度在少数人的心中一天深似一天。这机械性、买卖性的教育够腻烦了,我们说。我们也要几间满沿着爬山虎的高雪克屋子来安息我们的灵性,我们说。我们也要一个绝对闲暇的环境好容我们的心智自由的发展去,我们说。

林玉堂先生在《现代评论》登过一篇文章谈他的教育的理想。新近任叔永先生与他的夫人陈衡哲女士也发表了他们的教育的理想。林先生的意思约莫记得是相仿效牛津一类学府;陈、任两位是要恢复书院制的精神。这两篇文章我认为是很重要的,尤其是陈、任两位的具体提议,但因为开倒车走回头路分明是不合时宜,他们几位的意思并不曾得到期望的回响。想来现在的学者们太忙了,寻饭吃的、做官的、当革命领袖的，谁都不得闲，谁都不愿闲，结果当然没有人来关心什么纯粹教育（不含任何动机的学问）或是人格教育。这是个可憾的现象。

我自己也是深感这浪漫的思乡病的一个；我只要草青人远，一流冷涧……

但我们这想望的境界有容我们达到的一天吗？

致罗素①

罗素：

欧格敦先生谈及他的项目，即编一套世界哲学丛书，还提到你建议将胡适先生的《中国哲学史大纲》译作英文并纳入丛书。我对此是赞同的，论起这门学问中最有资历的人物，胡先生一定名列其中；他的著作因独立思辨和细致解析而出类拔萃，是近年来极有价值的作品之一。若胡先生愿意为这套丛书动笔撰写一部著作，那再好不过了，因为要将由中文撰写的第一卷（第一卷探究的是古代；至于第二卷何时面世，胡先生未作表态）译作英文并不是轻而易举的。首先，在第一版里，作者花了长篇大论去批判前人的观点，若西方读者对中国哲学知之较浅，不免觉得枯燥无味；其二，此书篇幅庞大，仅第一卷就足足写了四百多页纸。我会写信给胡先生，询问他作何计划。但他正为编辑室（商务印书馆）的工作忙得不可开交，当下能否助此项目一臂之力，我无法妄下定论。

至于此事，本人有一愚见。谈到这一项目的人选，我认为最合适的莫过于梁启超先生（那幅画就是他赠予的）。你或许已有耳闻，他是中国学识最渊博的学者之一，也许是有史以来最具影响力、文笔最明晰的作家。他为了解放中国人民思想，介绍并普及西学理念

① 原信为英文，王先哲译。

而孜孜不倦，值得我们钦佩敬仰。他汲取学问、去伪存真的能力更是无人能及。如果能说服他加入这项事业，那是最理想的，而且我认为这是可行的。若你给他写一封诚挚的信，请他撰写一部关于中国思想的标准著作，并介绍这套丛书的大体特质，我坚信这会极大激发他本就惊人的创造力，他必然很乐意接受这份邀请。没有什么比这么安排更好了。诚然这仅仅是我个人愚见，因为我深知，向西方思想家们明晰而易懂地呈现中国哲学是极其必要的。当我得知编纂世界哲学文库这项宏伟大计，我是万分欣喜的。感激你告诉我这个想法，盼望你在方便时及早回信。

上回见面时，你是否忘记把尊夫人写的关于中国的文章交给我了？若她还有多余的，我很期待拜读一下。

但愿你不介意我潦草的字迹，说起来甚是惭愧，我是用笔尖来写的，笔杆早就不知去向了。在学生休息室，这是司空见惯的，而且这里也没有暖气，冻得我瑟瑟发抖。

顺颂双安

徐志摩敬上

一九二一年十一月七日

剑桥国王学院

罗素：

你由剑桥转寄的信已收悉。我迫不及待要告诉你，中国学生们热盼在十二月十日迎接尊夫人和你大驾光临。我相信你已经收到正式请柬了。如未收到也请勿担心，我已写信嘱托负责此事的朋友再寄你一封。

欣悉你们家新添位美丽的婴儿，特此向尊夫人和你致以最诚挚的祝贺。我前些日子在剑桥遇到了鲍惠尔小姐，你们弄璋的喜讯正是她告诉我的。我们特意为二位准备了红鸡蛋和长寿面，这是中国人的贺喜习俗。期待尊夫人十号当天和你一同前来。

我于五号抵达伦敦，本意是去听你的讲座，却突患重感冒、发起高烧，因此未能如愿。现今我仍卧床休养，盼一两日之内好转，能满心喜悦地与你们二位重聚。

致候

徐志摩
一九二一年十二月六日
伦敦汉普斯泰德

罗素先生及夫人：

很抱歉未能在离开伦敦之前与你们见面。你来信的那天我又病倒了，整个礼拜都抱病卧床，无可奈何。直至昨天我才返回剑桥。

喜闻二位即将来邪学社做演讲。阔别已久之后，这里的所有人都渴望再次一睹你们的风华，听取你们的教诲。欧格敦先生需费些心思了，因为国王道那间温馨的"小茶店"是容不下你的听众的。

敬颂俪祉

徐志摩敬启
一九二二年一月二十二日
剑桥国王学院

致傅来义①

尊敬的傅来义：

你的来信深深震撼了我。你慷慨施予的同情是莫大慰藉，亦使

---

① 原信为英文，王先哲译。

今晨的朝气满溢而出，沁人心脾。此种情感是绝无仅有的，我也品尝过欢乐的滋味，但没有哪一次可与之比拟。我自觉愚钝，无法以言语向你抒发我最由衷的感激之情。我一直觉得遇见狄更生先生是我此生最特别的机缘。拜他所赐，我才得以走进康桥并度过一个个愉快的日子；才得以对文学和艺术萌生兴趣并毕生求索。也正因为他，我才得以与你结识。你豁达宽厚的品格为我开辟了新视野并时常赐我灵感，使我萌生宏大、美好和崇高的思想与情怀。我渴望与你多多见面，此愿望之殷切，何须我加以赘述？仅仅是和你相处、倾听你悦耳的话音，就足以令我开心、沉醉和宽慰！旅居英伦的日子是我永生难忘的。日后当我忆及这段时光，回想自己有幸结识诸如狄更生先生和你这样杰出的人物，接受你们伟大思想的熏陶，我不知自己会否潸然泪下。

请相信我，你们的美梦——于西湖的柔波之上，一叶扁舟、挥毫泼墨——有朝一日终会实现。我总是劝狄更生先生来中国走一遭，翻新他脑海中的东方印象，届时我一定会热情恭迎。倘若如此，你们二位结伴同行，向我等心如止水的老一辈和那些胸怀大志的年轻人讲一讲西方文化的真谛和奥妙——这正是他们所热盼和赏识的，何乐而不为呢？你们都是卓尔不群之人，在艺术和文学界的造诣匪浅；你们的光临必将使东西方文明的交流迈入崭新时代。

你赠予我的礼物堪称无价之宝，我当永久珍藏，可我要怎样感谢你才好？我会在八月十七日抵达伦敦，如果你这天之前就动身，可否烦请你把它寄到国王学院？你也可将它留在家中待我上门取回。若你能抽出时间和我见面，我很乐意随时去往伦敦，但愿不会给你增添麻烦。

你的挚友　徐志摩

尊敬的傅来义：

分别后我尚未写信给你。我归国已整整两月，来到北京也有两周的时间了。我的亲朋好友别来无恙，他们因我回家而开心。你在哪里呢？我猜你又去法国南部过冬了，毕竟从八月起阴沉沉的浓雾又要席卷伦敦全城，我相隔千万里，却依旧心有余悸。北京的冬天使我倍感惬意，虽有些冷，却每天空气爽朗，艳阳高照。但在我得意忘形地夸赞北京的宜人气候之前，有一个绝不会让你扫兴的消息，我迫不及待要告诉你。我同讲学会主席梁启超先生、蔡元培博士和其他人见了面，告诉他们一旦时机成熟，你很乐意来华拜访。他们得知后高兴极了，盼望你前来传授艺术心得，并邀你游览壮美风光。我们欣然为你负担旅途的所有开支，还会给你的讲座支付同罗素先生相似的酬劳。你的东方之旅会获益颇多的，你一定很明白，我就不再枚举了。我唯一可做的，就是向你保证我们绝不会亏待你，从你到来的那一刻起，我们会竭尽所能使你舒心。你将要和我们阐释的那一部分欧洲文化，恰恰是我们要学习和汲取的。我国的大江大河、崇山峻岭，还有西湖在内的秀美风光，纷纷将自己扮得风度翩翩，静候你这位久仰之客前来一饱眼福，刺激你最珍爱的艺术味蕾。

我们向你发出最诚恳的请求、最盛情的邀请。这封信是我代表梁先生、蔡先生写的，当然它也传递了我的心声，相信它不会让你觉得难以接受。可否请你发电报告知我们，你何时启程较为方便？我们得知你的答复后，会把钱款汇去。明年初春来华是最理想的，因为那时的西湖百花初开，生机勃勃，南方的稻田披上了金灿灿的光芒，好似喜笑颜开。我将得到一份至高的荣幸，那就是成为你旅途的随从，必要之时兼当传译。你也会发现，你的听众无不是热情高涨的。

我们商量过，在你来访期间举办一场联合画展，但我们只能负责中国美术部分和大体上的筹备工作，其他方面我们心有余而力不足，大概连一幅像样的西画作品都拿不出手吧。你可带几幅复制品来，哪怕仅仅作说明之用也是极好的。或者，也许有哪位青年美术家愿意把自己的作品运到东方，借机在此扬名。如果有什么办法，敬祈示知。来时切勿忘记多带些书籍，因为我们深感惭愧，对美术这门严肃而系统的学问我们是一窍不通的。就在这里停笔吧。即覆为盼！

　　谨致问候

徐志摩

一九二二年十二月十五日

中国北京　北京晨报社转

　　再者：如发电报，最好发至国立北京大学蔡元培先生处。一切通信费用由我们负责。

志摩

　　另：可否有劳你说服狄更生先生故地重游，我们很乐意招待他。你们结伴来华是再好不过的结局了。若真如此，我会欣喜若狂迎接你们的！

志摩

傅来义：

　　你前阵子的来信令我喜忧参半。请容我解释其缘由：你还记得我是去年冬天回国的吧？我在同朋友见面时告诉他们，如果我们发出邀请，你会考虑来华做客的。他们知晓后兴奋不已，梁启超先生（现今伟大的作家及讲学会主席）嘱咐我立刻提笔给你写邀请信，我也照做了。此信寄出的确切日期我记不清了，大概是在圣诞节之前挂号寄出的。我们还邀请了华里士先生来接替杜里舒教授的职位，若你们二位携手前来，那将是极其有趣的。华里士先生的回函令我们灰心，他说自己无法前来。但我们对你怀有更高期待，我甚至构想了你来华时的场面——我们结伴同游，在西湖的柔情环抱之中尽享欢乐。于是我们冀望了许久，终于盼得你的音信，可信里对我们的请求只字未提。显然我的上一封信虽已挂号寄出，却没能交到你的手中。真不走运！这场意外反而使我们更热盼和希冀你的光临。请容我再次发出邀请。国立北京大学的蔡元培先生和讲学社主席梁启超先生嘱托我转达二人对你的称赞，请你再三考虑他们失礼的邀约——来华办一场艺术讲座，就当他们欠你一个人情吧。我们乐意为你负担全部差旅费用，同时给你的讲座支付酬劳。你若愿意来，我将负责全程陪同并招待你，确保你宾至如归。我丝毫不怀疑，你一定会感到不虚此行的。旅途之遥是唯一的难处，它无情地将你我分隔。好消息是，我们确信数月之内俄国就会将泛西伯利亚铁路交还给我们，届时只需两个礼拜即可让伦敦和北京之间的鸿沟灰飞烟灭。诗人泰戈尔已答应在未来的一到两个月内来华，他会在中国逗留二至三个礼拜，一边游历一边讲学。假设他的旅途于十月结束，理想的计划是，你于九月初从英国启程，在华旅居至次年春季。你或许有意顺道去日本游览，那时恰逢樱花盛放的季节。冬日的京城会让你沉醉。你会毫不迟疑夸赞它是一个气候宜人的好地方，除非你对雾蒙蒙的伦敦情有独钟，毕竟大雾在我们这里是无处可觅的。

这封信大概会在七月底寄到你的手上。请务必考虑我们的邀请。我相信你是热爱中国的，但愿我们的提议恰合你的心意。一旦你有了决定，最好发电报给我们。发"延时抵达"的电报，每个字只需一先令六便士，速度不逊于普通电报。你发来"九月来 北京 梁启超"即可，其余的可由书信沟通。

你不必担心我们会让你以大学教授那般俗套的形象来示人，你们艺术家必定是不待见教授这项职业。任何使你难堪之事，我们想都不会去想的。这里无穷无尽的自然胜景，再怎么夸口都不为过。用它们来招待你，你一定不会失望吧。然而，这些美丽的事物都迫切期望艺术为它们作活灵活现的阐释。你难免要走上讲台，但在座的听众都有极好的领悟力，你是不介意予以他们一些启发的，对吧？实不相瞒，中国的年轻一代虽然对真与美总是心驰神往，但至于什么是艺术、艺术为了什么，他们大都一知半解。因此你在演讲时，还请侧重谈谈艺术的基本原理。我在上一封不知去向的信里提议，在你逗留期间我们可合办一场西方艺术展，这将引起巨大的反响。若能说服日本合作，把他们收藏的塞尚、马蒂斯、毕加索、惠斯勒等人的作品借给我们，那就妙极了！

从你的来信得知，你在伦敦的事业蒸蒸日上。何不考虑把你的展览搬到北京来，使之锦上添花！你寄来的摹本相当精致，其中的风景画更是令人惊叹，可以和普罗旺斯的大师们相提并论了。衷心祝贺你！

至于自己，我就不再多谈了吧，因为我已经给狄更生、瑟伯斯坦和兰塞写信细说了一遍。我的日子还算过得去，虽然有些事并不顺心。你的莅临会使我欢欣鼓舞；万一你不来，我迟早也会去拜访你的。不久后我再给你写信。

顺颂时绥

志摩

一九二三年六月五日

北京西郊石虎胡同七号松坡图书馆

曼殊斐尔

这心灵深处的欢畅，

这情绪境界的壮旷；

任天堂沉沦，地狱开放，
毁不了我内府的宝藏！

——康河晚照即景

美感的记忆，是人生最可珍的产业。认识美的本能，是上帝给我们进天堂的一把秘钥。

有人的性情，例如我自己的，如以气候作喻，不但是阴晴相间，而且常有狂风暴雨，也有最艳丽蓬勃的春光。有时遭逢幻灭，引起厌世的悲观，铅般的重压在心上，比如冬令阴霾，到处冰结，莫有些微生气；那时便怀疑一切：宇宙，人生，自我，都只是幻的妄的；人情，希望，理想，也只是妄的幻的。

Ah, human nature, how,

If utterly frail thou art and vile,

If dust thou art and ashes, is thy heart so great?

If thou art noble in part,

How are thy loftiest impulses and thoughts

By so ignoble causes kindled and put out?

"Sopra un ritratto di una bella donna."

这几行是最深入的悲观派诗人理巴第（Leopardi）的诗。一座荒坟的墓碑上，刻着冢中人生前美丽的肖像，激起了他这根本的疑问——若说人生是有理可寻的，何以到处只是矛盾的现象；若说美是幻的，何以引起的心灵反动能有如此之深刻？若说美是真的，何以也与常物同归腐朽？但理巴第探海灯似的智力虽则把人间种种事物虚幻的外象，一一给褫剥了，连宗教都剥成了个赤裸的梦，他却没有力量来否认美！美的创现他只能认为神奇的；他也不能否认高洁的精神恋，虽则他不信女子也能有同样的境界。在感美感恋最纯粹的一霎那间，理巴第不能不承认是极乐天国的消息，不能不承认是生命中最宝贵的经验。所以我每次无聊到极点的时候，在层冰般严封的心河底里，突然涌起一股消融一切的热流，顷刻间消融了厌世的凝晶，消融了烦闷的苦冻：那热流便是感美感恋最纯粹的一俄顷之回忆。

To see a world in a grain of sand,

And a Heaven in a wild flower,

Hold Infinity in the palm of your hand,

And eternity in an hour……

Auguries of Innocence: William Blake

从一颗沙里看出世界，

天堂的消息在一朵野花，

将无限存在你的掌上，

刹那间涵有无穷的边涯……

这类神秘性的感觉，当然不是普遍的经验，也不是常有的经验。凡事只讲实际的人，当然嘲讽神秘主义，当然不能相信科学可解释的神经作用，会发生科学所不能解释的神秘感觉。但世上"可为知者道不可与不知者言"的事正多着哩！

从前在十六世纪，有一次有一个意大利的牧师学者到英国乡下去，见了一大片盛开的苜蓿在阳光中竟同一湖欢舞的黄金，他只惊喜得手足无措，慌忙跪在地上，仰天祷告，感谢上帝的恩典，使他见得这样的美，这样的神景。他这样发疯似的举动，当时一定招起在旁乡下人的哗笑。我这篇要讲的经历，恐怕也有些那牧师狂喜的疯态，但我也深信读者里自有同情的人，所以我也不怕遭乡下人的笑话！

去年七月中有一天晚上，天雨地湿，我独自冒着雨在伦敦的海姆司堆特（Hampstead）问路警，问行人，在寻彭德街第十号的屋子。那就是我初次，不幸也是末次，会见曼殊斐尔——"那二十分不死的时间！"——的一晚。

我先认识麦雷君（John Middleton murry），他是 Athenaeum 的总主笔，诗人，著名评衡家，也是曼殊斐尔一生最后十余年间最密切的伴侣。

他和她自一九一三年起，即夫妇相处，但曼殊斐尔却始终用她到英国以后的"笔名"Katherine Mansfield。她生长于纽新兰 New Zealand，原名是 Kathleen Beanchamp，是纽新兰银行经理 Sir Harold Beanchamp 的女儿。她十五年前离开了本乡，同着三个小妹子到英国，进伦敦大学皇后学院读书。她从小就以美慧著名，但身体也从小即很怯弱。她曾在德国住过，那时她写她的第一本小说 "In a German Pension"。大战期内她在法国的时候多。近几年她也常在瑞士、意大利及法国南部。她常住外国，就为她身体太弱，禁不得英伦的雾迷雨苦的天时，麦雷为了伴她，也只得把一部分的事业放弃，（Athenaeum 之所以并入 London Nation 就为此。）跟着他安琪儿似的爱妻，寻求健康。据说可怜的曼殊斐尔战后得了肺病证明以后，医生明说她不过两三年的寿限，所以麦雷和她相处有限的光阴，真是分秒可数。多见一次夕照，多经一次朝旭，她优昙似的余荣，便也消减了如许的活力，这颇使人想起茶花女一面吐血一面纵酒恣欢时的名句：

"You know I have not long to live, therefore I will live fast!" ——你知道我是活不久长的，所以我存心喝他一个痛快！

我正不知道多情的麦雷，眼看这艳丽无双的夕阳，渐渐消翳，心里"爱莫能助"的悲感，浓烈到何等田地！

但曼殊斐尔的"活他一个痛快"的方法，却不是像茶花女的纵酒恣欢，而是在文艺中努力；她像夏夜榆林中的鹃鸟，呕出缕缕的心血来制成无双的情曲，便唱到血枯音嘶，也还不忘她的责任是牺牲自己有限的精力，替自然界多增几分的美，给苦闷的人间几分艺术化精神的安慰。

她心血所凝成的便是两本小说集，一本是"Bliss"，一本是去年出版的"Garden Party"。凭这两部书里的二三十篇小说，她已经在英国的文学界里占了一个很稳固的位置。一般的小说只是小说，她的小说是纯粹的文学，真的艺术；平常的作者只求暂时的流行，博群众的欢迎，她却只想留下几小块"时灰"掩不暗的真晶，只要得少数知音者的赞赏。

但唯其是纯粹的文学，她的著作的光彩是深蕴于内而不是显露于外的，其趣味也须读者用心咀嚼，方能充分的理会。我承作者当面许可选译她的精品，如今她去世，我更应当珍重实行我翻译的特权，虽则我颇怀疑我自己的胜任。我的好友陈通伯他所知道的欧洲文学恐怕在北京比谁都更渊博些，他在北大教短篇小说，曾经讲过曼殊斐尔的，这很使我欢喜。他现在也答应也来选译几篇，我更要感谢他了。关于她短篇艺术的长处，我也希望通伯能有机会说一点。

现在让我讲那晚怎样的会晤曼殊斐尔。早几天我和麦雷在Charing Cross 背后一家嘈杂的 A. B. C. 茶店里，讨论英法文坛的状况，我乘便说起近几年中国文艺复兴的趋向，在小说里感受俄国作者的影响最深，他喜得几乎跳了起来，因为他们夫妻最崇拜俄国的几位大家，他曾经特别研究过道施滔庖符斯基，著有一本"Dostoievsky：A Critical Study"，曼殊斐尔又是私淑契诃甫（Tchekhov）的，他们常在抱憾俄国文学始终不曾受英国人相当的注意，因之小说的质与式，还脱不尽维多利亚时期的 Philistinism。我又乘便问起曼殊斐尔的近况，他说她一时身体颇过得去，所以此次敢伴着她回伦敦住两个星期，他就给了我他们的住址，请我星期四晚上去会她和他们的朋友。

所以我会见曼殊斐尔，真算是凑巧的凑巧。星期三那天我到惠尔斯（H. G. Wells）乡里的家去了（Easten Glebe），下一天和他的夫人一同回伦敦，那天雨下得很大，我记得回寓时浑身全淋湿了。

他们在彭德街的寓处，很不容易找（伦敦寻地方总是麻烦的，我恨极了那回街曲巷的伦敦），后来居然寻着了，一家小小一楼一底的屋子，麦雷出来替我开门，我颇狼狈的拿着雨伞，还拿着一个朋友还我的几卷中国字画。进了门，我脱了雨具，他让我进右首一间屋子，我到那时为止对于曼殊斐尔只是对于一个有名的年轻女子作者的景仰与期望；至于她的"仙姿灵态"我那时绝对没有想到，我以为她只是与 Rose Macaulay, Virginia Woolf, Roma Wilon, Vanessa Bell 几位女文学家的同流人物。平常男子文学家与美术家，已经尽够怪僻，近代女子文学家更似乎故意养成怪僻的习惯，最显著的一个通习是装饰之务淡朴，务不入时，务"背女性"；头发是剪了的，又不好好的收拾，一团和糟的散在肩上；袜子永远是粗纱的；鞋上不是沾有泥就是带灰，并且大都是最难看的样式；裙子不是异样的短就是过分的长，眉目间也许有一两圈"天才的黄晕"，或是戴着最可厌的美国式龟壳大眼镜，但她们的脸上却从不见脂粉的痕迹，手上装饰亦是永远没有的，至多无非是多烧了香烟的焦痕；哗笑的声音，十次有九次半盖过同座的男子；走起路来也是挺胸凸肚的，再也辨不出是夏娃的后身；开起口来大半是男子不敢出口的话；当然最喜欢讨论的是 Freudian Complex, Birth Control, 或是 George Moore 与 James Joyce 私人印行的新书，例如"A Storyteller's Holiday"与"Ulysses"。总之她们的全人格只是一幅妇女解放的讽刺画。（Amy Lowell 听说整天的抽大雪茄!）和这一班立意反对上帝造人的本意的"唯智的"女子在一起，当然也有许多有趣味的地方，但有时总不免感觉她们矫揉造作的痕迹过深，引起一种性的憎忌。

我当时未见曼殊斐尔以前，固然没有想她是这样一流的 Futuristic，但也绝对没有梦想到她是女性的理想化。

所以我推进那门时我就盼望她——一个将近中年和蔼的妇

人——笑盈盈的从壁炉前沙发上站起来和我握手问安。

但房里——一间狭长的壁炉对门的房——只见鹅黄色恬静的灯光，壁上炉架上杂色的美术的陈设和画件，几件有彩色画套的沙发围列在炉前，却没有一半个人影。麦雷让我一张椅上坐了，伴着我谈天，谈的是东方的观音和耶教的圣母，希腊的 Virgin Diana，埃及的 Isis，波斯的 Mithraism 里的 Virgin 等等之相仿佛，似乎处女的圣母是所有宗教里一个不可少的象征……我们正讲着，只听得门上一声剥啄，接着进来了一位年轻的女郎，含笑着站在门口。"难道她就是曼殊斐尔——这样的年轻……"我心里在疑惑，她一头的褐色卷发，盖着一张小圆脸，眼极活泼，口也很灵动，配着一身极鲜艳的衣裳——漆鞋，绿丝长袜，银红绸的上衣，酱紫的丝绒裙——亭亭的立着，像一棵临风的郁金香。

麦雷起来替我介绍，我才知道她不是曼殊斐尔，而是屋主人，不知是密司 B——什么，我记不清了，麦雷是暂寓在她家的；她是个画家，壁上挂的画，大都是她自己的作品。她在我对面的椅上坐了。她从炉架上取下一个小发电机似的东西拿在手里，头上又戴了一个接电话生戴的听箍，向我凑得很近的说话，我先还当是无线电的玩具，随后方知这位秀美的女郎的听觉是有缺陷的！

她正坐定，外面的门铃大响——我疑心她的门铃是特别响些。来的是我在法兰先生（Roger Fry）家里会过的 Sydney Waterloo，极诙谐的一位先生，有一次他从他巨大的口袋里一连掏出了七八支的烟斗，大的小的长的短的，各种颜色的，叫我们好笑。他进来就问麦雷，迦赛琳今天怎样，我竖了耳朵听他的回答。麦雷说："她今天不下楼了，天气太坏，谁都不受用……"华德鲁先生就问他可否上楼去看她，麦说可以的。华又问了密司 B 的允许站了起来，他正要走出门，麦雷又赶过去轻轻的说："Sydney, don't talk too much！"

楼上微微听得步响，W 已在迦赛琳房中了。一面又来了两个客，一个短的 M 才从游希腊回来，一个轩昂的美丈夫，就是 London

Nation and Athenaeum 里每周做科学文章署名 S 的 Sullivan。M 就讲他游历希腊的情形，尽背着古希腊的史迹名胜，Parnassus 长，Mycenae 短，讲个不住。S 也问麦雷迦赛琳如何，麦说今晚不下楼，W 现在楼上。过了半点钟模样，W 笨重的足音下来了，S 问他迦赛琳倦了没有，W 说："不，不像倦，可是我也说不上，我怕她累，所以我下来了。"再等一歇，S 也问了麦雷的允许上楼去，麦也照样叮咛他不要让她乏了。麦问我中国的书画，我乘便就拿那晚带去的一幅赵之谦的"草书法画梅"，一幅王觉斯的草书，一幅梁山舟的行书，打开给他们看，讲了些书法大意，密司 B 听得高兴，手捧着她的听盘，挨近我身旁坐着。

但我那时心里却颇觉失望，因为冒着雨存心要来一会 Bliss 的作者，偏偏她又不下楼；同时 W，S，麦雷的烘云托月，又增加了我对她的好奇心。我想运气不好，迦赛琳在楼上，老朋友还有进房去谈的特权，我外国人的生客，一定是没有分的了。时已十时过半了，我只得起身告别，走出房门，麦雷陪出来帮我穿雨衣。我一面穿衣，一面说我很抱歉，今晚密司曼殊斐尔不能下来，否则我是很想望会她一面的，不意麦雷竟很诚恳的说，"如其你不介意，不妨请上楼去一见。"我听了这话喜出望外，立即将雨衣脱下，跟着麦雷一步一步地走上楼梯……

上了楼梯，叩门，进房，介绍，S 告辞，和 M 一同出房，关门，她请我坐下，我坐下，她也坐下……这么一大串繁复的手续我只觉得是像电火似的一扯过，其实我只推想应有这么些的经过，却并不曾觉到：当时只觉得一阵模糊。事后每次回想也只觉得是一阵模糊，我们平常从黑暗的街上走进一间灯烛辉煌的屋子，或是从光薄的屋子里出来骤然对着盛烈的阳光，往往觉得耀光太强，头晕目眩的，得定一定神，方能辨认眼前的事物。用英文说就是 Senses overwhelmed by excessive light；不仅是光，浓烈的颜色有时也有"潮没"官觉的效能。我想我那时，虽不定是被曼殊斐尔人格的烈光所潮没，她房里的灯光陈设以及她自身衣饰种种各品浓艳灿烂的颜色，已够使我不预防的神经，感觉刹那间的淆惑，那是很可理解的。

她的房给我的印象并不清切，因为她和我谈话时，不容我去认记房中的布置，我只知道房是很小，一张大床差不多就占了全房大部分的地位，壁是用画纸裱的，挂着好几幅油画大概也是主人画的。她和我同坐在床左贴壁一张沙发榻上，因为我斜倚她正坐的缘故，她似乎比我高得多（在她面前哪一个不是低的，真是！）。我疑心那两盏电灯是用红色罩的，否则何以我想起那房，便联想起"红烛高烧"的景象？但背景究属不甚重要，重要的是给我最纯粹的美感的——The purest aesthetic feeling——她；是使我使用上帝给我那把进天堂的秘钥的——她；是使我灵魂的内府里，又增加了一部宝藏的——她。但要用不驯服的文字来描写那晚的她！不要说显示她人格的精华，就是单只忠实地表现我当时的单纯感象，恐怕就够难的了。从前一个人有一次做梦，进天堂去玩了，他异样的欢喜，明天一起身就到他朋友那里去，想描写他神妙不过的梦境。但是，他站在朋友面前，结住舌头，一个字都说不出来，因为他要说的时候，才觉得他所学的在人间适用的字句，绝对不能表现他梦里所见天堂的景色，他气得从此不开口，后来抑郁而死。我此时妄想用字来活现出一个曼殊斐尔，也差不多有同样的感觉，但我却宁可冒猥渎神灵的罪，免得像那位诚实君子活活的闷死。她的打扮与她的朋友 B 女士相像：也是铄亮的漆皮鞋，闪色的缘丝袜，枣红丝绒的围裙，嫩黄薄绸的上衣，领口是尖开的，胸前挂着一串细珍珠，袖口只齐及肘弯。她的发是黑的，也同密司 B 一样剪短的，但她栉发的样式，却是我在欧美从没有见过的。我疑心她是有心仿效中国式，因为她的发不但纯黑，而且直而不卷，整整齐齐的一圈，前面像我们十余年前的"刘海"，梳得光滑异常；我虽则说不出所以然，但觉得她发之美也是生平所仅见。

至于她眉目口鼻之清之秀之明净，我其实不能传神于万一；仿佛你对着自然界的杰作，不论是秋水洗净的湖山，霞彩纷披的夕照，或是南洋莹澈的星空，或是艺术界的杰作，培德花芬的沁芳，南怀格纳的奥配拉，密克朗其罗的雕像，卫师德拉（Whistler）或是柯罗（Corot）的画；你只觉得他们整体的美，纯粹的美，完全的美，不能分析的美，可感不可说的美；你仿佛直接无碍的领会了造作最高明的意志，你在最伟大深刻的戟刺中经验了无限的欢喜，在更大的人格中解化了你的性灵。我看了曼殊斐尔像印度最纯澈的碧玉似的容貌，受着她充满了灵魂的电流的凝视，感着她最和软的春风似的神态，所得的总量我只能称之为一整个的美感。她仿佛是个透明体，你只感讶她粹极的灵澈性，却看不见一些杂质。就是她一身的艳服，如其别人穿着，也许会引起琐碎的批评，但在她身上，你只是觉得妥帖，像牡丹的绿叶，只是不可少的衬托，汤林生（H. M. Tomling-son，她生前的一个好友），以阿尔帕斯山岭万古不融的雪，来比拟她清极超俗的美，我以为很有意味的；他说：

　　曼殊斐尔以美称，然美固未足以状其真，世以可人为美，曼殊斐尔固可人矣，然何其脱尽尘寰气，一若高山琼雪，清澈重霄，其美可惊，而其凉亦可感。艳阳被雪，幻成异彩，亦明明可识，然亦似神境在远，不隶人间。曼殊斐尔肌肤明皙如纯牙，其官之秀，其目之黑，其颊之腴，其约发环整如鬃，其神态之闲静，有华族粲者之明粹，而无西艳优杰之容；其躯体尤苗约，绰如也，若明蜡之静焰，若晨星之澹妙，就语者未尝不自讶其吐息之重浊，而虑是静且澹者之且神化……

　　汤林生又说她锐敏的目光，似乎直接透入你的灵府深处，将你所蕴藏的秘密，一齐照澈，所以他说她有鬼气，有仙气；她对着你看，不是见你的面之表，而是见你心之底，但她却不是侦刺你的内蕴，并不是有目的的搜罗，而只是同情的体贴。你在她面前，自然会感觉对她无慎密的必要；你不说她也有数，你说了她不会惊讶。她不会责备，她不会怂恿，她不会奖赞，她不会代你出什么物质利益的主意，她只是默默的听，听完了然后对你讲她自己超于善恶的见解——真理。

这一段从长期的交谊中出来深入的话，我与她仅仅一二十分钟的接近当然不会体会到，但我敢说从她神灵的目光里推测起来，这几句话不但是可能，而且是极近情的。

所以我那晚和她同坐在蓝丝绒的榻上，幽静的灯光，轻笼住她美妙的全体，我像受了催眠似的，只是痴对她神灵的妙眼，一任她利剑似的光波，妙乐似的音浪，狂潮骤雨似的向我灵府泼淹，我那时即使有自觉的感觉，也只似开茨 Keats 听鹃啼时的：

> My heart aches, and a drowsy numbness pains
> My sense, as though of hemlock I had drunk...
> 'Tis not through envy of thy happy lot.
> But being too happy in thy happiness...

曼殊斐尔的声音之美，又是一个 Miracle。一个个音符从她脆弱的声带里颤动出来，都在我习于尘俗的耳中，启示着一种神奇的异境，仿佛蔚蓝的天空中一颗一颗的明星先后涌现。像听音乐似的，虽则明明你一生从不曾听过，但你总觉得好像曾经闻到过的，也许在梦里，也许在前生。她的，不仅引起你听觉的美感，而竟似直达你的心灵底里，抚摩你蕴而不宣的苦痛，温和你半冷半僵的希望，洗涤你窒碍性灵的俗累，增加你精神快乐的情调，仿佛凑住你灵魂的耳畔私语你平日所冥想不得的仙界消息。我便此时回想，还不禁内动感激的悲慨，几乎零泪；她是去了，她的音声笑貌也似蜃彩似的一翳不再，我只能学 Aft Vogler 之自慰，虔信：

Whose voice has gone forth, but each survives for the melodist
when eternity affirms the conception of an hour.

……

Enough that he heard it once, we shall hear it by & by.

曼殊斐尔，我前面说过，是病肺痨的，我见她时正离她死不过半年，她那晚说话时，声音稍高，肺管中便如荻管似的呼呼作响。她每句语尾收顿时，总有些气促，颧颊间便也多添一层红润，我当时听出了她肺弱的音息，便觉得切心的难过，而同时她天才的兴奋，偏是逼迫她音度的提高，音愈高，肺嘶亦更咧咧，胸间的起伏，亦隐约可辨，可怜！我无奈何，只得将自己的声音特别的放低，希冀她也跟着放低些。果然很应效，她也放低了不少，但不久她又似内感思想的戟刺，重复节节的高引。最后我再也不忍因我而多耗她珍贵的精力，并且也记得麦雷再三叮嘱 W 与 S 的话，就辞了出来，总计我进房至出房——她站在房门口送我——不过二十分的时间。

我与她所讲的话也很有意味，但大部分是她对于英国当时最风行的几个小说家的批评——例如 Rebecca West，Romer Wilson，Hutchingson，Swinnerton，等——恐怕因为一般人不稔悉，那类简约的评语不能引起相当的兴味所以从略。麦雷自己是现在英国中年的评衡家最有学有识的一人——他去年在牛津大学讲的 "The Problem of Style" 有人誉为安诺德（Mathew Arnold）以后评衡界最重要的一部贡献——而他总常常推尊曼殊斐尔，说她是评衡的天才，有言必中肯的本能，所以我此刻要把她那晚随兴月旦的珠沫，略过不讲，很觉得有些可惜。她说她方才从瑞士回来，在那边和罗素夫妇寓处相距颇近，常常说起东方的好处，所以她原来对于中国景仰，更一进而为爱慕的热忱。她说她最爱读 Arthur Waley 所翻的中国诗，她说那样的艺术在西方真是一个 Wonderful Revelation，她说新近 Amy Lowell 译的很使她失望，她这里又用她爱用的短句 That's not the thing！她问我译过没有，她再三劝我应当试试，她以为中国诗只有中国人能译得好的。

她又问我是否也是写小说的，她又问中国顶喜欢契诃甫的那几篇，译得怎么样，此外谁最有影响。

她问我最喜读哪几家小说，我说哈代、康拉德，她的眉稍耸了一耸笑道：

"Isn't it！We have to go back to the old masters for good literature the real thing！"

她问我回中国去打算怎么样，她希望我不进政治，她愤愤地说现代政治的世界，不论哪一国，只是一乱堆的残暴和罪恶。

后来说起她自己的著作。我说她的太是纯粹的艺术，恐怕一般人反而不认识，她说：

"That's just it，then of course，popularity is never the thing for us."

我说我以后也许有机会试翻她的小说，很愿意先得作者本人的许可。她很高兴地说她当然愿意，就怕她的著作不值得翻译的劳力。

她盼望我早日回欧洲，将来如到瑞士再去找她，她说怎样的爱瑞士风景，琴妮湖怎样的妩媚，我那时就仿佛在湖心柔波间与她荡舟玩景：

Clear，placid Leman！…
Thy soft murmuring sounds sweet as if a sister's voice reproved．
That I with stern delights should ever have been so moved…

我当时就满口的答应，说将来回欧一定到瑞士去访她。

末了我恐怕她已经倦了，深恨与她相见之晚，但盼望将来还有再见的机会。她送我到房门口，与我很诚挚地握别。

将近一月前我得到曼殊斐尔已经在法国的芳丹卜罗去世。这一篇文字，我早已想写出来，但始终为笔懒，延到如今，岂知如今却变了她的祭文了!

哀曼殊斐儿

我昨夜梦入幽谷，
听子规在百合丛中泣血，
我昨夜梦登高峰，
见一颗光明泪自天堕落。

古罗马的郊外有座墓园，
静偃着百年前客殇的诗骸；
百年后海岱士黑辇的车轮，
又喧响在芳丹卜罗的青林边。

说宇宙是无情的机械，
为甚明灯似的理想闪耀在前？
说造化是真美善之表现，
为甚五彩虹不常住天边？

我与你虽仅一度相见——
但那二十分不死的时间！
谁能信你那仙姿灵态，
竟已朝露似的永别人间？

非也! 生命只是个实休的幻梦；
美丽的灵魂，永承上帝的爱宠；
三十年小住，只似昙花之偶现，
泪花里我想见你笑归仙宫。

你记否伦敦约言，曼殊斐儿！
今夏再见于琴妮湖之边；
琴妮湖永抱着白朗矶的雪影，
此日我怅望云天，泪下点点！

我当年初临生命的消息，
梦也似的骤感恋爱之庄严；
生命的觉悟是爱之成年，
我今又因死而感生与恋之涯沿！

因情是掼不破的纯晶，
爱是实现生命之唯一途径；
死是座伟秘的洪炉，此中
凝炼万象所从来之神明。

我哀思焉能电花似的飞骋，
感动你在天日遥远的灵魂？
我洒泪向风中遥送，
问何时能截破生死之门？

致张幼仪①

故转夜为日，转地狱为天堂，直指顾间事矣。……真生命必自

---

① 此信写于徐志摩与张幼仪离婚前夕，当时徐志摩在英国伦敦，张幼仪在德国柏林。这是一封要求离婚的信。

奋斗自求得来，真幸福亦必自奋斗自求得来，真恋爱亦必自奋斗自求得来！彼此前途无限……彼此有改良社会之心，彼此有造福人类之心，其先自作榜样，勇决智断，彼此尊重人格，自由离婚，止绝苦痛，始兆幸福，皆在此矣。

笑解烦恼结——送张幼仪①

一

这烦恼结，是谁家扭得水尖儿难透？
这千缕万缕烦恼结是谁家忍心机织？
这结里多少泪痕血迹，应化沉碧！
忠孝节义——咳，忠孝节义谢你维系
四千年史骸不绝，
却不过把人道灵魂磨成粉屑，
黄海不潮，昆仑叹息，
四万万生灵，心死神灭，中原鬼泣！
咳，忠孝节义！

二

东方晓，到底明复出，
如今这盘糊涂账，
如何清结？

三

莫焦急，万事在人为，只消耐心

共解烦恼结。

虽严密，是结，总有丝缕可觅，

莫怨手指儿酸、眼珠儿倦，

可不是抬头已见，快努力！

四

如何！毕竟解散，烦恼难结，烦恼苦结。

来，如今放开容颜喜笑，握手相劳；

此去清风白日，自由道风景好。

听身后一片声欢，争道解散了结儿，

消除了烦恼！

徐志摩张幼仪离婚通告

目前情况，离姻的结果，还不见女的方面缺亏。男子再娶绝对不成问题；女子再嫁的机会，即使有总不平等。固然，我们同时应该打破男必娶女必嫁的谬见，但不平等的现象依然存在。这非但是女子不解放，也是男子未尽解放的证据。我们希望大家努力从理性方面进行，扫除陋习迷信，实现男女平权的理想。

我们不知不觉已经说上一大串，但家庭方面总不应得略过不问，实际上家庭是个极重大的原则。"极重大"是一定要牵连到的意思，并不是离婚不经过家庭就不成功，好像没有糯米裹不成粽子，没有豆板做不成豆腐。只要当事人同意负责，婚姻离合的原素就完全。固然能得到家庭同意最好，但非必要。如其当事人愿意离婚而第三者的家庭有异议，这一定是误解，迟早讲得明白。若说反对更是笑话。屋子里失火，子女当然逃命，住在城外的父母说不行，你们未得家庭同意，如何擅敢逃命，这不是开玩笑吗！解除辱没人格的婚姻，是逃灵魂的命，爱子女的父母，岂有故意把他们的出路堵住之理，并且他们也决计堵不住。但离婚没有朋友绝交的简单，往往有具体清算的必要，则如财产子女，□□地要商榷家庭了。旧式制度使然，但事实清理是理性的事务，只要命题合理，总有答数算出来。我们应该研究的是，老辈也有老辈的是，如何可以使得旧社会的家长了解新时代的精神，免去无谓的冲突，酿成不愉快的结局。你我有你我的意见，老辈也有老辈的意见，疏通是我们的责任。要使他们了解我们，我们也得了解他们。同情产生同情，误解反应误解。顽固无可理喻！家庭革命的呼声常常听见，我们青年就犯一个嗜好，不是完全健康的嗜好——浪漫主义。家庭革命四个字是染透了浪漫色彩的，我们不是为革命而革命，我们对家长说的话很简单，我们说：你们父母是最怜爱我们子女，我们的幸福就是你们的幸福，我们的痛苦就是你们的痛苦，以往的是非不提，谁也不必抱怨谁，现在我们觉悟——我们已经自动，挣脱了黑暗的地狱，已经解散烦恼的绳结，已经恢复了自由和独立人格，现在含笑来报告你们这可喜的消息，请你们参与我们的欢畅。慈爱、同情永远是人道的经纬，理性是南针。我们想果然当事人能像我们一样，欢欢喜喜的同时解除婚约，有理性的父母决不会不赞成，除非真是父母根本不爱儿女，愿意他们痛苦，不愿他们救度。我们相信这样异乎寻常的父母，世上不多，若然当事人不幸而逢到真正异乎寻常的家长，那时要有革命行为发生，谁是谁非就不辨自明。

我们要说的话还很多，但这不是做大文章的地方，我们很盼望再有机会讨论这个重要问题。我们相信道德的勇敢是这新时期的精神，人道是革新的标准。

致梁启超①

我之甘冒世之不韪，竭全力以斗者，非特求免凶惨之苦痛，实求良心之安顿，求人格之确立，求灵魂之救度耳。

人谁不求庸德？人谁不安现成？人谁不畏艰险？然且有突围而出者，夫岂得已而然哉？

············

我将于茫茫人海中访我唯一灵魂之伴侣；得之，我幸；不得，我命。如此而已。

············

嗟夫吾师！我当奋我灵魂之精髓，以凝成一理想之明珠，涵之以热满之心血，朗照我深奥之灵府。而庸俗忌之嫉之，辄欲麻木其灵魂，捣碎其理想，杀灭其希望，污毁其纯洁！我之不流入堕落，流入庸懦，流入卑污，其几亦微矣！

康桥再会罢

康桥，再会罢；
我心头盛满了别离的情绪，
你是我难得的知己，我当年
辞别家乡父母，登太平洋去，
（算来一秋二秋，已过了四度
春秋，浪迹在海外，美土欧洲）
扶桑风色，檀香山芭蕉况味，

---

① 徐志摩和张幼仪离婚后，梁启超从上海致信时在北京的徐志摩加以规劝。收信后，徐志摩复信加以申辩。

平波大海，开拓我心胸神意，
如今都变了梦里的山河，
渺茫明灭，在我灵府的底里；
我母亲临别的泪痕，她弱手
向波轮远去送爱儿的巾色，
海风咸味，海鸟依恋的雅意，
尽是我记忆的珍藏，我每次
摩按，总不免心酸泪落，便想
理箧归家，重向母怀中匍伏，
回复我天伦挚爱的幸福；
我每想人生多少跋涉劳苦，
多少牺牲，都只是枉费无补，
我四载奔波，称名求学，毕竟
在知识道上，采得几茎花草，
在真理山中，爬上几个峰腰，
钧天妙乐，曾否闻得，彩红色，
可仍记得？——但我如何能回答？
我但自熹楼高车快的文明，
不曾将我的心灵污抹，今日
我对此古风古色，桥影藻密，
依然能坦胸相见，惺惺惜别。

康桥，再会罢！
你我相知虽迟，然这一年中
我心灵革命的怒潮，尽冲泻
在你妩媚河身的两岸，此后
清风明月夜，当照见我情热
狂溢的旧痕，尚留草底桥边，

明年燕子归来，当记我幽叹
音节，歌吟声息，缦烂的云纹
霞彩，应反映我的思想情感，
此日撒向天空的恋意诗心，
赞颂穆静腾辉的晚景，清晨
富丽的温柔；听！那和缓的钟声
解释了新秋凉绪，旅人别意，
我精魂腾耀，满想化人音波，
震天彻地，弥盖我爱的康桥，
如慈母之于睡儿，缓抱软吻；
康桥！汝永为我精神依恋之乡！
此去身虽万里，梦魂必常绕
汝左右，任地中海疾风东指，
我亦必纡道西回，瞻望颜色；
归家后我母若问海外交好，
我必首数康桥，在温清冬夜
蜡梅前，再细辨此日相与况味；
设如我星明有福，素愿竟酬，
则来春花香时节，当复西航，
重来此地，再捡起诗针诗线，
绣我理想生命的鲜花，实现
年来梦境缠绵的销魂踪迹，
散香柔韵节，增媚河上风流；
故我别意虽深，我愿望亦密，
昨宵明月照林，我已向倾吐
心胸的蕴积，今晨雨色凄清，
小鸟无欢，难道也为是怅别
情深，累藤长草茂，涕泪交零！

康桥！山中有黄金，天上有明星，
人生至宝是情爱交感，即使
山中金尽，天上星散，同情还
永远是宇宙间不尽的黄金，
不昧的明星；赖你和悦宁静
的环境，和圣洁欢乐的光阴，
我心我智，方始经爬梳洗涤，
灵苗随春草怒生，沐日月光辉，
听自然音乐，哺啜古今不朽
——强半汝亲栽育——的文艺精英；
恍登万丈高峰，猛回头惊见
真善美浩瀚的光华，覆翼在
人道蠕动的下界，朗然照出
生命的经纬脉络，血赤金黄，
尽是爱主恋神的辛勤手绩；
康桥！你岂非是我生命的泉源？
你惠我珍品，数不胜数；最难忘
骞士德顿桥下的星磷坝乐，
弹舞殷勤，我常夜半凭阑干，
倾听牧地黑野中倦牛夜嚼，
水草间鱼跃虫嘻，轻挑静寞；
难忘春阳晚照，泼翻一海纯金，
淹没了寺塔钟楼，长垣短堞，
千百家屋顶烟突，白水青田，
难忘茂林中老树纵横；巨干上
黛薄茶青，却教斜刺的朝霞，
抹上些微胭脂春意，忸怩神色；

难忘七月的黄昏，远树凝寂，
象墨泼的山形，衬出轻柔暝色，
密稠稠，七分鹅黄，三分桔绿，
那妙意只可去秋梦边缘捕捉；
难忘榆荫中深宵清啭的诗禽，
一腔情热，教玫瑰噙泪点首，
满天星环舞幽吟，款住远近
浪漫的梦魂，深深迷恋香境；
难忘村里姑娘的腮红颈白；
难忘屏绣康河的垂柳婆娑，
婀娜的克莱亚，硕美的校友居；
——但我如何能尽数，总之此地
人天妙合，虽微如寸芥残垣，
亦不乏纯美精神；流贯其间，
而此精神，正如宛次宛士所谓
"通我血液，浃我心脏"，有"镇驯
矫饬之功"；我此去虽归乡土，
而临行怫怫，转若离家赴远；
康桥！我故里闻此，能弗怨汝
僭爱，然我自有谠言代汝答付；
我今去了，记好明春新杨梅
上市时节，盼望我含笑归来，
再见罢，我爱的康桥！

印度洋上的秋思

昨夜中秋。黄昏时西天挂下一大帘的云母屏，掩住了落日的光
潮，将海天一体化成暗蓝色，寂静得如黑衣尼在圣座前默祷。过了

一刻，即听得船梢布篷上窸窸窣窣啜泣起来，低压的云夹着迷蒙的雨色，将海线逼得像湖一般窄，沿边的黑影，也辨认不出是山是云，但涕泪的痕迹，却满布在空中水上。

又是一番秋意！那雨声在急骤之中，有零落萧疏的况味，连着阴沉的气氲，只是在我灵魂的耳畔私语道："秋！"我原来无欢的心境，抵御不住那样温婉的浸润，也就开放了春夏间所积受的秋思，和此时外来的怨艾构合，产出一个弱的婴儿——"愁"。

天色早已沉黑，雨也已休止。但方才啜泣的云，还疏松地幕在天空，只露着些惨白的微光，预告明月已经装束齐整，专等开幕。同时船烟正在莽莽苍苍地吞吐，筑成一座蟒鳞的长桥，直联及西天尽处，和轮船泛出的一流翠波白沫，上下对照，留恋西来的踪迹。

北天云幕豁处，一颗鲜翠的明星，喜孜孜地先来问探消息，像新嫁娘的侍婢，也穿扮得遍体光艳。但新娘依然姗姗未出。

我小的时候，每于中秋夜，呆坐在楼窗外等看"月华"。若然天上有云雾缭绕，我就替"亮晶晶的月亮"担忧，若然见了鱼鳞似的云彩，我的小心就欣欣怡悦，默祷着月儿快些开花，因为我常听人说只要有"瓦楞"云，就有月华；但在月光放彩以前，我母亲早已逼我去上床，所以月华只是我脑筋里一个不曾实现的想象，直到如今。

现在天上砌满了瓦楞云彩，霎时间引起了我早年许多有趣的记忆——但我的纯洁的童心，如今哪里去了！

月光有一种神秘的引力。她能使海波咆哮，她能使悲绪生潮。月下的喟息可以结聚成山，月下的情泪可以培晬百亩的畹兰，千茎的紫琳耿。我疑悲哀是人类先天的遗传，否则，何以我们儿年不知悲感的时期，有时对着一泻的清辉，也往往凄心滴泪呢？

但我今夜却不曾流泪。不是无泪可滴，也不是文明教育将我最纯洁的本能锄净，却为是感觉了神圣的悲哀，将我理解的好奇心激动，想学契古特白登来解剖这神秘的"眸冷骨累"。冷的智永远是热的情的死仇。他们不能相容的。

但在这样浪漫的月夜，要来练习冷酷的分析，似乎不近人情，所以我的心机一转，重复将锋快的智刃剧起，让沉醉的情泪自然流转，听他产生什么音乐，让绻缱的诗魂漫自低回，看他寻出什么梦境。

明月正在云岩中间，周围有一圈黄色的彩晕，一阵阵的轻霭，在她面前扯过。海上几百道起伏的银沟，一齐在微叱凄其的音节，此外不受清辉的波域，在暗中愤愤涨落，不知是怨是慕。

我一面将自己一部分的情感，看入自然界的现象，一面拿着纸笔，痴望着月彩，想从她明洁的辉光里，看出今夜地面上秋思的痕迹，希冀他们在我心里，凝成高洁情绪的菁华。因为她光明的捷足，今夜遍走天涯，人间的恩怨，哪一件不经过她的慧眼呢？

印度的 Ganges① 河边有一座小村落，村外一个榕绒密绣的湖边，坐着一对情醉的男女，他们中间草地上放着一尊古铜香炉，烧着上品的水息，那温柔婉恋的烟篆，沈馥香浓的热气，便是他们爱感的象征——月光从云端里轻俯下来，在那女子胸前的珠串上，水息的烟尾上，印下一个慈吻，微哂，重复登上她的云艇，上前驶去。

一家别院的楼上 窗帘不曾放下，几枝肥满的桐叶正在玻璃上摇曳斗趣，月光窥见了窗内一张小蚊床上紫纱帐里，安眠着一个安琪儿似的小孩，她轻轻挨进身去，在他温软的眼睫上，嫩桃似的腮上，抚摩了一会。又将她银色的纤指，理齐了他脐圆的额发，霭然微哂着，又回她的云海去了。

一个失望的诗人，坐在河边一块石头上，满面写着幽郁的神情，他爱人的倩影，在他胸中像河水似的流动，他又不能在失望的渣滓里榨出些微甘液，他张开两手，仰着头，让大慈大悲的月光，那时正在过路，洗沐他泪腺湿肿的眼眶，他似乎感觉到清心的安慰，立

---

① Ganges：恒河。

即摸出一管笔，在白衣襟上写道：

"月光，

你是失望儿的乳娘！"

面海一座柴屋的窗棂里，望得见屋里的内容：一张小桌上放着半块面包和几条冷肉，晚餐的剩余。窗前几上开着一本家用的《圣经》，炉架上两座点着的烛台，不住地在流泪，旁边坐着一个绉面驼腰的老妇人，两眼半闭不闭地落在伏在她膝上悲泣的一个少妇，她的长裙散在地板上像一只大花蝶。老妇人掉头向窗外望，只见远远海涛起伏，和慈祥的月光在拥抱密吻，她叹了声气向着斜照在《圣经》上的月彩暖道：

"真绝望了！真绝望了！"

她独自在她精雅的书室里，把灯火一齐熄了，倚在窗口一架藤椅上，月光从东墙肩上斜泻下去，笼住她的全身，在花瓶上幻出一个窈窕的情影，她两根垂辫的发梢，她微澹的媚唇，和庭前几茎高峙的玉兰花，都在静秘的月色中微颤，她加她的呼吸，吐出一股幽香，不但邻近的花草，连月儿闻了，也禁不住迷醉，她腮边天然的妙涡，已有好几日不圆满：她瘦损了。但她在想什么呢？月光，你能否将我的梦魂带去，放在离她三五尺的玉兰花枝上。

威尔斯西境一座矿床附近，有三个工人，口衔着笨重的烟斗，在月光中闲坐。他们所能想到的话都已讲完，但这异样的月彩，在他们对面的松林，左首的溪水上，平添了不可言语比说的妩媚，惟有他们工余倦极的眼珠不阖，彼此不约而同今晚较往常多抽了两斗的烟，但他们矿火熏黑，煤块擦黑的面容，表示他们心灵的薄弱，在享乐烟斗以外；虽经秋月溪声的戟刺，也不能有精美情绪之反感。等月影移西一些，他们默默地扑出了一斗灰，起身进屋，各自登床睡去。月光从屋背飘眼望进去，只见他们都已睡熟；他们即使有梦，也无非矿内矿外的景色！

月光渡过了爱尔兰海峡，爬上海尔佛林的高峰，正对着静默的红潭。潭水凝定得像一大块冰，铁青色。四围斜坦的小峰，全都满铺着蟹青和蛋白色的岩片碎石，一株矮树都没有。沿潭间有些丛草，那全体形势，正像一大青碗，现在满盛了清洁的月辉，静极了，草里不闻虫吟，水里不闻鱼跃；只有石缝里潜涧沥淅之声，断续地作响，仿佛一座大教堂里点着一星小火，益发对照出静穆宁寂的境界，月儿在铁色的潭面上，倦倚了半晌，重复极起她的银泻，过山去了。

昨天船离了新加坡以后，方向从正东改为东北，所以前几天的船梢正对落日，此后"晚霞的工厂"渐渐移到我们船向的左手来了。

昨夜吃过晚饭上甲板的时候，船右一海银波，在犀利之中涵有幽秘的彩色，凄清的表情，引起了我的凝视。那放银光的圆球正挂在你头上，如其起靠着船头仰望。她今夜并不十分鲜艳；她精圆的芳容上似乎轻笼着一层藕灰色的薄纱；轻漾着一种悲喟的音调；轻染着几痕泪花的露霭。她并不十分鲜艳，然而她素洁温柔的光线中，犹之少女浅蓝妙眼的斜睥；犹之春阳融解在山巅白云反映的嫩色，含有不可解的迷力、媚态，世间凡具有感觉性的人，只要承沐着她的清辉，就发生也是不可理解的反应，引起隐复的内心境界的紧张，像琴弦一样——人生最微妙的情绪，载震生命所蕴藏高洁名贵创现的冲动。有时在心理状态之前，或于同时，撼动躯体的组织，使感觉血液中突起冰流之冰流，嗅神经难禁之酸辛，内藏汹涌之跳动，泪腺之骤热与润温。那就是秋月兴起的秋思——愁。

昨晚的月色就是秋思的泉源，岂止，直是悲哀幽骚悱怨沉郁的象征，是季候运转的伟剧中最神秘亦最自然的一幕，诗艺界最凄凉亦最微妙的一个消息。

今夜月明人尽望，不知秋思在谁家。

中国字形具有一种独一的妩媚，有几个字的结构，我看来纯是艺术家的匠心：这也是我们国粹之尤粹者之一。譬如"秋"字，已经是一个极美的字形；"愁"字更是文字史上有数的杰作：有石开湖晕，风扫松针的妙处，这一群点画的配置，简直经过柯罗的书篆，米仡朗其罗的雕圭，Chopin① 的神感；像——用一个科学的比喻——原子的结构，将旋转宇宙的大力收缩成一个无形无纵的电核；这十三笔造成的象征，似乎是宇宙和人生悲惨的现象和经验，吒唶和涕泪，所凝成最纯粹精密的结晶，满充了催迷的秘力。你若然有高蒂闲（Gautier）② 异超的知感性，定然可以梦到，愁字变形为秋霞黯绿色的通明宝玉，若用银槌轻击之，当吐银色的幽咽电蛇似腾入云天。

我并不是为寻秋意而看月，更不是为觅新愁而访秋月；蓄意沉浸于悲哀的生活，是丹德所不许的。我盖见月而感秋色，因秋窗而拈新愁：人是一簇脆弱而富于反射性的神经！

我重复回到现实的景色，轻裹在云锦之中的秋月，像一个遍体蒙纱的女郎，她那团圆清朗的外貌像新娘，但同时她幂弦的颜色，那是藕灰，她踟躇的行踵，掩泣的痕迹，又使人疑是送丧的丽姝。所以我曾说：

"秋月呀！

我不盼望你团圆。"

这是秋月的特色，不论她是悬在落日残照边的新镰，与"黄昏晓"竞艳的眉钩，中宵斗没西陲的金碗，星云参差间的银床，以至一轮腴满的中秋，不论盈昃高下，总在原来澄爽明秋之中，遍洒着一种我只能称之为"悲哀的轻霭"，和"传愁的以太"。即使你原来无愁，见此也禁不得沾染那"灰色的音调"，渐渐兴感起来！

秋月呀！

谁禁得起银指尖儿

---

① 肖邦（1810—1849），波兰作曲家、钢琴家。

② 今译戈蒂埃（1811—1872），法国诗人、小说家、评论家、新闻记者。

浪漫地搔爬呵！

不信但看那一海的轻涛，可不是禁不住她玉指的抚摩，在那里低徊饮泣呢！就是那

无聊的云烟，

秋月的美满，

熏暖了飘心冷眼，

也清冷地穿上了轻绡的衣裳，

来参与这

美满的婚姻和丧礼。

第二章

1922—1924

1922 年 10 月，徐志摩离英返国。1923 年 1 月，著文支持蔡元培的言论，后卷入创造社与文学研究会的论争中。8 月离京去北戴河，8 月 27 日祖母何太夫人逝世于硖石，返回家中。1923 年下半年，徐志摩滞游于杭州、上海等地，与胡适、任叔永、徐振飞等政、商、学界人士交游。1923 年底，与梁启超、胡适、陈西滢、林长民、张君劢等人成立新月社。

　　1923 年下半年，徐志摩同泰戈尔和他的秘书恩厚之联络，安排泰戈尔访华事宜。1924 年 4—6 月，泰戈尔访华期间，徐志摩全程陪同并任翻译。6 月随泰戈尔赴日。暑中回国后至庐山，翻译泰戈尔的讲演。同年在北京与陆小曼相识。

回 国

　　今天是我回国的周年纪念。恰好冠来了信，一封六页的长信，多么难得的，可珍的点缀啊！去年的十月十五日，天将晚时，我在兰岛丸船上拿着远镜望碇泊处的接客者，渐次的望着了这个亲，那个友，与我最爱的父亲，五年别后，似乎苍老了不少，那时我在狂跳的心头，突然迸起一股不辨是悲是喜的寒流，腮边便觉着两行急流的热泪。后来回三泰栈，我可怜的娘，生生的隔绝了五年，也只有两行热泪迎接她唯一的不孝的娇儿。但久别初会的悲感，毕竟是暂时的，久离重聚的欢怀，毕竟是实现了。那时老祖母的不减的清健，给我不少的安慰，虽则母亲也着实见老。

　　今年的十月十五日——今天呢？老祖母已做了天上的仙神，再不能亲见她钟爱孙儿生命里命定非命定的一切——今天已是她离人间的第四十九日！这是个不可补的缺陷，长驻的悲伤。我最爱的母亲，一生只是痛苦与烦劳与不怿，往时还盼望我学成后补偿她的慰藉，如今却只是病更深，烦更剧，愁思益结，我既不能消解她的愁源，又不能长侍她的左右，多少给她些温慰。父亲也是一样的失望，我不能代替他一分一息的烦劳，却反增添了他无数的白发。我是天壤间怎样的一个负罪，内疚的人啊！

　　一年，三百六十有五日，容易的过去了。我的原来的活泼的性情与容貌，自此亦永受了"年纪"的印痕——又是个不可补的缺陷，一个长驻的悲伤！

　　我最敬最爱的友人呀，我只能独自地思索，独自地想象，独自地抚摩时间遗下的印痕，独自地感觉内心的隐痛，独自地呼嗟，独自地流泪……方才我读了你的来信，江潮般的感触，横塞了我的胸臆，我竟忍不住啜泣了。我只是个乞儿，轻拍着人道与同情紧闭着的大门，妄想门内人或许有一念的慈悲，赐给一方便——但我在门外站久了，门内不闻声响，门外劲刻的凉风，却反向着我褴褛的躯骸狂扑——我好冷呀，大门内慈悲的人们呀！

前日沫若请在美丽川，楼石庵适自南京来，故亦列席。饮者皆醉，适之说诚恳话，沫若遽抱而吻之——卒飞拳投罾而散——骂美丽川也。

今晚与适之回请，有田汉夫妇与叔永夫妇，及振飞。大谈神话。出门时见腴庐——振飞言其姊妹为"上海社会之花"。

致胡适 （一）

适之：

我的祖母竟是死了。这是我五岁时祖父死后第一次亲眼见的死之实在，也是第一次旧法丧礼的经验。我很想看你关于丧制的几篇文字，可惜我手边没有《新青年》。

你几时到上海？如是你是即去即回的，那我就等你回杭后再来，也许约得定还可以同车。否则，如其你一时还不走，我想九月三日早车一径到闸口坐轿子上山，那一样便当，请你来信。你那里可以支一小榻容客否，乘便问你一声。北京的信还不曾转来。

志摩问安

一九二三年八月三十日

适之：

我忘了请教你一件事，现在专诚请问。我这回故世的祖母是先祖的继配，我的伯父与父亲都是她生的；原配孙氏只生一个先伯不满十岁就死了，也没有替他立后；所以这次讣闻上出面的就是伯父与我父。照这里的俗例，讣上是称显继妣的，但我们很怀疑这个继字，因为以亲生子而称继妣，情理上都似乎说不过去。这原没有多大研究的价值，我意思径称姊就是了，但本地不少拘执成例的人难免要说闲话，所以我的伯父与父亲叫我专诚写信来问问你们博学鸿儒，究竟怎样称呼妥当些，请你就给我回信。

余外的话，下次再详。请你替我问候曹女士。

志摩

一九二三年九月四日

适之：

信到。感谢得很。二十世纪浪漫派的徐志摩，回到了迷信打墙，陋俗铺地，微生虫当资养料的老家里，真是身不由做主，什么主意都没有了。

偏偏我的母亲又因这回的劳碌，发了气急的老病，比往常更为厉害，要使我烦恼中又添了焦急。我此刻按定了心思在她呻吟的病榻旁写信，两眼又在那里作怪，我真几乎要叫苦！

你寄到北京的长信已经转来。我现在只能多谢你给我这样一封多情有趣的信；我很抱歉此时没有相当的情趣报答你。你叫我把那首小诗转给一涵，恐怕已经耽误了付印。

请你再替我谢谢令亲汪先生，等我心境静些再写信给他。曹女士已经进校了没有？我真羡慕你们山中神仙似的清福！

志摩

一九二三年九月七日

西湖记

这一时骤然的生活改变了态度，虽则不能说是从忧愁变到快乐，至少却也是从沉闷转成活泼。最初是父亲自己也闷慌了，有一天居然把那只游船收拾个干净，找了叔薇兄弟等一群人，一直开到东山背后，过榆桥转到横头景转桥，末了还看了电灯厂方才回家。那天很愉快！塔影河的两岸居然被我寻出了一片两片经霜的枫叶。我从水面上捞到了两片，不曾红透的，但着色糯净得可爱。寻红叶是一件韵事，（早几天我同绎义阿六带了水果月饼玫瑰酒到东山背后去寻红叶，站在俞家桥上张皇的回望，非但一些红的颜色都找不到，连枫树都不易寻得出来，失望得很。后来翻山上去，到宝塔边去痛快的吐纳了一番。那时已经暝色渐深，西方只剩有几条青白色，月亮已经升起，我们慢慢的绕着塔院的外面下去，歇在问松亭里喝酒，三兄弟喝完了一瓶烧酒，方才回家。山脚下又布施了上月月下结识的丐友，他还问起我们答应他的冬衣哪！）菱塘里去买菱吃，又是一件趣事。那钵盂峰的下面，都是菱塘，我们船过时，见鲜翠的菱塘里，有人坐着圆圆的菱桶去采摘。我们就嚷着买菱。买了一桌子的菱，青的红的，满满的一桌子。"树头鲜"真是好吃，怪不得人家这么说。我选了几只嫩青，带回家给妈吃，她也说好。

这是我们第一次称心的活动。

八月十五那天，原来约定到适之那里去赏月的，后来因为去得太晚了，又同着绎裁，所以不曾到烟霞去。那晚在湖上也玩得很畅，虽则月儿只是若隐若现的。我们在路上的时候，满天堆紧了乌云，密层层的，不见中秋的些微消息。我那时很动了感兴——我想起了去年印度洋上的中秋！一年的差别！我心酸得比哭更难过。一天的乌云，是的，什么光明的消息都莫有！

我们在清华开了房间以后，立即坐车到楼外楼去。吃得很饱，喝得很畅。桂花栗子已经过时，香味与糯性都没有了。到九点模样，她到底从云阵里奋战了出来，满身挂着胜利的霞彩，我在楼窗上靠出去望见湖光渐渐的由黑转青，青中透白，东南角上已经开朗，喜得我大叫起来。我的欢喜不仅为是月出；最使我痛快的，是在于这失望中的满意。满天的乌云，我原来已经抵拚拿雨来换月，拿抑塞来换光明，我抵拚喝他一个醉，回头到梦里去访中秋，寻团圆——梦里是什么都有的。

我们站在白堤上看月望湖，月有三大圈的彩晕，大概这就算是月华的了。

月出来不到一点钟又被乌云吞没了，但我却盼望，她还有扫荡廓清的能力，盼望她能在一半个时辰内，把掩盖住青天的妖魔，一齐赶到天的那边去，盼望她能尽量的开放她的清辉，给我们爱月的一个尽量的陶醉——那时我便在三个印月潭和一座雷峰塔的媚影中做一个小鬼，做一个永远不上岸的小鬼，都情愿，都愿意！

"贼相"不在家，末了抓到了蛮子仲坚，高兴中买了许多好吃的东西——有广东夹沙月饼——雇了船，一直望湖心里进发。

三潭印月上岸买栗子吃，买莲子吃；坐在九曲桥上谈天，讲起湖上的对联，骂了康圣人一顿。后来走过去在桥上发现有三个人坐着谈话，几上放有茶碗。我正想对仲坚说他们倒有意思，那位老翁涩重的语音听来很熟，定睛看时，原来他就是康大圣人！

下一天我们起身已不早，绎义同意到烟霞洞去，路上我们逛了雷峰塔。我从不曾去过，这塔的形与色与地位，真有说不出的神秘的庄严与美。塔里面四大根砖柱已被拆成倒置圆锥体形，看看危险极了。轿夫说："白状元的坟就在塔前的湖边，左首草丛里也有一个坟，前面一个石碣，说是白娘娘的坟。"我想过去，不料满径都是荆棘，过不去。雷峰塔的下面，有七八个鹄形鸠面的丐僧，见了我们一齐张起他们的破袈裟，念佛要钱。这倒颇有诗意。

我们要上桥时，有个人手里握着一条一丈余长的蛇，叫着放生，说是小青蛇。我忽然动心，出了两角钱，看他把那蛇扔在下面的荷花池里，我就怕等不到夜她又落在他的手里了。

进石屋洞初闻桂子香——这香味好几年不闻到了。

到烟霞洞时上门不见土地，适之和高梦旦他们一早游花坞去了。

我们只喝了一碗茶，捡了几张大红叶——疑是香樟——就急急的下山。香蕉月饼代饭。

到龙井，看了看泉水就走。

前天在车里想起雷峰塔做了一首诗用杭白。

> 那首是白娘娘的古墓，
> （划船的手指着蔓草深处）
> 客人，你知道西湖上的佳话，
> 白娘娘是个多情的妖魔。
>
> 她为了多情，反而受苦——
> 爱了个没出息的许仙，她的情夫；
> 他听信一个和尚，一时的糊涂，
> 拿一个钵盂，把她妻子的原形罩住。
>
> 到今朝已有千把年的光景，
> 可怜她被镇压在雷峰塔底——
> 这座残败的古塔，凄凉地，
> 庄严地，永远在南屏的晚钟声里！

方才从美丽川回来，今夜叔永夫妇请客，有适之，经农，擘黄，云五，梦旦，君武，振飞；精卫不曾来，君劢闯席。君劢初见莎菲，大倾倒，顷与散步时热忱犹溢，尊为有"内心生活"者，适之不禁狂笑。君武大怪精卫从政，忧其必毁。

午间东荪借君劢处请客，有适之菊农筑山等。与菊农偃卧草地上朗诵斐德的《诗论》与哈代的诗。

午后为适之拉去沧州别墅闲谈，看他的烟霞杂诗，问尚有匿而不宣者否，适之赧然曰有，然未敢宣，以有所顾忌。《努力》已决停版，拟改组，大体略似规复《新青年》，因仲甫又复拉拢，老同志散而复聚亦佳。适之问我"冒险"事，云得自可恃来源，大约梦也。

秋白亦来，彼病肺已证实，而且夕劳作不能休，可悯。适之翻示沫若新作小诗，陈义体格词采皆见竭蹶，岂《女神》之遂永逝？

与适之、经农，步行去民厚里一二一号访沫若，久觅始得其居。沫若自应门，手抱褴褓儿，跣足，敝服（旧学生服），状殊憔悴，然广额宽颐，怡和可识。入门时有客在，中有田汉，亦抱小儿，转顾间已出门引去，仅记其面狭长。沫若居至陋，陈设亦杂，小孩羼杂其间，倾跌须父抚慰，涕泗亦须父揩拭，皆不能说华语；厨下木屐声卓卓可闻，大约即其日妇。

坐定寒暄已，仿吾亦下楼，殊不话谈，适之虽勉寻话端以济枯窘，而主客间似有冰结，移时不涣。沫若时含笑谛视，不识何意。经农竟嗫不吐一字，实亦无从端启。五时半辞出，适之亦甚讶此会之窘，云上次有达夫时，其居亦稍整洁，谈话亦较融洽。然以四手而维持一日刊，一月刊，二季刊，其情况必不甚愉适，且其生计亦不裕，或竟窘，无怪其以狂叛自居。

方才沫若领了他的大儿子来看我，今天谈得自然的多了。他说要写信给西滢，为他评茵梦湖的事。怪极了，他说有人疑心西滢就是徐志摩，说笔调像极了。这倒真有趣，难道我们英国留学生的腔调的确有与人各别的地方，否则何以有许多人把我们俩混作一个？他开年要到四川赤十字医院去，他也厌恶上海。他送了我一册《卷耳集》，是他诗经的新译；意思是很好，他序里有自负的话："……不怕就是孔子复生，他定也要说出'启予者沫若也'的一句话。"我还只翻看了几首。

沫若入室时，我正在想作诗，他去后方续成。用诗的最后的语句作题——"灰色的人生"，问樵倒读了好几篇，似乎很有兴会似的。

同谭裕靠在楼窗上看街。他列说对街几家店铺的隐幕，颇使我感触。卑污的，罪恶的人道，难道便不是人道了吗？

振铎顷来访，蜜月实仅三朝，又须知陆志韦所谓"仆仆从公"矣。

幼仪来信，言归国后拟办幼稚院，先从硖石入手。

日间不曾出门，五时吃三小蟹，饭后与树屏等闲谈，心至不怿。

忽念阿云，独彼明眸可解我忧，因即去天吉里，渭孙在家，不见阿云，讶问则已随田伯伯去绍兴矣。

我爱阿云甚，我今独爱小友，今宝宝二三四爷恐均忘我矣！

昨下午自硖到此，与适之经农同寓新新。此来为"做工"，此来为"寻快乐"。

昨在火车中，看了一个小沄做的"龙女"的故事，颇激动我的想像。

经农方才又说日子过得太快了，我说日子只是过得太慢，比如看书一样，乏味的叶子，尽可以随便翻他过去——但是到什么时候才翻得到不乏味的叶子呢？

我们第一天游湖，逛了湖心亭——湖心亭看晚霞看湖光是湖上少人注意的一个精品——看初华的芦荻，楼外楼吃蟹，曹女士贪看柳梢头的月，我们把桌子移到窗口，这才是持螯看月了：夕阳里的湖心亭，妙；月光下的湖心亭，更妙。晚霞里的芦雪是银色；月下的芦雪是银色。莫泊桑有一段故事，叫做 In the Moonlight，白天适之翻给我看，描写月光激动人的柔情的魔力，那个可怜牧师，永远想不通这个矛盾："既然上帝造黑夜来让我们安眠，这样绝美的月色，比白天更美得多，又是什么命意呢？"便是最严肃的，最古板的宝贝，只要他不曾死透僵透，恐怕也禁不起"秋月的银指尖儿，浪漫地搔爬"！曹女士唱了一个"秋香"歌，婉曼得很。

三潭印月——我不爱什么九曲，也不爱什么三树，我爱在月光下看雷峰静极了的影子——我见了那个，便不要性命。

阮公墩也是个精品，夏秋间竟是个深透了的绿洲，晚上雾霭苍茫里，背后的群山，只剩了轮廓，它与湖心亭一对乳头形的浓青——墨青，远望去也分不清是高树与低枝，也分不清是榆荫是柳荫，只是两团媚极了的青屿——谁说这上面不是神仙之居？

我形容北京冬令的西山，寻出一个钝字；我形容中秋的西湖，舍不了一个嫩字。

昨夜二更时分与适之远眺着静偃的湖与堤与印在波光里的堤影，清绝秀绝媚绝，真是理想的美人，随她怎样的姿态妙，也比拟不得的绝色，我们便想出去拿舟玩月；拿一支轻如秋叶的小舟，悄悄的滑上了夜湖的柔胸，拿一支轻如芦梗的小桨，幽幽的拍着她光润，蜜糯的芳容；挑破她雾縠似的梦壳，扁着身子偷偷的挨了进去，也好分尝她贪饮月光醉了的妙趣！

但昨夜却为泰戈尔的事缠住了，辜负了月色，辜负了湖光，不曾去拿舟，也不曾去偷尝西子的梦悄；且待今夜月来时吧！

"数大"便是美。碧绿的山坡前几千个的绵羊，挨成一片的雪绒，是美；一天的繁星，千万只闪亮的神眼，从无极的蓝空中下窥大地，是美；泰山顶上的云海，巨万的云峰在晨光里静定着，是美；绝海万顷的波浪，戴着各式白帽，在日光里动荡着，起落着，是美；爱尔兰附近的那个"羽毛岛"上栖着几千万的飞禽，夕阳西沉时只见一个"羽化"的大空，只是万鸟齐鸣的大声，是美……数大便是美：数大了，似乎按照着一种自然律，自然的会有一种特殊的排列，一种特殊的节奏，一种特殊的式样，激动我们审美的本能，激发我们审美的情绪。

所以西溪的芦荻，与花坞的竹林，也无非是一种数大的美。不是智力可以分析的，至少不是我的智力所能分析。看芦花与看黄熟的麦田，或从高处看松林的顶巅，性质是相似的；但因颜色的分别，白与黄与青的分别，我们对景而起的情感，也就各各不同。季候当然也是个影响感兴的原素。芦雪尤其代表气运之转势，一年中最显著最动人深感的转变；象征中秋与三秋间万物由荣入谢的微旨：所以芦荻是个天生的诗题。

西溪的芦苇，年来已经渐次的减少，主有芦田的农人，因为芦柴的出息远不如桑叶，所以改种桑树，再过几年，也许西溪的"秋雪"，竟与苏堤的断桥，同成陈迹！

在白天的日光中看芦花，不能见芦花的妙趣；他是同丁香与海棠一样，只肯在月光下泄漏他灵魂的秘密；其次亦当在夕阳晚风中。去年十一月我在南京看玄武湖的芦荻，那时柳叶已残，芦花亦飞散过半，但紫金山反射的夕照与城头倏起的凉风，从苇里惊起了野鸭无数，墨点似的洒满云空（高下的鸣声相和），与一湖的飞絮，沉醉似的舞着，写出一种凄凉的情调，一种缠绵的意境，我只能称之为"秋之魂"，不可言语比况的秋之魂！又一次看芦花的经验是在月夜之大明湖，我写给徽那篇"月照与湖"（英文的）就是纪念那难得的机会的。

所以前天西溪的芦田，他本身并不曾怎样的激动我的情感。与其白天看西溪的芦花，不如月夜泛舟到湖心亭去看芦花，近便，经济得多。

花坞的竹子，可算一绝，太好了，我竟想不出适当文字来赞美；不但竹子，那一带的风色都好，中秋后尤妙，一路的黄柳红枫，真叫人应接不暇！

三十一那天晚上我们四个人爬登了葛岭，直上初阳台，转折处颇类香山。

完了，西湖这一段游记也完了。经农已经走了，今天一早走的，但像是已经去了几百年似的。适之已定后天回上海，我想明天，迟至后天早上走。方才我们三个人在杏花村吃饭吃蟹，我喝了几杯酒。冬笋真好吃。

一天的繁星，我放平在船上看星。沉沉的宇宙，我们的生命究竟是个什么东西？我又摸住了我之伤痕。星光呀，仁善些，不要张着这样讥刺的眼，倍增我的难受！

山中来函

剑三，我还活着；但是我至少是一个"出家人"。我住在我们镇上的一个山里，这里有一个新造的祠堂，叫做"三不朽"，这名字肉麻得凶，其实只是一个乡贤祠的变名，我就寄宿在这里。你不要见笑徐志摩活着就进了祠堂，而且是三不朽！这地方倒不坏，我现在坐着写字的窗口，正对着山景，烧剩的庙，精光的树，常青的树，石牌坊戏台，怪形的石错落在树木间，山顶上的宝塔，塔顶上徘徊着的"饿老鹰"有时卖弄着他们穿天响的怪叫，累累的坟堆，享亭，白木的与包着芦席的棺材——都在嫩色的朝阳里浸着。隔壁是祠堂的大厅，供着历代的忠臣孝子清客书生大官富翁棋国手（陈子仙）数学家（李善兰壬叔）以及我自己的祖宗，他们为什么"不朽"我始终没有懂：再隔壁是节孝祠，多是些跳井的投河的上吊的吞金的服盐卤的也许吃生鸦片吃火柴头的烈女烈妇以及无数咬紧牙关的"望门寡"，抱牌位做亲的，教子成名的，节妇孝妇，都是牺牲了生前的生命来换死后的冷猪头肉，也还不很靠得住的；再隔壁是东寺，外边墙壁已是半烂殿上神像只剩了泥灰。前窗望出去是一条小河的尽头，一条藤萝满攀着磊石的石桥，一条狭堤，过堤一潭清水，不知是血污还是蓄荷池（土音同），一个鬼客栈（厝所），一片荒场也是墓墟累累的；再望去是硖石镇的房屋了。这里时常过路的是：香客，挑菜担的乡下人，青布包头的妇人，背着黄叶篓子的童子，戴黑布风帽手提灯笼的和尚，方巾的道士，寄宿在戏台下与我们守望相助的丐翁，牧羊的童子与他的可爱的白山羊，到山上去寻柴，掘树根，或掠干草的，送羹饭与叫姓的（现在眼前就是，真妙，前面一个男子手里拿着一束稻柴口里喊着病人的名字叫他到"屋里来"，后面跟着一个着红棉袄绿背心的老妇人，撑着一把雨伞，低声的答应着那男子的叫唤。）晚上只听见各种的声响，塔院里的钟声，林子里的风响，寺角上的铃声，远外小儿啼声，狗吠声，枭鸟的咒诅声，石路上行人的脚步声——点缀这山脚下深夜的沉静，管祠堂人的房子里，不时还闹鬼，差不多每天有鬼话听！

这是我的寓处。世界，热闹的世界，离我远得很；北京的灰砂也吹不到我这里来——博生真鄙吝，连一份《晨报》附张都舍不得寄给我；朋友的资讯更是杳然了。今天我偶尔高兴，写成了三段"东山小曲"，现在寄给你，也许可以补补空白。

我唯一的希望只是一场大雪。

志摩问安

一九二四年一月二十日

小曲是要打我们土白念或是唱，才有神气。

泰戈尔来华

泰戈尔在中国，不仅已得普遍的知名，竟是受普遍的景仰。

问他爱念谁的英文诗，十余岁的小学生，就自信不疑的答说泰戈尔。在新诗界中，除了几位最有名神形毕肖的泰戈尔的私淑弟子以外，十首作品里至少有八九首是受他直接或间接的影响的。这是很可惊的状况，一个外国的诗人，能有这样普及的引力。

现在他快到中国来了，在他青年的崇拜者听了，不消说当然是最可喜的消息，他们不仅天天竖耳企踵的在盼望，就是他们梦里的颜色，我猜想，也一定多增了几分妩媚。现世界是个堕落沉寂的世界；我们往常要求一二伟大圣洁的人格，给我们精神的慰安时，每

114

每不得已上溯已往的历史，与神化的学士艺才，结想像的因缘，哲士、诗人与艺术家，代表一民族一时代特具的天才；可怜华族，千年来只在精神穷窭中度活，真生命只是个追忆不全的梦境，真人格亦只似昏夜池水里的花草映影，在有无虚实之间。谁不想念春秋战国才智之盛，谁不永慕屈子之悲歌，司马之大声，李白之仙音；谁不长念庄生之逍遥，东坡之风流，渊明之冲淡？我每想及过去的光荣，不禁疑问现时人荒心死的现象，莫非是噩梦的虚景，否则何以我们民族的灵海中，曾经有过偌大的潮迹，如今何至于沉寂如此？孔陵前子贡手植的楷树，圣庙中孔子手植的桧树，如其传话是可信的，过了二千几百年，经了几度的灾劫，到现在还不时有新枝从旧根上生发；我们华族天才的活力，难道还不如此桧此楷？

…………

泰戈尔在世界文学中，究占如何位置，我们此时还不能定，他的诗是否可算独立的贡献，他的思想是否可以代表印族复兴之潜流，他的哲学（如其他有哲学）是否有独到的境界——这些问题，我们没有回答的能力。但有一事我们敢断言肯定的，就是他不朽的人格。他的诗歌，他的思想，他的一切，都有遭遗忘与失时之可能，但他一生热奋的生涯所养成的人格，却是我们不易磨翳的纪念。[泰戈尔生平的经过，我总觉得非是东方的，也许印度原不能算东方（陈寅恪君在海外常常大放厥词，辩印度之为非东方的。）] 所以他这回来华，我个人最大的盼望，不在他更推广他诗艺的影响，不在传说他宗教的哲学的乃至于玄学的思想，而在他可爱的人格，给我们见得到他的青年，一个伟大深入的神感。他一生所走的路，正是我们现代努力于文艺的青年不可免的方向。他一生只是个不断的热烈的努力，向内开豁他天赋的才智，自然吸收应有的营养。

他境遇虽则一流顺利，但物质生活的平易，并不反射他精神生活之不艰险。我们知道诗人艺术家的生活，集中在外人捉摸不到的内心境界。历史上也许有大名人一生不受物质的苦难，但绝没有不

115

经心灵界的狂风暴雨与沉郁黑暗时期者。葛德是一生不愁衣食的显例，但他在七十六岁那年对他的友人说他一生不曾有过四星期的幸福，一生只是在烦恼痛苦劳力中。泰戈尔是东方的一个显例，他的伤痕也都在奥秘的灵府中的。

我们所以加倍的欢迎泰戈尔来华，因为他那高超和谐的人格，可以给我们不可计量的慰安，可以开发我们原来瘀塞的心灵泉源，可以指示我们努力的方向与标准，可以纠正现代狂放恣纵的反常行为，可以摩挲我们想见古人的忧心，可以消平我们过渡时期张皇的意气，可以使我们扩大同情与爱心，可以引导我们入完全的梦境。

如其一时期的问题，可以综合成一个，现代的问题，就只是"怎样做一个人"？泰戈尔在与我们所处相仿的境地中，已经很高尚的解决了他个人的问题，所以他是我们的导师、榜样。

他是个诗人，尤其是一个男子，一个纯粹的人；他最伟大的作品就是他的人格。这话是极普通的话，我所以要在此重复的说，为的是怕误解。人不怕受人崇拜，但最怕受误解的崇拜。葛德说，最使人难受的是无意识的崇拜。泰戈尔自己也常说及。他最初最后只是个诗人——艺术家如其你愿意——他即使有宗教的或哲理的思想，也只是他诗心偶然的流露，决不为哲学家谈哲学，或为宗教而训宗教的。有人喜欢拿他的思想比这个那个西洋的哲学，以为他是表现东方一部的时代精神与西方合流的；或是研究他究竟有几分的耶稣教，几分是印度教，——这类的比较学也许在性质偏爱的人觉得有意思，但于泰戈尔之为泰戈尔，是绝对无所发明的。譬如有人见了他在山氏尼开顿 Santiniketan 学校里所用的晨祷——

Thou art our Father. Do you help us to know thee as Father. We bow down to Thee. Do thou never afflict us, O Father, by causing a separation between Thee and us. O thou self-revealing One, O Thou Parent of the universe, purge away the multitude of our sins, and send unto us whatever is good and noble. To Thee, from whom spring joy and goodness, nay who art all goodness thyself, to Thee we bow down now and for ever.

耶教人见了这段祷告一定拉本家，说泰戈尔准是皈依基督的，但回头又听见他们的晚祷——

The Deity who is in fire and water, nay, who pervades the Universe through and through, and makes His abode in tiny plants and towering forests—to such a Deity we bow down for ever and ever.

这不是最明显的泛神论吗？这里也许有 Lucretius，也许有 Spinoza，也许有 Upanishads，但绝不是天父云云的一神教，谁都看得出来。回头在揭檀迦利的诗里，又发现什么 Lia 既不是耶教的，又不是泛神论。结果把一般专好拿封条拿题签来支配一切的，绝对的糊涂住了，他们一看这事不易办，就说泰戈尔的宗教思想不彻底，等等。实际上唯一的解释是泰戈尔是诗人，不是宗教家。也不是专门的哲学家。管他神是一个或是两个或是无数或是没有，诗人的标准，只是诗的境界之真；在一般人看来是不相容纳的冲突（因为他们只见字面），他看来只是一体的谐合（因为他能超文字而悟实在）。

同样的在哲理方面，也就有人分别研究，说他的人格论是近于讹的，说他的艺术论是受讹影响的……这也是劳而无功的。自从有了大学教授以来，尤其是美国的教授，学生忙的是：比较哲学，比较宪法学，比较人种学，比较宗教学，比较教育学，比较这样，比较那样，结果他们竟想把最高粹的思想艺术，也用比较的方法来研究——我看倒不如来一门比较大学教授学还有趣些！

思想之不是糟粕，艺术之不是凡品，就在他们本身有完全、独立、纯粹不可分析的性质。类不同便没有可比较性，拿西洋现成的宗教哲学的派别去比凑一个创造的艺术家，犹之拿唐采芝或王玉峰去比附真纯创造的音乐家，一样的可笑，一样的隔着靴子搔痒。

我们只要能够体会泰戈尔诗化中的人格，与领略他满充人格的诗文，已经尽够的了，此外的事自有专门的书呆子去顾管，不劳我们费心。

我乘便又想起一件事。一九一三年泰戈尔被选得诺贝尔奖金的电报到印度时，印度人听了立即发疯一般的狂喜，满街上小孩大人一齐欢呼庆祝，但诗人在家里，非但不乐，而且叹道："我从此没有安闲日子过了！"接着下年英政府又封他为爵士，从此，真的，他不曾有过安闲时日。他的山氏尼开顿竟变了朝拜的中心，他出游欧美时，到处受无上的欢迎，瑞典丹麦几处学生，好像都为他举行火把会与提灯会，在德国听他讲演的往往累万，美国招待他的盛况，恐怕不在英国皇太子之下。但这是诗人所心愿的幸福吗？固然我不敢说诗人便能完全免除虚荣心，但这类群众的哄动，大部分只是葛德所谓无意识的崇拜，真诗人决不会艳羡的。最可厌是西洋一般社交太太们，她们的宗教照例是英雄崇拜；英雄愈新奇，她们愈乐意，泰戈尔那样的道貌岸然，宽袍布帽，当然加倍的搔痒了她们的好奇心，大家要来和这远东的诗圣，握握手，亲热亲热，说几句照例的肉麻话……这是近代享盛名的一点小报应，我想性爱恬淡的泰戈尔先生，临到这种情形，真也是说不出的苦。据他的英友恩厚之告诉我们说他近来愈发厌烦嘈杂了，又且他身体也不十分能耐劳，但他就使不愿意却也很少显示于外，所以他这次来华，虽则不至受社交太太们之窘，但我们有机会瞻仰他言论丰采的人，应该格外的体谅他，谈论时不过分去劳乏他，演讲能节省处节省，使他和我们能如家人一般的相与，能如在家乡一般的舒服，那才对得他高年跋涉的一番至意。

致泰戈尔 (一)①

泰戈尔先生：

您十月来华的喜讯使我们开心极了。改期后的日子很合适，届时学校也已开学。如果说有什么美中不足的地方，恐怕是气候：北京的冬天想必是不如印度那般暖和，但愿它一样能讨您喜欢。您出发时务必备齐冬天的着装，我们也会给您找一间舒适暖和的住所。

在您逗留中国期间，学会派我陪同您，必要时充当翻译之职。对我而言，这无疑是至高无上的荣誉。我自知资历浅薄，要胜任这份任务谈何容易。但是，我受任服侍的是世界上最伟大的思想者之一，此等良机令我内心狂喜不已。

您的演讲也由我负责翻译。为您这样一位伟大的诗人担任翻译，犹如去诠释尼亚加拉瓜瀑布那气势磅礴的咆哮，抑或是解读夜莺那热情洋溢的歌声。有什么使命比它更艰难，有什么行径比它更失礼？但我们不得不这么安排，因为慕您的盛名而来的听众们，恐怕不能完全听懂英文。其中的难处，您一定会理解吧。我听说您通常会在演讲之前拟好讲稿。当您把向我们人们演讲的讲稿备妥时，可否冒昧请您施予善举，事先寄我一份，如此可极大减轻我的负担。我当竭尽所能将它译作中文，即使无法原原本本重现其神韵和风采，也要力争使之意义明确、易于理解。即覆为盼！

谨致祝福

徐志摩

一九二三年六月二十三日

北京西郊石虎胡同七号松坡图书馆

---

① 原信为英文，王先哲译。

119

致胡适（二）

适之：

　　蒋复穗回来说起你在烟霞深处过神仙似的生活，并且要鼓动我的游兴，离开北京抛却人间烟火，也来伴你捡松实觅竹笋吃。我似乎听得见你的和缓带笑的语声。这远来的好意的传语，虽则在你不过一句随兴的话，但我听了仿佛是烟霞岭上的清风明月、殷勤地亲来召唤，使我半淹埋在京津尘嚣中的心灵，忽又一度颤动，我此时写字的笔尖也似含濡着不可理解的悲情，等待抒写。

　　适之，此次你竟然入山如此之深，听说你养息的成绩不但医痊了你的足疾，并且腴满了你的颜面，先前瘦损如黄瓜一瓢，如今润泽如光明的秋月，使你原来妩媚的谈笑，益发取得异样的风流。我真为你欢喜。你若然住得到月底，也许有一天你可以望见我在烟霞洞前下舆拜访。至迟到九月中旬，我一定回南的了。

　　说起泰戈尔的事，昨天听说大学蒋校长决意不欢迎，还有吴稚晖已在预备一场谰语，攻击这不知自量的"亡国奴"。本来诗人的价值无藉于庸众的欢迎，泰戈尔的声誉也不是偶然取得的，他也忍受过种种的污蔑与诬毁，不过他此次既然好意来华，又不拿我们的钱，假如引起了一部分人的偏见或误解，岂非使他加倍的失望，你以为是否？他来大概至多不过三月，除了照例各大城巡行讲演以外（他讲演一定极少），我们本来想请他多游名胜，但恐天时太冷，地方又不安静，预期甚难实现。你有什么见解，请随时告我。张彭春想排演他的戏，但一时又找不到相当的人。

　　林宗孟今日动身南下，他说不久就去西湖，也许特来访你，预先告你一声。

　　北京只有绵绵不断的蝉声。

　　在君已从关外回，昨在此长谈。

敬问健安！

志摩

一九二三年八月八日

泰戈尔来华的确期

方才我收到泰戈尔九月四日从加尔各答来的信，说要到明年二月中或二月底方能动身到中国来。来信简译如下——

徐君：

来信收到，甚感且喜。余本期早日来华，不意到加尔各答后与我子皆得骨痛热病（Denguefever），以致原定计划，不能实行。令幸我二人皆已痊可，本当就道，但念转瞬寒冬，不如竟待春回时节，再来中国，今定明年二月中或二月底离印，约三月间定可与贵邦人士相叙，迁延之愆，尚希鉴宥。如此时日既宽，我亦可从容预备讲义，当如君议先行寄华，俾可译成华文，以便听众。

恩厚之君（Mr. Elmhirst）来信，为言彼来华时备承渥待，及贵邦人士对印度之情感，使我来华之心益切，明春来时，欣慰可知。

华友多有来信欢迎者，希君代为转致谢意，君盛意尤感。此颂

安健

Rabindranath Tagore

拉平德拉那士·泰戈尔

这封久盼的信，隔了四十六七天，从天津转北京，北京转硖石，

碐石又转杭州方才到了我收信人的手里！我给他的信，是七月底从南开大学寄的，所以他的回信也寄到天津，差一点寄不到。

这次泰氏来华的消息，早已传遍全国，我现在乘便说一说经过的大概，免得一部分人的误会。最先他的朋友英人恩厚之到北京来，说泰氏自愿来华，只要此间担任旅费，因此讲学社就寄了路费给他，盼望他八月间能来；后来他来了一个电报，说十月来华；最近他的友人安德罗氏（Andrews）来信，说他在加尔各答得了热病，不能如期来华。以上各节，已经《晨报》及《时事新报》登过，但最近还有人以为泰氏是中国出了钱，特请来华讲学的——这是误会——所以我又在此声明。

我们这一时，正在踌躇他的来不来。我个人承讲学社的请托，要我等他来时照顾他，所以益发的不放心。因为泰氏已经是六十以外的老人，他的友人再三的嘱咐我们说他近来身体不健，夏间又病了好一时，不能过分的任劳；他又比不得杜威与罗素早晚有细心的太太跟着伺候（杜里舒虽则也有太太，但他的胖太太！与其说，她伺候老爷，不如说杜老爷伺候她！）他来时是独身的，——所以伺候这位老先生的责任，整个的落在我们招待他的身上。印度人又是不惯冷的，所以他如其冷天来，我们也就得加倍的当心。老实说，我是被罗素那场大病的前例吓坏了。

现在好了，他今年冬天不来了。等到明春天暖了再来，在他便，在我们也便，真是两便。

而且除了招待的便利，还有一样好处。泰氏说他要利用延期的时间来写他要对我们说的话，我们也正好利用这半年工夫来准备，听他的使命，受他的灵感。我们既然知道含糊的崇拜是不对的，我们就应得尽相当的心力去研究他的作品，了解他的思想，领会他的艺术——现在正是绝好的机会。他到中国来一次，不是一件容易、随便的事；他的使命，世界上没有第二个人可以替代的。我们当前有这样一个难得的机会：我们可以从他的伟大、和谐、美的人格里，得到古印度与今印度文化的灵感，同时也要使他从我们青年的身上，得到一个伟大民族觉悟了的精神与发展的方向。这才不负他爱敬我们的至诚，他不惜高年跋涉的一番盛意。

这是我们的责任，是凡是曾经直接或间接从他的诗文里得到益处或是仰慕他的，对他同等负担的责任。已经多少能够了解他的，应得"当仁不让"的出来对心愿而未能的，尽一种解释、指导的责任。因为泰氏到中国来，是来看中国与中国的民族，不是为部分或少数人来的。除非我们挥着手，摇着头说"我不知泰戈尔是什么，我也不愿意来知道他是什么"或是"我知道他是什么会事，但是我不喜欢他，我以为他到中国来是不应该的，即使他自己要来，中国也应得拒绝他的"；除非我们取上列的态度，我们就应得趁这个时机尽相当的心力来研究他，认识他，了解他，预备他来时欢迎他，爱护他，那才不负他远渡万里的辛苦，那才可以免了"迎神赛会"的陋习。

还有一两句，我乘便要说。诗人的话，尤其是泰戈尔的话，差不多像秋叶的颜色一样，没有法子可以翻译得像的。他演讲的习惯，是做成了文章拿到台上去念。谁也没有大胆，凭空来口译他这类的讲演！至少我是不敢的。所以我想了一个办法，也许可以实行。他正式的讲演，至多不过六次或八次。我要他先寄稿子来，预先翻好了，等他讲演时，连着原文一并油印好了，分给听众，那时我们可以免了粗陋的翻译的麻烦，可以不间断的领会他清风鸟鸣似的音调了。

还有泰氏最喜人家演他的戏，我很盼望爱他戏剧的同志，也应得趁这个机会努力一下！

致泰戈尔 （二）①

敬爱的泰戈尔先生：

---

① 原信为英文，王先哲译。

圣诞节已至，我本应该早一些向您写信。我们这些"天朝人"有一大臭名昭著的习惯，那就是懒惰。有时候，我犯起懒来，别提使他人大跌眼镜了，连我自己都难以置信。今年一月，我的一位英国朋友来信说道，倘若他在年底才收到我的回信，他也丝毫不会惊讶，毕竟这是意料之中的。他太了解我的习性了。您一定清楚，狄更生、罗素等西方人士所大加赞赏的，不正是我们骨子里的这股惰性吗，他们的赞美之词是多么的热情！

您寄来的那封友好的信件被送错了地方，险些与我们无缘。我们望穿秋水，等得心急火燎，十月底终于盼来了音讯。您和您儿子在夏天患了病，故而今年无法来华的消息让我们万分难过。但您慷慨许诺将于明年春天到访，我们欢欣鼓舞，不胜感激。或许印度对我国文学界的动向报道甚少。我们已做周全安排，恭迎阁下莅临。附近的各大杂志社均刊登了您的文章，为庆祝您来华之行，有的还推出了特刊。您的大多数英文作品都被译作中文，不少作品还诞生了多个译本。纵观东西方，以往还没有哪一位作家像您一样在我们这个年轻的国家引起如此真挚的兴趣，也极少有人像您一样予以我们如此深刻和广泛的启迪，我们古代的先贤或许也不可与之比拟。您的影响力犹如春回大地——忽而降临、生机盎然。我们年轻一代刚刚从旧制度里解放出来，好似枝头上娇嫩的花蕾，迎接春风的环抱、露珠的亲吻，以期惊艳盛放。我们肤浅的思想和情感，因您的诗篇而增色；为我们刻板和庸俗的语言，因您的杰作而鲜活。如果说一位有才华的作家，其字句必然有一种力量，使读者心潮澎湃，震撼他们的灵魂，您就是现今最佳的佐证。这就是我们为何殷切渴望您的莅临。我们坚信，您的到来必将给这个黯淡无光、充满猜疑、动荡不安的时代带来宽慰、安宁和愉悦，必将坚定我们对人生大事的信心和希望，而这份信心和希望也是您为我们注入的。

近些日子中国还算得上太平。像其他地方一样，报纸上政治新闻，大可不必太过在意。它们总是夸大事情真相，即使并非胡编乱造。以我的故乡浙江省为例，它与周边省份分属不同的政治派系，因而一直为战争的威胁所笼罩。但实际上，除了小打小闹之外，不会发生什么大事。我们确信，明年春天您的来华之行必定一帆风顺。烦请您尽早告知起航时间，如有任何我们应当提前办妥的事项，也请如实相告。另外，我会将您的演讲稿译为中文。

此候

徐志摩敬启

一九二三年十二月二十七日

北京城西石虎胡同七号

致恩厚之（一）①

尊敬的厚之先生：

欣悉您已回国并将于今春与泰戈尔先生一同来华。我们终于能一睹那位圣贤的风采了。即将与您在此重聚亦使我极其开心。去年夏天我们就已准备周全，只待泰戈尔先生大驾光临，可惜他来信告知其行程有变。我们在西城订了一间配有暖气的私人宅邸，各类现代的享受也是应有尽有。若泰戈尔先生无异议，我们依然选择那个地方。我欲租下故宫内的团城，也就是您参观过的地方，那里有一尊著名的玉佛，还可将三海胜景尽收眼底。但我的打算还是落空了，出于政治局势的缘故，一切都是那样动荡不安。若泰戈尔先生喜爱中国古典建筑或某些阁楼庙宇，请您务必及时告知。这不会给我们增添半点儿麻烦，凡是有什么能让我们这位尊贵的来宾称心如意、愉快度过其中国之行，我们都会乐意效劳。行程上若有任何特别要求，请尽早坦诚相告。得知泰戈尔先生近来多有疾患，我们无不焦

---

① 原信为英文，王先哲译。

125

急万分，愿其早日痊愈，有充沛的精力来抵御航程中的风浪。您陪
同泰戈尔先生出行，可谓帮了一件大忙。

最近几个月我在南方居多。四个月前我的祖母与世长辞，我的
母亲两度病重，所以我不得不留守照看。我现住在东山脚下，此地
风光旖旎，静谧宜人，有不少残垣古迹，周围是数以百计的墓地。
我预计不久后回京，当您抵达中国时，我会赴上海迎接你们一行。
洛维斯·狄更生先生前不久给我写过一封信，抱怨您去拜访他，
或许您是因为太忙碌而疏忽了。顺便问一句，您是否收悉我给您寄
的包裹，里头装有印章等物品。邮寄的地址我应该未填错。泰戈尔
先生答应我会事先将他的讲稿寄来，以便我译作中文。我们在此提
前致谢。

向泰戈尔先生、安德鲁先生及您的同仁们致候。

徐志摩

一九二四年一月二十二日

浙江硖石

泰戈尔来信

上月泰戈尔的朋友英人恩厚之从印度来电，问拟于今春与泰氏
同来，此问招待便否，我当时就发出欢迎的回电，随后又写了一封
信去，今天接到恩厚之君（L. K. Elnhirst）的复信，说泰氏定于三月
中动身，中途稍有停逗，大约至迟四月中必可到华。同来除恩厚之
君外，有泰氏大弟子 Kaildas Nay（拟留京专研中国学问），及女书记
美国人葛玲姑娘（Miss Green）。今将来信节译如下——

圣谛尼开登　孟买　印度　一月二十八日
徐君……来信给我异常的欢喜，我已经决定与诗人同来，

再不肯错过这样难得的机会，去年泰氏虽在病中，还想勉强来华，但他所有的朋友都不愿意他冒险；我从英国回到此地后，想伴他抄过西伯利亚到中国，管他危险不危险，但始终不曾走成。他见了你的来信，高兴得不得了，他立刻要我去定三月中的船位，等定妥后再通知你。他想乘便到缅甸香港停逗几天。他同来有他的学生南君（Kalidas Nay），极有学问，人也有趣；还有一位葛玲姑娘，美国人，是他的书记。他的计划是想一到上海，就去北京（约四月底），也许南京等处稍微停逗，因为他要先把南君安置在北京，让他接近相当的中国学者，葛玲姑娘他也想放下在北京的；然后我们出去游历，最好是上溯扬子江，一直到四川，因为他最企慕那边的风色。只要他的身体好，我们这一次真是有趣极了！他是真正伟大的人格，你知道我们怎样的爱戴他。

L. K. Elmhirst

泰戈尔最近消息

剑三兄，今天午前十时泰戈尔踏上了中国的土地，我简直的没有力量来形容我们初见他时的情绪；他实在超过我们的理想。但我此时讲事实要紧。

他们这次来日子很急促，他们在北京大概只有三个星期耽阁，在中国一起也不过六个星期。他们预备五月底或六月初就去日本，住二星期再回上海搭船回印，因为泰翁怕信风期的缘故。所以我们预定的计划也得变更了。我现在简单的告诉你。后天（十四）早车到杭州，十六夜车回上海，十七上海大会，十八到南京，二十北上，沿途过曲阜泰山济南等处，约至迟二十四五抵京。

现在最要紧的是你的活动。你幸亏不曾南来，我盼望你赶快与山东接洽，你和孔二爷或是谁一定得在曲阜等着我们，你二十前必得到济南等候我的快信或是电报，由教育会转，你先去信知照一声我想总可以接头。你回信（快信）请立即发出寄南京东南大学任叔永先生转交不误。

泰翁在京预备六次正式讲演，此外他很不愿形式的集会或宴会，能避掉的总以避掉为是。上海各团体的请求一概不与通融，青年会昨晚大登广告请他讲演也是今天临时取消的。这都是顾管诗人的意思，他的朋友恩厚之是他们旅行队的经理人，他绝对不让诗人受须微不必要的烦恼，我们也是一样的意思，但这意思也得大家体谅才好。

他同来的人除了恩厚之君与葛玲姑娘外，有他的大学里的三位教授，一位是 Kalidas Nag，是一位梵文学者很精博的，一位是 Mr. Bose，印度最有名的一位美术家，一位是 Mr. Sen，是宗教学教授，他们都要到北京见中国学者讨论他们各自的问题的。但泰氏最侧重的一个意思是想与北京大学交换教授，他们自己供给费用，只要我们给他与我们学者共同研究的机会就是，这意思到京后再详谈。现在我也没有工夫写了，只盼望你早些安排山东的事情，余外情节大约可在时事新报上看到，这信或者可以在副刊上发表，以后有暇再作报告。百里先生处盼立即告知，并为道此间事过忙不及另书。

一九二四年四月十二日半夜

致胡适（三）

适之：

前天匆匆走了，也不及来看你，打电问你又不在家，只听说你又上课去了。我在车里碰见文伯，我与他切实的谈你，我们再不能让你多费无谓的精神，我们再不能不管你，我想你也一定体念我们的着急。文伯说星期二上你那里去，那是昨天，他来了没有？

　　泰老居然到了，我忙得要命，大约二十五前即可到京，老先生真了不得，我觉得像是浮在海里似的，一点边际也摸不着！到京时你来看看，这是 something weight！不及多写，一切面谈。

志摩问安

一九二四年四月十六日

致泰戈尔（三）①

亲爱的老戈爹：

　　林先生和您的阿周那正要赎您回去，将您从温泉的热情怀抱之中带出。请原谅我派代表料理事务，因为我明日上午不得不去就医。我今日感觉好多了，刚才还外出散步，观赏了壮美的暮色。我很快便能康复，届时同您一起出行将不成问题。

　　孙博士似乎尚存一口气。或许我们还抱有希望，同他当面谈一谈。

　　十五日将有一艘法国游轮启程前往神户，它的名字大概叫"尚蒂伊"号。有几封交给厚之的信，但不那么紧要。另外，山西人民正为您筹备一场盛大欢迎仪式。

　　下午四时半我们还会在国立大学候您参加茶会。

　　我们的朋友都发表了激动人心的演讲，鲍斯的演讲更是俘获了所有人的心，引得满堂喝彩。

敬爱你的素思玛

周六夜

---

　　①　原信为英文，王先哲译。

泰戈尔

我有几句话想趁这个机会对诸君讲，不知道你们有没有耐心听。泰戈尔先生快走了，在几天内他就离别北京，在一两个星期内他就告辞中国。他这一去大约是不会再来的了。也许他永远不能再到中国。

他是六七十岁的老人，他非但身体不强健，他并且是有病的。去年秋天他还发了一次很重的骨痛热病。所以他要到中国来，不但他的家属，他的亲戚朋友，他的医生，都不愿意他冒险，就是他欧洲的朋友，比如法国的罗曼·罗兰，也都有信去劝阻他。他自己也曾经踌躇了好久，他心里常常盘算他如其到中国来，他究竟能不能够给我们好处，他想中国人自有他们的诗人、思想家、教育家，他们有他们的智慧、天才、心智的财富与营养，他们更用不着外来的补助与载刺，我只是一个诗人，我没有宗教家的福音，没有哲学家的理论，更没有科学家实利的效用，或是工程师建设的才能，他们要我去做什么，我自己又为什么要去，我有什么礼物带去满足他们的盼望。他真的很觉得迟疑，所以他延迟了他的行期。但是他也对我们说到冬天完了春风吹动的时候（印度的春风比我们的吹得早），他不由得感觉了一种内迫的冲动，他面对着逐渐滋长的青草与鲜花，不由得抛弃了，忘却了他应尽的职务，不由得解放了他的歌唱的本能，和着新来的鸣雀，在柔软的南风中开怀的讴吟。同时他收到我们催请的信，我们青年盼望他的诚意与热心，唤起了老人的勇气。他立即定夺了他东来的决心。他说趁我暮年的肢体不曾僵透，趁我衰老的心灵还能感受，决不可错过这最后唯一的机会，这博大、从容、礼让的民族，我幼年时便发心朝拜，与其将来在黄昏寂静的境界中萎衰的惆怅，毋宁何如利用这夕阳未暝的光芒，了却我晋香人的心愿？

他所以决意的东来，他不顾亲友的劝阻，医生的警告，不顾自身的高年与病体，他也撇开了在本国一切的任务，跋涉了万里的海程，他来到了中国。

自从四月十二在上海登岸以来，可怜老人不曾有过一半天完整的休息，旅行的劳顿不必说，单就公开的演讲以及较小集会时的谈话，至少也有了三四十次！他的，我们知道，不是教授们的讲义，不是教士们的讲道，他的心府不是堆积货品的栈房，他的辞令不是教科书的喇叭。他是灵活的泉水，一颗颗颤动的圆珠从他心里兢兢的泛登水面都是生命的精液；他是瀑布的吼声，在白云间，青林中，石罅里，不住的啸响；他是百灵的歌声，他的欢欣、愤慨、响亮的谐音，弥漫在无际的晴空。但是他是倦了。终夜的狂歌已经耗尽了子规的精力，东方的曙色亦照出他点点的心血染红了蔷薇枝上的白露。

老人是疲乏了。这几天他睡眠也不得安宁，他已经透支了他有限的精力。他差不多是靠散拿吐瑾过日的。他不由得不感觉风尘的厌倦，他时常想念他少年时在恒河边沿拍浮的清福，他想望椰树的清荫与曼果的甜瓤。

但他还不仅是身体的惫劳，他也感觉心境的不舒畅。这是很不幸的。我们做主人的只是深深的负歉。他这次来华，不为游历，不为政治，更不为私人的利益，他熬着高年，冒着病体，抛弃自身的事业，备尝行旅的辛苦，他究竟为的是什么？他为的只是一点看不见的情感，说远一点，他的使命是在修补中国与印度两民族间中断千余年的桥梁，说近一点，他只想感召我们青年真挚的同情。因为他是信仰生命的，他是尊崇青年的，他是歌颂青春与清晨的，他永远指点着前途的光明。悲悯是当初释迦牟尼证果的动机，悲悯也是泰戈尔先生不辞艰苦的动机。现代的文明只是骇人的浪费，贪淫与残暴，自私与自大，相猜与相忌，飓风似的倾覆了人道的平衡，产生了巨大的毁灭。芜秽的心田里只是误解的蔓草，毒害同情的种子，更没有收成的希冀。在这个荒惨的境地里，难得有少数的丈夫，不怕阻难，不自馁怯，肩上扛着铲除误解的大锄，口袋里满装着新鲜

131

人道的种子，不问天时是阴是雨是晴，不问是早晨是黄昏是黑夜，他只是努力的工作，清理一方泥土，施殖一方生命，同时口唱着嘹亮的新歌，鼓舞在黑暗中将次透露的萌芽。泰戈尔先生就是这少数中的一个。他是来广布同情的，他是来消除成见的。我们亲眼见过他慈祥的阳春似的表情，亲耳听过他从心灵底里迸裂出的大声，我想只要我们的良心不曾受恶毒的烟煤熏黑，或是被恶浊的偏见污抹，谁不曾感觉他至诚的力量，魔术似的，为我们生命的前途开辟了一个神奇的境界，燃点了理想的光明？所以我们也懂得他的深刻的懊怅与失望，如其他知道部分的青年不但不能容纳他的灵感，并且成心的诬毁他的热忱。我们固然奖励思想的独立，但我们决不敢附和误解的自由。他生平最满意的成绩就在他永远能得青年的同情，不论在德国，在丹麦，在美国，在日本，青年永远是他最忠心的朋友。他也曾经遭受种种的误解与攻击，政府的猜疑与报纸的诬捏与守旧派的讥评，不论如何的谬妄与剧烈，从不曾扰动他优容的大量，他的希望，他的信仰，他的爱心，他的至诚，完全的托付青年。我的须，我的发是白的，但我的心却永远是青的，他常常的对我们说，只要青年是我的知己，我理想的将来就有着落，我乐观的明灯永远不致暗淡。他不能相信纯洁的青年也会坠落在怀疑、猜忌、卑琐的泥潭，他更不能信中国的青年也会沾染不幸的污点。他真不预备在中国遭受意外的待遇。他很不自在，他很感觉异样的怆心。

　　因此精神的懊丧更加重他躯体的倦劳。他差不多是病了。我们当然很焦急的期望他的健康，但他再没有心境继续他的讲演。我们恐怕今天就是他在北京公开讲演最后的一个机会。他有休养的必要。我们也决不忍再使他耗费有限的精力。他不久又有长途的跋涉，他不能不有三四天完全的养息。所以从今天起，所有已经约定的集会，公开与私人的，一概撤销，他今天就出城去静养。

　　我们关切他的一定可以原谅，就是一小部分不愿意他来做客的诸君也可以自喜战略的成功。他是病了，他在北京不再开口了，他快走了，他从此不再来了。但是同学们，我们也得平心的想想，老人到底有什么罪，他有什么负心，他有什么不可容赦的犯案？公道是死了吗？为什么听不见你的声音？

他们说他是守旧，说他是顽固。我们能相信吗？他们说他是"太迟"，说他是"不合时宜"，我们能相信吗？他自己是不能信，真的不能信。他说这一定是滑稽家的反调。他一生所遭逢的批评只是太新，太早，太急进，太激烈，太革命的，太理想的，他六十年的生涯只是不断的斗奋与冲锋，他现在还只是冲锋与斗奋。但是他们说他是守旧，太迟，太老。他顽固奋斗的对象只是暴烈主义、资本主义、帝国主义、武力主义、杀灭牲灵的物质主义；他主张的只是创造的生活，心灵的自由，国际的和平，教育的改造，普爱的实现。但他们说他是帝国政策的间谍，资本主义的助力，亡国奴族的流民，提倡裹脚的狂人！肮脏是在我们的政客与暴徒的心里，与我们的诗人又有什么关联？昏乱是在我们冒名的学者与文人的脑里，与我们的诗人又有什么亲属？我们何妨说太阳是黑的，我们何妨说苍蝇是真理？同学们，听信我的话，像他的这样伟大的声音我们也许一辈子再不会听着的了。留神目前的机会，预防将来的惆怅！他的人格我们只能到历史上去搜寻比拟。他的博大的温柔的灵魂我敢说永远是人类记忆里的一次灵迹。他的无边的想像是辽阔的同情使我们想起惠德曼；他的博爱的福音与宣传的热心使我们记起托尔斯泰；他的坚韧的意志与艺术的天才使我们想起造摩西像的米仡郎其罗；他的诙谐与智慧使我们想象当年的苏格拉底与老聃！他的人格的和谐与优美使我们想念暮年的葛德；他的慈祥的纯爱的抚摩，他的为人道不厌的努力，他的磅礴的大声，有时竟使我们唤起救主的心像，他的光彩，他的音乐，他的雄伟，使我们想念奥林必克山顶的大神。他是不可侵凌的，不可逾越的，他是自然界的一个神秘的现象。他是三春和暖的南风，惊醒树枝上的新芽，增添处女颊上的红晕。他是普照的阳光。他是一派浩瀚的大水，来从不可追寻的渊源，在大地的怀抱中终古的流着，不息的流着，我们只是两岸的居民，凭着这慈恩的天赋，灌溉我们的田稻，苏解我们的消渴，洗净我们的污垢。他是喜马拉雅积雪的山峰，一般的崇高，一般的纯洁，一般的壮丽，一般的高傲，只有无限的青天枕藉他银白的头颅。

人格是一个不可错误的实在，荒歉是一件大事，但我们是饿惯了的，只认鸠形与鹄面是人生本来的面目，永远忘却了真健康的颜色与彩泽。标准的低降是一种可耻的堕落：我们只是踞坐在井底青蛙，但我们更没有怀疑的余地。我们也许揣详东方的初白，却不能非议中天的太阳。我们也许见惯了阴霾的天时，不耐这热烈的光焰，消散天空的云雾，暴露地面的荒芜，但同时在我们心灵的深处，我们岂不也感觉一个新鲜的影响，催促我们生命的跳动，唤醒潜在的想望，仿佛是武士望见了前峰烽烟的信号，更不踌躇的奋勇向前？只有接近了这样超轶的纯粹的丈夫，这样不可错误的实在，我们方始相形的自愧我们的口不够阔大，我们的嗓音不够响亮，我们的呼吸不够深长，我们的信仰不够坚定，我们的理想不够莹澈，我们的自由不够磅礴，我们的语言不够明白，我们的情感不够热烈，我们的努力不够勇猛，我们的资本不够充实……

我自信我不是恣滥不切事理的崇拜，我如其曾经应出浓烈的文字，这是因为我不能自制我浓烈的感想。但是我最急切要声明的是，我们的诗人，虽则常常招受神秘的徽号，在事实上却是最清明，最有趣，最诙谐，最不神秘的生灵。他是最通达人情，最近人情的。我盼望有机会追写他日常的生活与谈话。如其我是犯嫌疑的，如其我也是性近神秘的（有好多朋友这么说），你们还有适之先生的见证，他也说他是最可爱最可亲的个人：我们可以相信适之先生绝对没有"性近神秘"的嫌疑！所以无论他怎样的伟大与深厚，我们的诗人还只是有骨有血的人，不是野人，也不是天神。唯其是人，尤其是最富情感的人，所以他到处要求人道的温暖与安慰，他尤其要我们中国青年的同情与情爱。他已经为我们尽了责任，我们不应，更不忍辜负他的期望。同学们，爱你的爱，崇拜你的崇拜，是人情不是罪孽，是勇敢不是懦怯！

一九二四年五月十二日

致胡适（四）

适之：

我们船快到长崎了，让我赶快涂几个字给你。你的信收到，歆海来也讲起你们要我去的意思。我也很想回北京，与我的同伴合伙儿玩，只是我这一时的心绪太坏，我心里想的是什么，自己都不明白，真该！适之，我其实不知道我上那里去才好，地面上到处都是乏味，又借不到梯子爬上天去，真让人闷。像是寒热上身似的，浑身上觉得酸与软，手指儿都没有劲，神经里只是一阵阵的冰激——这是什么心理，怕不是好兆！我绝对的不能计划我的行止，且看这次樱花与蝴蝶的故乡能否给我一点生趣。

或许我们由朝鲜回，那就逃不了北京，否则仍回上海的，一时恐不得来京。我想到庐山去，也没有定。下半年太远了，我简直的望不见，再说吧。真怪，适之，我的烈情热焰这么快就变成灰了，冰冷的灰，寻拨不出一小颗的火星儿来。

昨晚与歆海闲谈，想到北京来串一场把戏，提倡一种运动 Beauty Movement，我们一对不负责任的少年，嘴里不是天国就是地狱，乌格！

你好否？女儿怎样了？外国医生说死是不准则的。有信可寄神户运通 American Express 转

同行的都叫我问好。

志摩问好
五月三十一日

适之：

　　但是你自己又打算上哪里去呢？为什么说今年不能奉陪？老实说我是舍不得北京的，北京尤其是少不了这三两个的朋友，全靠大家抟合起来，兴会才能发生。我与歆海这次从日本回来，脑子里有的是计划，恨不得立刻把几个吃饭同人聚在一处谈出一点头绪来。徽音走了我们少了一员大将，这缺可不容易补。你们近来有新灵感否？通伯应得负责任才是。我昨天才回家，三数日内又得赶路，这回是去牯岭消暑与歆海同行，孟和夫妇听说也去。我去却不仅为消暑，我当翻译的责任还不曾交卸，打算到五老峰下坐定了做一点工作。到北京大约至迟在九月中，那时候大概你们都可以回去了，你与在君夫妇同去北戴河我也很羡慕，如其你们住得长久。我也许赶了来合伙都说不定。南方热得像地狱，内地生活尤其是刑罚，我不得不逃。你的女儿究竟好了没有？夫人近来好否？你到海滨去身体一定进步。

志摩

七月七日

适之：

　　牯岭背负青幛，联延壮丽与避暑地相衔处展为平壤，称女儿城，相传为朱太祖习阵处。今晚在松径闲步，为骤雨所阻，细玩对山云气吞吐卷舒状态神灵，雨过花馨可嗅草瓣增色，此时层翳稍豁，明月丽天，山中景色变幻未能细绘，时见面当为起劲言之。此致

志摩

七月十五日

两个世界的老头儿的来信

　　自从六月初与泰戈尔及其同伴在香港别后，直至前十天才得泰氏亲笔来信，他说回印度后因跋涉劳顿了生了一时病到如今（他信上日期是八月二十五）还觉得疲倦，但他还是要到南美洲去赴约，定九月底动身赴欧，由西班牙迳去南美，明年二月回意大利。他此时大致已在西班牙了。他要我明春到意大利去会他，那是我答应过他的，至于我能否享这样的闲福——伴着老诗人漫游南欧北欧——只有我的星知道！老翁至东方来辛苦了一趟，至少结识了少数的朋友，那是他唯一的慰藉；如今他去了已经有不少的时候，好几个月了，原来不存心记着他的已经尽够从容的完全忘怀了他，但或许还有少数人看过他的容貌听过他的声音的，偶然还有机会联想到或是存念着老人的，那就是他的幸福了。这少数人或者愿意知道他的行止，所以我胆敢把他给我的私人的信在这里公开了。

第三章

1925—1926

1925 年 3—8 月，徐志摩进行了第二次欧游。先在苏联停留多日，至德国后，先后游历了法国、意大利、英国。徐志摩在欧游中拜谒了诸多名人墓，在苏联时会见了托尔斯泰的女儿，在英国时拜见了哈代和罗素。另，到德国时，其次子彼得患腹膜炎方殇于柏林，徐志摩未及相见。8 月在北京，9 月初到上海，随后至杭州。10 月起，徐志摩开始主持编辑《晨报副刊》。11 月加入新文化派对甲寅派章士钊的批驳。12 月底，林长民逝世，徐志摩哀悼之。该年底还卷入女师大风潮中鲁迅等人和以陈西滢为代表的现代评论派的争论中。

　　1926 年 4 月，《晨报副刊·诗镌》创刊，徐志摩任主编，至 6 月 10 日停刊。6 月 17 日，《晨报副刊·剧刊》始业，由徐志摩主持。之后与陆小曼结婚，9 月 9 日离开北京南下上海。

给新月

新月的朋友，这时候你们在哪里？太阳还不曾下山，我料想你们各有各的职务，在学堂的，上衙门的，有在公园散步的，也有弄笔墨的，调颜色的，我亲爱的朋友们，我在这里想念着你们！

我现在的地方是你们大多数不曾到过的。你们知道西伯利亚有一个贝加尔湖；这半天，我们的车就绕着那湖的沿岸走。我现在靠窗口震震的写字，左首只是嘎岩与绝壁，右面就是那大湖；什么湖，简直是一个雪海，上帝知道这底下冰结的多深。对岸是重峦叠嶂的山岭，无数戴雪帽的高峰在晚霞中自傲着他们的高洁。这里的天光也好像是格外的澄清，方才下午的天真是一清到底，一屑云气都没有，这时候沿湖蒸起了薄蔼，也有三两条古铜色的冻云在对岸的山峰间横亘着。方才我写信给一个朋友说这雪地里的静是一种特有的意境，最使人发生遐想。我面对着这伟大的自然，不由我不内动了感兴；我的身体虽只是这冰天雪地里的一个微蚁，但我内心顿时扩大了的思想与情感却仿佛要冲破这渺小的躯体，向没遮拦的天空飞去。朋友们，你们有我的想念；我早已想写信给你们，要你们知道我是随时记着你们的，我不曾早着笔也有我的打算；这一路来忙着转车，不曾有一半天的安逸；长白山边，松花江畔，都叫利欲的人间熏改了气味，那时我便提笔亦只有厌恶与愤慨；今天难得有这贝加尔湖的晴爽，难得有我自己心怀的舒畅，所以我抖擞精神，决意来开始这番漫游的通信。

今天我不仅想念我的朋友，我也想念我的新月。

我快离京的时候有几位朋友，听说我要到欧洲去，就很替新月社担忧；他们说你这一去新月社一定受影响，即使不至于关门，恐怕难免狼狈。这话我听了很不愿意，因为在这话里可以看出一般人对于新月社究竟是什么一回事，并没有应有的了解。但这也不能深怪，因为我们志愿虽则有，到现在为止却并不曾有相当的事迹来证实我们的志愿，所以外界如其不甚了解乃至误解新月社的旨趣时，我们除了自己还怨谁去？我是发起这志愿最早的一个人，凭这个资格我想来说几句关于新月的话。

组织是有形的，理想是看不见的，新月初起时只是少数人共同的一个想望，那时的新月社也只是个口头的名称，与现在松树胡同七号那个新月社俱乐部可以说并没有怎样密切的血统关系。我们当初想望的是什么呢？当然只是书呆子们的梦想！我们想做戏，我们想集合几个人的力量，自编戏自演，要得的请人来看，要不得的反正自己好玩。说也可惨，去年四月里演的契诀腊要算是我们这一年来唯一的成绩，而且还得多谢泰戈尔老先生的生日逼出来的！去年年底也曾忙了两三个星期，想排演西林先生的几个小戏，也不知怎的始终没有排成。随时产生的主意尽有，想做这样，想做那样，但结果还是一事无成。

同时新月社的俱乐部，多谢黄子美先生的能干与劳力，居然有了着落，房子不错，布置不坏，厨子合式，什么都好，就是一件事为难——经费。开办费是徐申如先生（我的父亲）与黄子美先生垫在那里的，据我所知，分文都没有归清。经常费当然单靠社员的月费，照现在社员的名单计算，假如社员一个个都能按月交费，收支勉强可以相抵。但实际上社费不易收齐，支出却不能减少，单就一二两月看，已经不免有百数以外的亏空。有亏空时问谁借钱弥补去？当然是问管事的。但这情形是决不可以为常的。黄先生替我们大家当差，做总管事，社里大小的事情哪一样能免得了烦他，他不问我们要酬劳已是我们的便宜，再要他每月自掏腰包贴钱，实在是太说不过去了。所以怪不得他最初听说我要到欧洲去，他真的眼睛都瞪红了。他说你这不是成心拆台，我非给你拼命不可！固然黄先生把我与新月社的关系看得太过分些，但在他的确有他的苦衷，这里也不必细说，反正我住在里面，碰着缓急时他总还可以抓着一个，如果我要是一溜烟走了，眼看大爷们爱不交费就不交费，爱不上门就不上门。这一来黄爷岂不吃饱了黄连，含着一口的苦水叫他怎么办？原先他贴钱赔工夫费心思原想博大家一个高兴，如果要是大家一翻脸说办什么俱乐部这不是你自个儿活该，那可不是随便开的玩笑？黄爷一灰心，不用提第一个就咒徐志摩，他真会拿手枪来找我都难说理！所以我就为预防我个人的安全起见也得奉求诸位朋友们协力帮忙，维持这俱乐部的生命。

这当然是笑话。认真说，假如大多数的社员的进社都是为敷衍交情来的，实际上对于新月社的旨趣及他的前途并没有多大的同情，那事情倒好办。新月社有的是现成的设备，也不能算恶劣，我们尽可以趁早来拍卖，好在西交民巷就在间壁，不怕没有主顾，有余利可赚都说不定哩！搭台难坍台还不容易，要好难，下流还不容易。银行家要不出相当的价钱，政客先生们那里也可以想法，反正只要开办费有了着落，大家散伙就完事。

但那是顶凄惨的末路，不必要的一个设想；我们尽可以向有光亮处寻路。我们现在不必问社员们究竟要不要这俱乐部，俱乐部已经在那儿，只要大家尽一分子的力量，事情就好办。问题是在我们这一群人，在这新月的名义下结成一体，宽紧不论，究竟想做些什么？我们几个创始人得承认在这两个月内我们并没有露我们的棱角。在现今的社会里，做事不是平庸便是下流，做人不是懦夫便是乡愿。这露棱角（在有棱角可露的）几乎是我们对人对己两负的一种义务。有一个要得的俱乐部，有舒服的沙发躺，有可口的饭菜吃，有相当的书报看，也就不坏；但这躺沙发绝不是我们结社的宗旨，吃好菜也不是我们的目的。不错，我们曾经开过会来，新年有年会，元宵有灯会，还有什么古琴会书画会读书会，但这许多会也只能算是时令的点缀，社友偶尔的兴致，绝不是真正新月的清光，绝不是我们想象中的棱角。假如我们的设备只是书画琴棋外加茶酒，假如我们举措的目标只是有产有业阶级的先生太太们的娱乐消遣，那我们新

143

月社岂不变了一个古式的新世界或是新式的旧世界了吗？这 Petty bourgeois① 的味儿我第一个就受不了！

　　同时神经敏锐的先生们对我们新月社已经发生了不少奇妙的揣详。因为我们社友里有在银行里做事的就有人说我们是资本家的机关。因为我们社友有一两位出名的政客就有人说我们是某党某系的机关。因为我们社友里有不少北大的同事就有人说我们是北大学阀的机关。因为我们社友里有男有女就有人说我们是过激派。这类的闲话多着哩；但这类的脑筋正仿佛那位躺在床上喊救命的先生，他睡梦中见一只车轮大的怪物张着血盆大的口要来吃他，其实只是他夫人那里的一个跳蚤爬上了他的腹部！

　　跳蚤我们是不怕的，但露不出棱角来是可耻的。这时候，我一个人在西伯利亚大雪地里空吹也没有用，将来要有事情做，也得大家协力帮忙才行。几个爱做梦的人，一点子创作的能力，一点子不服输的傻气，合在一起，什么朝代推不翻，什么事业做不成？当初罗刹蒂一家几个兄妹合起莫利思朋琼司几个朋友在艺术界里就打开了一条新路，萧伯讷卫伯夫妇合在一起在政治思想界里也就开辟了一条新道。新月新月，难道我们这新月便是用纸板剪的不成？朋友们等着，兄弟上阿尔帕斯的时候再与你们谈天。

一九二五年三月十四日
西伯利亚

---

　　① Petty bourgeois：小资产阶级。

欧游漫录

——西伯利亚游记

一、开篇

你答应了一件事，你的心里就打上了一个结；这个结一天不解开，你的事情一天不完结，你就一天不得舒服，"不做中人不做保，一世无烦恼"就是这个意思。谁教我这回出来，答应了人家通讯？在西伯利亚道上我记得曾经发出过一封，但此后，约莫有个半月了，一字我不曾寄去，债愈积愈不容易清呢，我每天每晚燃住了心里的那个结对自己说。同时我知道国内一部分的朋友也一定觉着诧异，他们一定说"你看出门人没有靠得住的，他临走的时候答应得多好，说一定随时有信来报告行踪，现在两个月都快满了，他那里一个字都不曾寄来！"

但是朋友们，你们得知道我并不是成心叫你们失望的；我至今不写信的缘故绝不完全是懒，虽则懒是到处少不了有他的分。当然更不是为无话可说；上帝不许！过了这许多逍遥的日子还来抱怨生活平凡。话多的很，岂止有，难处就在积满了这一肚子的话，从哪里说起才是；这是一层，还有一个难处，在我看来更费踌躇，是这番话应该怎么说法？假如我是一个干脆的报馆访事员，他唯一的金科是有闻必录，那倒好办，只要把你一双耳朵每天收拾干净，出门不要忘了带走，轻易不许他打盹，同时一手拿着记事册，一手拿着"永远尖"，外来的新闻交给耳朵，耳朵交给手，手交给笔，笔交给纸，这不就完事了不是？可惜我没有做访事的天赋；耳朵不够长，手不够快。我又太笨，思想来得奇慢的，笔下请得到的有数几个字也都是有脾气的，只许你去凑他们的趣，休想他们来凑你的趣；否则我要是有画家的本事，见着那处风景好，或是这边人物美，立刻就可以打开本子来自描写生，那不是心灵里的最细沉最飘忽的消息，都有法子可以款留踪迹，我也不怕没有现成文章做了。

我想你们肯费工夫来看我通讯的，也不至于盼望什么时局的新闻。莫索列尼的演说，兴登堡将军做总统，法国换内阁，等等，自有你们驻欧特约通信员担任，我这本记事册上纸张不够宽恕不备载了。你们也不必期望什么出奇的事项，因为我可以私下告诉你们我这回到欧洲来并不想谋财，也不想害命，也不愿意自己的腿子叫汽车压扁或是牺牲钱包让剪绺先生得意。不，出奇也是不会得的，本来我自己是一个平淡无奇的游客，我眼内的欧洲也只是平淡无奇的几个城子；假如我有话说时也只是在这平淡无奇的经验的范围内平淡无奇的几句话，再没有别的了。

唯其因为到处是平淡无奇，我这里下笔写的时候就格外觉得为难。假如我有机会看得见牛斗，一只穿红衣的大黄牛和一个穿红衣的骑士拼命，千万个看客围着拍掌叫好的话，我要是写下一篇"斗牛记"，那不仅你们看的人合式，我写的人也容易。偏偏牛斗我看不着（听说西班牙都禁绝了）；别说牛斗，人斗都难得见着，这世界分明是个和平的世界，你从这国的客栈转运到那国的客栈见着的无非仆欧们的笑脸与笑脸的"仆欧"们——只要你小钱凑手你准看得见一路不断的笑脸。这刻板的笑脸当然不会促动你做文章的灵机。就这意大利人，本来是出名性子暴躁轻易就会相骂的，也分明涵养好多了；你们念过 W. D. Howells' Venetian Life 的那段两位江朵蜡船家吵嘴的妙文，一定以为到此地来一定早晚听得见色彩鲜艳的骂街；但是不，我来了已经有一个多月却还一次都不曾见过暴烈的南人的例证。总之这两月来一切的事情都像是私下说通了，不叫我听见或是碰到一些异常的动静！同时我答应做通讯的责任并不因此豁免或是减轻；我的可恨的良心天天掀着我的肘子说："喂，赶快一点，人家等着你哪！"

寻常的游记我是不会得写的，也用不着我写，这烂熟的欧洲，又不是北冰洋的尖头或是非洲沙漠的中心，谁要你来饶舌。要我拿日记来公开我有些不愿意，叫白天离魂的鬼影到大家跟前来出现似乎有些不妥当——并且老实说近来本子上记下的也不多。当作私人信札写又如何呢？那也是一个写法，但你心目中总得悬拟你一个相识的收信人，这又是困难，因是假如你存想你最亲密的朋友，他或是她，你就有过于啰嗦的危险，同时如其你假定的朋友太生分了，你笔下就有拘束，一样的不讨好。啊！朋友们，你们的失望是定的了。方才我开头的时候似乎多少总有几句话说给你们听，但是你们看我笔头上别扭了好半天，结果还是没有结果：应得说什么，我自己不知道，应得怎么说法，我也是不知道！所以我不得不下流，不得不想法搪塞，笔头上有什么来我就往纸上写，管得选择，管得体裁，管得体面！

二、自愿的充军

"谁叫你去的，这不是活该？"我听得见北京的朋友们说。我是个感情的人；老头病了①，想我去，我不得不去，我就去。那时候有许多朋友都反对，他们说："老头快死了，你赶去送丧不成？趁早取消吧！至于意大利你哪一个年头去不得，等着有更好的机会再去不好？"如今他们更有话说了："你看老头不是开你玩笑？他要你去，自己倒反早跑了。现在你这光棍吊空在欧洲，何苦来，赶快回家吧！"

三、离京

我往常出门总带着一只装文件的皮箱，这里面有稿本，有日记，有信件，大都多是见不得人面的。这次出门有 点特色，就是行李里出空了秘密的累赘，干脆的几件衣服几本书，谁来检查都不怕，

---

① 指泰戈尔。1925 年年初，泰戈尔写信邀请徐志摩到意大利会晤。

也不知怎的生命里是有那种不可解的转变，忽然间你改变了评价的标准。原来看重的这时不看重了，原来隐讳的这时也无庸隐讳了，不但皮箱里口袋里出一个干净，连你的脑子里五脏里本来多的是古怪的复壁夹道，现在全理一个清通，像意大利麦古龙尼似的这头通到那头。这是一个痛快。做生意的馆子逢到节底总结一次账，进出算个分明，准备下一节重新来过；我们的生命里也应得隔几时算一次总账，赚钱也好，亏本也好，老是没头没脑的窝着堆着总不是道理。好在生意忙的时期也不长，就是中间一段交易复杂些，小孩子时代不会做买卖，老了的时候想做买卖没有人要，就这约莫二十岁到四十岁的二十年间的确是麻烦的，随你怎样认真记账总免不挂漏，还有记错的隔壁账，糊涂账，吃着的坍账混账，这时候好经理真不容易做！我这回离京真是爽快，真叫是："一肩行李，两袖清风，俺就此去也！"但是不要得意，以前的账务虽到暂时结清（那还是疑问），你店门还是开着，生意还是做着，照这样热闹的市面，怕要不了一半年，尊驾的账目又该是一塌糊涂了！

四、旅伴

西班牙有一个俗谚，大旨是"一人不是伴，两人正是伴，三数便成群，满四就是乱"。这旅行，尤其是长途的旅行，选伴是一桩极重要的事情。我的理论，我的经验，都使我无条件的主张独游主义——是说把游历本身看做目的。同样一个地方你独身来看，与结伴来看所得的结果就不同。理想的同伴（比如你的爱妻或是爱友或是爱什么）当然有，但与其冒险不如意同伴的懊怅，不如立定主意独身走来得妥当。反正近代的旅行其实是太简单太容易了，尤其是欧洲，哑巴盲人聋人傻瓜都不妨放胆去旅行，只要你认识字，会得做手势，口袋里有钱，你就不会丢。

我这次本来已经约定了同伴，那位先生高明极了，他在西伯利亚打过几年仗，红党白党（据他自己说）都是他的朋友，会说俄国话，气力又大，跟他同走一定吃不了亏。可是我心里明白，天下没有无条件的便宜，况且军官大爷不是容易伺候的，回头他发现假定的"绝对服从"有漏孔时他就对着这无抵抗的弱者发威，那可不是玩！这样一想我觉得还是独身去西伯利亚冒险，比较的不可怖些。说也巧，那位先生在路上发现他的公事迹不曾了结，至少须延迟一星期动身，我就趁机会告辞，一溜烟先自跑了！

同时在车上我已经结识了两个旅伴，一位是德国人，做帽子生意的，他的脸子，他的脑袋，他的肚子都一致声明他绝不是别一国人。他可没有日耳曼人往常的镇定，在他那一双闪烁的小眼睛里你可以看出他一天害怕与提防危险的时候多，自有主见的时候少。他的鼻子不消说完全是叫啤酒与酒精熏糟了的，皮里的青筋全都纠盘的拱着活像一只霁红碎瓷的鼻烟壶。他常常替他自己发现着急的原因，不是担忧他的护照少了一种签字，便是害怕俄国人要充公他新做的衬衫。他念过他的叔本华；每次不论讲什么问题他的结句总是"倒不错，叔本华也是这么说的"！

还有一个更有趣的旅伴在车上结识的是意大利人。他也是在东方做帽子生意的。如其那位德国先生满脑子装着香肠啤酒与叔本华的，我见了不由得不起敬，这位腊丁族的朋友我简直的爱他了。我初次见他，猜他是个大学教授，第二次见他猜他是开矿的，到最后才知道他也是卖帽子给我们的。我与他谈得投机极了，他有的是谐趣，书也看得不少，见解也不平常，像这种无意中的旅伴是很难得的，我一途来不觉着寂寞就幸亏有他，我到了还与他通信。你们都见过大学眼药的广告不是？那有一点儿像我那朋友。只是他漂亮多了，他那烧胡是不往下挂的，修得顶整齐，又黑又浓又紧，骤看像是一块天鹅绒；他的眼最表示他头脑的敏锐，他的两颊是鲜杨梅似的红，益发激起他白的肤色与漆黑的发。他最爱念的书是 Don Quixotc，Ariosto 是他的癖好，丹德当然更是他从小的陪伴。

五、两个生客

我是从满洲里买票的。普通车到莫斯科票价共一百二十几卢布，国际车到赤塔才有，我打算到了赤塔再补票。到赤塔时耿济之君到车站来接我，一问国际车，票房说要外加一百卢布，同时别人分两段（即自满洲里至赤塔，再由赤塔买至莫斯科）买票的只花了一百七十多卢布。我就不懂为什么要多花我二三十卢布，一时也说不清，我就上了普通车，那是四个人一间的。但是上车一看情形有些不妥，因为房间里已经有波兰人一家住着，一个秃顶的爸爸，一个搽胭脂的妈妈，一个十三四岁的男孩，一个几个月的乳孩；我想这可要不得，回头拉呀哭呀闹呀叫我这外客怎么办，我就立刻搬家，管他要我添多少，搬上了华丽舒服的国际车再说。运气也正好，恰巧还有一间三人住的大房空着，我就住下了；顶奇怪是等到补票时我满想挨花冤钱，谁知他只要我四十三元，合算起来倒比别人便宜了十个左右的卢布，这里面的玄妙我始终不曾想出来。

车上伺候的是一位忠实而且有趣的老先生。他来替我铺床，笑着说："呀，你好福气，一个人占上这一大间屋子；我想你不应得这样舒服，车到了前面大站我替你放进两位老太太陪你，省得你寂寞好不好？"我说多谢多谢，但是老太太应得陪像你自己这样老头子的；我是年轻的，所以你应得寻一两个一样年轻的与我做伴才对。

我居然过了三天舒服的日子，第四天看了车上消息说今晚有两个客人上来，占我房里的两个空位。我就有点慌，跑去问那位老先生这消息真不真，他说："怎么会得假呢？你赶快想法子欢迎那两位老太太吧！"（俄国车上男女是不分的）回头车到了站，天已经晚了，我回房去看时，果然见有几件行李放着：一只提箱，两个铺盖，一只装食物的篾箱。间壁一位德国太太过来看了对我说："你舒服了几天，这回要受罪了，方才来的两位样子顶古怪的，不像是西方人，也不像是东方人，你留心点吧。"正说着话他们来了，一个高的，一个矮的；一个肥的，一个瘦的；一个黑脸，一个青脸——（他们两位的尊容真得请教施耐庵先生才对得住他们，我想胖的那位可以借用黑旋风的雅号，瘦的那位得叨光杨志与王英两位："矮脚青面兽"。）两位头上全是黑松松的乱发，身上都穿着青辽辽的布衣，衣襟上都针着红色的列宁像。我是不曾见过杀人的凶手；但如其那两位朋友告诉我们方才从大牢里逃出来的，我一定无条件的相信！我们交谈了。不成，黑旋风先生很显出愿意谈天的样子，虽则青面兽先生绝对的取缄默态度；黑先生只会三两句英国话，再来就是俄国话，再来更不知是什么鸟话。他们是土耳其斯坦来的。"你中国！"他似乎很惊喜的回话。啊孙逸仙……死？你……国民党？哈哈哈哈，你共产党？哈哈，你什么党？哈哈……到莫斯科？哈哈？

一回见他们上饭车去了；那位老车役进房来铺房，见我一个人坐着发愣，他就笑说你新来的朋友好不好？我说算了，劳驾，我还是欢迎你的老太太们！"你看年轻人总是这样三心两意的，老的不要，年轻的也不……"喔！枕垫底下可不是放着一对满装子弹的白郎林手枪？他捡了起来往上边床上一放，慢慢的接着说："年轻的也确太危险了，怪不得你不喜欢。"我平常也自夸多少有些"幽默"的，但那晚与那两位形迹可疑的生客睡在一房，心里着实有些放不平，上床时偷偷的把钱包塞在头枕底下，还是过了半夜才落睧，黑旋风先生的鼾声真是雷响一般，你说我那晚苦不苦？明早上醒过来我还有些不相信，伸手去摸自己的脑袋，还好，没有搬家，侥幸侥幸！

六、西伯利亚

一个人到一个不曾去过的地方不免有种种的揣测，有时甚至害怕；我们不很敢到死的境界去旅行也就如此。西伯利亚：这个地名本来就容易使人发生荒凉的联想，何况现在又变了有色彩的去处，再加谣传，附会，外围存心诬蔑苏俄的报告，结果在一般人的心目中这条平坦的通道竟变了不可测的畏途。其实这都是没有根据的。西伯利亚的交通照我这次的经验看，并不怎样比旁的地方麻烦，实际上那边每星期五从赤塔开到莫斯科（每星期三自莫至赤）的特快虽则是七八天的长途车，竟不曾耽误时刻，那在中国就是很难得的了。你们从北京到满洲里，从满洲里到赤塔，尽可以坐二等车，但从赤塔到俄京那一星期的路程我劝你们不必省这几十块钱（不到五十），因为那国际车真是舒服，听说战前连洗澡都有设备的，比普通车位差太远了。坐长途火车是顶累人不过的，像我自己就有些晕车，所以有可以节省精力的地方还是多破费些钱来得上算。固然坐上了国际车你的同道只是体面的英美德法人：你如其要参预俄国人的生活时不妨去坐普通车，那就热闹了，男女不分的，小孩是常有的，车间里四张床位，除了各人的行李以外，有的是你意想不到的布置。我说给你们听听：洋瓷面盆，小木坐凳，小孩坐车，各式药瓶，洋油锅子，煎咖啡铁罐，牛奶瓶，酒瓶，小儿玩具，晾湿衣服绳子，满地的报纸，乱纸，花生壳，向日葵子壳，痰唾，果子皮，鸡子壳，面包屑……房间里的味道也就不消细说，你们自己可以想像。老实说我有点受不住，但是俄国人自会作他们的乐，往往在一团氤氲（当然大家都吸烟）的中间，说笑的自说笑，唱歌的自唱歌，看书的看书，瞌睡的瞌睡，同时玻璃上的蒸气全结成了冰屑，车外只是白茫茫的一片，静悄悄的莫有声息。偶尔在树林的边沿看得见几处木板造成的小屋，屋顶透露着一缕青灰色的娴痕，报告这荒凉境地里的人迹。

吃饭一路上都有餐车，但不见佳而且贵，愿意省钱的可以到站时下去随便买些食物充饥，这一路每站上都有一两间小木屋（要不然就是几位老太太站在露天提着篮端着瓶子做生意）卖杂物的：面包、牛奶、生鸡蛋、熏鱼、苹果都是平常买得到的（记着我过路的时候是三月，满地还是冰雪，解冻的时候东西一定更多）。

我动身前有人警告我说："苏俄的忌讳多的很，你得留神；上次有几个美国人在餐车里大声叫仆欧（应得叫 Comrade 康姆拉特，意思是朋友同志或伙计），叫他们一脚踢下车去死活不知下落，你这回可小心！"那是不是神话我不曾有工夫去考据；但为叫一声仆欧就得受死刑（苏州人说的"路倒尸"）我看来有些不像，实际上出门人莫谈政治，倒是真的，尤其在革命未定的国家，关于苏俄我下面再讲。我们餐车的几位康姆拉特都是顶年轻的，其中有一位实在不很讲究礼节，他每回来招呼吃饭，就像是上官发命令，斜睨着一双眼，使动着一个不耐烦的指头，舌头上滚出几个铁质的字音，嘭的关上你的房门，他又到间壁去发命令了！他是中等身材，胸背是顶宽的，穿一身水色的制服，肩上放一块擦桌白布，走路像疾风似的有劲；但最有意思的是他的脑袋，椭圆的脸盘，扁平的前额上斜撩着一两卷短发，眼睛不大但显示异常的决断力，颧骨也长得高，像一个有威权的人；他每回来伺候你的神情简直要你发抖：他不是来伺候，他是来试你的胆量，（我想胆子小些的客人见了他真会哭的！）他手里的杯盘刀叉就像是半空里下冰雪一片片直削到你的面前，叫你如何不心寒；他也不知怎的有那么大气，绷紧着一张脸我始终不曾见他露过些微的笑容；我也曾故意比着可笑的手势想博他一个和善些的顾盼，谁知不行，他的脸上笼罩着西伯利亚一冬的严霜，轻易如何消得；真的，他那肃杀的气概不仅是为威吓外来的过客，因为他对他的同僚我留神观察也并没有更温和的嘴脸；顶叫人不舒服的是他那口角边总是紧紧的咬着一枝半焦的俄国纸烟，端菜时也在那里，说话时也在那里，仿佛他一腔的愤慨只有永远嚼紧着牙关方可以勉强的耐着！后来看惯了倒也不觉得什么，我可是替他题上一个确切不过的徽号，叫他做"饭车里的拿破仑"，我那意大利朋友十二分的称赞我，因为他那体魄，他那神气，他的简决，尤其是他前额上斜着的几根小发，有时他悻悻的独自在餐车那一头站着，紧攒着肩头，一只手贴着前胸，谁说这不是拿翁再世的相儿？

七、西伯利亚（续）

西伯利亚只是人少，并不荒凉。天然的景色亦自有特色，并不单调；贝加尔湖周围最美，乌拉尔一带连绵的森林亦不可忘。天气晴爽时空气竟像是透明的，亮极了，再加地面上雪光的反映，真叫你耀眼。你们住惯城里的难得有机会饱尝清洁的空气；下回你们要是路过西伯利亚或是同样地方，千万不要躲懒，逢站停车时，不论天气怎样冷，总得下去散步，借冰清尖锐的气流洗净你恶浊的肺胃；那真是一个快乐，不仅你的鼻孔，就是你面上与颈根上露在外面的毛孔，都受着最甜美的洗礼，给你倦懒的性灵一剂绝烈的刺戟，给你松散的筋肉一个有力的约束，激荡你的志气，加添你的生命。

再有你们过西伯利亚时记着，不要忙吃晚饭，牺牲最柔媚的晚景。雪地上的阳光有时幻成最娇嫩的彩色，尤其是夕阳西渐时，最普通是银红，有时鹅黄稍带绿晕。四年前我游小瑞士时初次发现雪地里光彩的变幻，这回过西伯利亚着得更满意；你们试想像晚风静定时在一片雪白平原上，疏玲玲的大树间，斜刺里平添出几大条鲜艳的彩带，是幻是真，是真是幻，那妙趣到你身亲经历时从容的辨认吧。

但我此时却不来复写我当时的印象，那太吃苦了，你们知道这逼紧了你的记忆召回早已消散了的景色，再得应用想像的光辉照出他们颜色的深浅，是一件极伤身的工作，比发寒热时出汗还凶。并且这来碰记着不清的地方你就得凭空造，那你们又不愿意了不是？好，我想出了一个简便的办法。我这本记事册的前面有几页当时随兴涂下的杂记。我就借用不是省事，就可惜我做事情总没有常性，什么都只是片断，那几段琐记又是在车上用铅笔写的英文，十个字里至少有五个字不认识，现在要来对号，真不易！我来试试。

（1）西伯利亚并不坏，天是蓝的，日光是鲜明的，暖和的，地上薄薄的铺着白雪，矮树，丛草，白皮松，到处看得见。稀稀的住人的木房子。

（2）方才过一站，下去走了一走，顶暖和。一个十岁左右卖牛奶的小姑娘手里拿瓶子卖鲜牛奶给我们。她有一只小圆脸，一双聪明的蓝眼，白净的皮肤，清秀有表情的面目，她脚上的套鞋像是一对张着大口的黄鱼，她的褂子也是古怪的样子，我的朋友给她一个半卢布的银币。她的小眼睛滚上几滚，接了过去仔细的查看，她开口问了。她要知道这钱是不是真的通用的银币；"好的，好的，自然好的！"旁边站着看的人（俄国车站上多的是闲人）一齐喊了。她露出一点子的笑容，把钱放进了口袋，一瓶牛奶交给客人，翻着小眼对我们望望，转身快快的跑了去。

（3）入境愈深，当地人民的苦况益发的明显。今天我在赤塔站上留心的看。褴褛的小孩子，从三四岁到五六岁。在站上问客人讨钱，并且也不是客气的讨法，似乎他们的手伸了出来决不肯空了回去的。不但在月台上，连站上的饭馆里都有，无数成年的男女，也不知做什么来的，全靠着我们吃饭处的木栏，斜着他们呆顿的不移动的注视看着你蒸气的热汤或是你肘子边长条的面包。他们的样子并不恶，也不凶，可是晦塞而且阴沉，看着他们的面貌你不由得不疑问这里的人民知不知道什么是自然的喜悦的笑容。笑他们当然是会得的；尤其是狂笑当他们受足了 Vodka 的影响，但那时的笑是不自然的，表示他们的变态，不是上帝给我们的喜悦。这西伯利亚的土人，与其说是受一个有自制力的脑府支配的人的身体，不如说是一捆捆的原始的人道，装在破烂的黑色或深黄色的布褂与奇大的毡鞋里，他们行动，他们工作，无非是受他们内在的饿的力量所驱使，再没别的可说了。

（4）在 Irkutsk 车停一时许，他们全下去走路，天早已黑了，站内的光亮只是几只贴壁的油灯，我们本想出站，却反经过一条夹道走进了那普通待车室，在昏迷的灯光下辨认出一屋子黑魆魆的人群，那景象我再也忘不了，尤其是那气味！悲悯心禁止我尽情的描写；

155

丹德假如到此地来过，他的地狱里一定另添一番色彩！

对面街上有一山东人开着一家小烟铺，他说他来了二十年，积下的钱还不够他回家。

（5）俄国人的生活我还是懂不得。店铺子窗户里放着的各式物品是容易认识的，但管铺子做生意的那个人，头上戴着厚毡帽，脸上满长着黄色的细毛，是一个不可捉摸的生灵；拉车的马甚至那奇形的雪橇是可以领会的，但那赶车的紧裹在他那异样的袍服里，一只戴皮套的手扬着一根古旧的皮鞭，是一个不可思议的现象。

我怎样来形容西伯利亚天然的美景？气氛是晶澈的，天气澄爽时的天蓝是我们在灰沙里过日子的所不能想像的异景。森林是这里的特色：连绵，深厚，严肃，有宗教的意味。西伯利亚的林木都是直干的；不问是松，是白杨是青松或是灌木类的矮树丛，每株树的尖顶总是正对着天心。白杨林最多，像是带旗帜的军队，各式的军徽奕奕的闪亮着；兵士们屏息的排列着，仿佛等候什么严重的命令。松树林也多茂盛的：干子不大，也不高，像是稚松，但长得极匀净，像是园丁早晚修饰的盆景。不错，这些树的倔强的不曲性是西伯利亚，或许是俄罗斯，最明显的特性。

我窗外的景色极美：夕阳正从西北方斜照过来，天空，嫩蓝色的，是轻敷着一层纤薄的云气，平望去都是齐整的树林，严青的松，白亮的杨，浅棕的笔竖的青松——在这雪白的平原上形成一幅色彩融和的静景。树林的顶尖尤其是美，他们在这肃静的晚景中正像是无数寺院的尖阁，排列着，对高高的蓝天默祷。在这无边的雪地里有时也看得见住人的小屋，普通是木板造屋顶铺瓦颇像中国房子，但也有黄或红色砖砌的。人迹是难得看见的；这全部风景的情调是静极了，缄默极了。倒像是一切动性的事物在这里是不应得有位置的；你有时也看得见迟钝的牲口在雪地的走道上慢慢的动着，但这也不像是有生活的记认……

八、莫斯科

啊，莫斯科！曾经多少变乱的大城！罗马是一个破烂的旧梦：爱寻梦的你去；纽约是 Mammon 的宫阙，拜金钱的你去；巴黎是一个肉艳的大坑，爱荒淫的你去；伦敦是一个煤烟的市场，慕文明的你去。但莫斯科？这里没有光荣的古迹，有的是血污的近迹，这里没有繁华的幻景，有的是斑驳的寺院；这里没有和暖的阳光，有的是泥泞的市街；这里没有人道的喜色，有的是伟大的恐怖与黑暗，惨酷，虚无的暗示。暗森森的雀山，你站着；半冻的莫斯科河，你流着；在前途二十个世纪的漫游中，莫斯科是领路的南针，在未来文明变化的经程中莫斯科是时代的象征，古罗马的牌坊是在残阙的简页中，是在破碎的乱石间；未来莫斯科的牌坊是在文明的骸骨间，是在人类鲜艳的血肉间。莫斯科，集中你那伟大的破坏的天才，一手拿着火种，一手拿着杀人的刀，趁早完成你的工作，好叫千百年后奴性的人类的子孙，多多的来，不断的来，像他们现在去罗马一样，到这暗森森的雀山的边沿，朝拜你的牌坊，纪念你的劳工，讴歌你的不朽！

这是我第一天到莫斯科在 Kremlin 周围散步时心头涌起杂感的一斑。那天车到时是早上六时，上一天路过的森林，大概在 Vladimir 一带，多半是叫几年来战争摧残了的，几百年的古松只存下烧毁或剔残的余骸纵横在雪地里，这底下更不知掩盖着多少残毁的人体，冻结着多少鲜红的热血。沟堑也有可辨认的，虽则不甚分明，多谢这年年的白雪，他来填平地上的丘壑，掩护人类的暴迹，省得伤感派的词客多费推敲，但这点子战场的痕迹，引起过路人惊心的标记，在将到莫斯科以前的确是一个切题的引子。你一路来穿度这西伯利亚白茫茫人迹希有的广漠，偶尔在这里那里看到俄国人的生活，艰难，缄默，忍耐的生活；你也看了这边地势的特性，贝加尔湖边雄踞的山岭，乌拉尔东西博大的严肃的森林，你也尝着了这里空气异

157

常的凛冽与尖锐，像钢丝似的直透你的气管，逼迫你的清醒——你的思想应得已经受一番有力的洗刷，你的神经一种新奇的载刺，你从贵国带来的灵性，叫怠惰、苟且、顽固、龌龊，与种种堕落的习惯束缚、压迫、淤塞住的，应得感受一些解放的动力，你的让名心、利欲、色业翳蒙了眸子也应得觉着一点新来的清爽，叫他们睁开一些，张大一些，前途有得看，应得看的东西多着，即使不是你灵魂绝对的滋养，至少是一帖兴奋剂，防瞌睡的强烈性注射！

因此警醒！你的心；开张！你的眼；——你到了俄国，你到了莫斯科，这巴尔的克海以东，白令峡以西，北冰洋以南，尼也帕河以北千万里雪盖的地圈内一座着火的血红的大城！

在这大火中最先烧烂的是原来的俄国，专制的，贵族的，奢侈的，淫靡的，ancien regimv 全没了，曳长裙的贵妇人，镶金的马车，献鼻烟壶的朝贵，猎装的世家子弟全没了，托尔斯泰与屠及尼夫小说中的社会全没了——他们并不曾绝迹，在巴黎，在波兰，在纽约，在罗马你倘然会见什么伯爵夫人什么 vsky 或是子爵夫人什么 owner，那就是叫大火烧跑的难民。他们，提起俄国就不愿意。他们会得告诉你现在的俄国不是他们的国了，那是叫魔鬼占据了去的（因此安琪儿们只得逃难!）俄国的文化是荡尽了的，现在就靠流在外国的一群人，诗人，美术家，等等，勉力来代表斯拉夫的精神。如其他们与你讲得投机时，他们就会对你悲惨的历诉他们曾经怎样的受苦，怎样的逃难，他们本来那所大理石的庄子现在怎样了，他们有一个妙龄的侄女在乱时叫他们怎样了……但他们盼望日子已经很近，那班强盗倒运，因为上帝是有公道的，虽则……

你来莫斯科当然不是来看俄国的旧文化来的；但这里却也不定有"新文化"，那是贵国的专利；这里来见的是什么你听着我讲。

你先抬头望天。青天是看不见的，空中只是迷蒙蒙的半冻的云气，这天（我见的）的确是一个愁容，服丧的天；阳光也偶尔有，但也只在云罅里力乏的露面，不久又不见了，像是楼居的病人偶尔在窗纱间看街似的。

现在低头看地。这三月的莫斯科街道应当受咒诅。在大寒天满地全铺着雪凝成一层白色的地皮也是一个道理；到了春天解冻时雪全化了水流入河去，露出本来的地面，也是一个说法；但这时候的天时可真是刁难了，他不给你全冻，也不给你全化；白天一暖，浮面的冰雪化成了泥泞，回头风一转向又冻上了，同时雨雪还是连连的下，结果这街道简直是没法收拾，他们也就不收拾，让他这"一塌糊涂"的窝着，反正总有一天会干净的！（所以你要这时候到俄国千万别忘带橡皮套鞋）。

再来看街上的铺子，铺子是伺候主客的；瑞蚨祥的主顾全没了的话，瑞蚨祥也只好上门；这里漂亮的奢侈的店铺是看不见的了，顶多顶热闹的铺子是吃食店，这大概是政府经理的；但可怕的是这边的市价：女太太的丝袜子听说也买得到，但得花十五二十块钱一双，好些的鞋在四十元左右，橘子大的七毛五小的五毛一只；我们四个人在客栈吃一顿早饭连税共付了二十元；此外类推。

再来看街上的人。先看他们的衣着，再看他们的面目。这里衣着的文化，自从贵族匿迹，波淇洼（bourgeois）销声以后，当然是"荡尽"的了；男子的身上差不多不易见一件白色的衬衫，不必说鲜艳的领结（不带领结的多），衣服要寻一身勉强整洁的就少；我碰着一位大学教授，他的衬衣大概就是他的寝衣，他的外套，像是一个癞毛黑狗皮统，大概就是他的被窝，头发是一团茅草再也看不出曾经爬梳过的痕迹，满面满腮的须毛也当然自由的滋长，我们不期望他有安全剃刀，并且这位先生绝不是名流派的例外，我猜想现在在莫斯科会得到的"琴笃儿们"多少也就只这样的体面，你要知道了他们起居生活的情形就不会觉得诧异。惠尔思先生在四五年前形容莫斯科科学馆的一群科学先生们，说是活像监牢里的犯人或是地狱里的饿鬼。我想他的比况一点也不过分。乡下人我没有看见，那是我想不会怎样离奇的，西伯利亚的乡下人，着黄胡子穿大头靴子的，与俄国本土的乡下人应得没有多大分别。工人满街多的是，他们在衣着上并没有出奇的地方，只是襟上戴列宁徽章的多。小学生的游行团常看得见，在烂污的街心里一群乞丐似的黑衣小孩拿着红旗，打着皮鼓瑟东东的过去。做小买卖在街上摆摊提篮的不少，很多是残废的男子与老妇人，卖的是水果，烟卷，面包，朱古律糖（吃不得）等（路旁木亭子里卖书报处也有小吃卖）。

街上见的娘们分两种。一种是好百姓家的太太小姐，她们穿得大都很勉强，丝袜不消说是看不见的。还有一种是共产党的女同志，她们不同的地方除了神态举止以外，是她们头上的红巾或是红帽，不是巴黎的时式（红帽），在雪泥斑驳的街道上倒是一点喜色！

什么都是相对的：那年我与陈博生从英国到佛朗德福那天正是星期；道上不问男女老小都是衣服铺裁缝店里的模型，这一比他与我这风尘满身的旅客真像是外国叫花子了！这回在莫斯科我又觉得窘，可不为穿的太坏，却为穿的太阔；试想在那样的市街上，在那样的人丛中，晦气是本色，褴褛是应分，忽然来了一个头戴獭皮大帽身穿海龙领（假的）的皮大氅的外客；可不是唱戏似的走了板，错太远了，别说我，就是我们中国学生在莫斯科的（当然除了东方大学生）也常常叫同学们眨眼说他们是"波淇洼"因为他们身上穿的是荣昌祥或是新记的蓝哔叽！这样看来，改造社会是有希望的；什么习惯都打得破，什么标准都可以翻身，什么思想都可以颠倒，什么束缚都可以摆脱，什么衣服都可以反穿……将来我们这两脚行动厌倦了时竟不妨翻新样叫两只手帮着来走，谁要再站起来就是笑话，那多好玩！

虽则严敛、阴霾、凝滞是寒带上难免的气象，但莫斯科人的神情更是分明的忧郁、惨淡，见面时不露笑容，谈话时少有精神，仿佛他们的心上都压着一个重量似的。

这自然流露的笑容是最不可勉强的。西方人常说中国人爱笑，比他们会笑得多，实际上怎样我不敢说，但西方人见着中国人的笑我怕不免有好多是急笑，傻笑，无谓的笑，代表一切答话的笑；犹之俄国人的笑多半是 Vodka 入神经的笑，热病的笑，疯笑，道施妥奄夫斯基的 idiot 的笑！那都不是真的喜笑，健康与快乐的表情。其实也不必莫斯科，现世界的大都会，有哪几处人们的表情是自然的？Dublin（爱尔兰的都城）听说是快乐的，维也纳听说是活泼的，但我曾经到过的只有巴黎的确可算是人间的天堂，那边的笑脸像三月里的花似的不倦的开着，此外就难说了；纽约、支加哥、柏林、伦敦的群众与空气多少叫你旁观人不得舒服，往往使你疑心错入了什么精神病院或是"偏心"病院，叫你害怕，巴不得趁早告别，省得传染。

现在莫斯科有一个希奇的现象，我想你们去过的一定注意到，就是男子抱着吃奶的小孩在街上走道，这在西欧是永远看不见的。这是苏维埃以来的情形。现在的法律规定一个人不得多占一间以上的屋子，听差、老妈子、下女、奶妈，不消说，当然是没有的了，因此年轻的夫妇，或是一同居住的男女，对于生育就得格外的谨慎，因为万一不小心下了种的时候，在小孩能进幼稚园以前这小宝贝的负担当然完全在父母的身上。你们姑且想想你们现在北京的，至少总有几间屋子住，至少总有一个老妈子伺候，你们还时常嫌着这样那样不称心哪！但假如有一天莫斯科的规矩行到了我们北京，那时你就得乖乖的放弃你的宅子，听凭政府分配去住东花厅或是西北厅的那一间屋子，你同你的太太就得另做人家，桌子得自己擦，地得自己扫，饭得自己烧，衣服得自己洗，有了小东西就得自己管，有时下午你们夫妻俩想一同出去散步的话，你总不好意思把小宝贝锁在屋子里，结果你得带走，你又没钱去买推车，你又不好意思叫你太太受累（那时候你与你的太太感情会好些的，我敢预言！）结果只有老爷自己抱，但这男人抱小孩其实是看不惯，他又往往不会抱，一个"蜡烛封"在他的手里，他不知道直着拿好还是横着拿好；但你到了莫斯科不看惯也得看惯，到那一天临着你自己的时候老爷你

161

抱不惯也得抱他惯！我想果真有那一天的时候，生小孩绝不会像现在的时行，竟许山格夫人与马利司徒博士等比现在还得加倍的时行；但照莫斯科情形看来，未来的小安琪儿们还用不着过分的着急——也许莫斯科的父母没有余钱去买"法国橡皮"，也许苏维埃政府不许父母们随便用橡皮，我没有打听清楚。

你有工夫时到你的俄国朋友的住处去着看。我去了。他是一位教授。我打门进去的时候他躺在他的类似"行军床"上看书或是编讲义，他见有客人连忙跳了起来，他只穿着一件毛绒衫，肘子胸部都快烂了，满头的乱发，一脸斑驳的胡髭。他的房间像一条丝瓜。长方的，家具有一只小木桌，一张椅子，墙壁上几个挂衣的钩子，他自己的床是顶着窗的，斜对面另一张床，那是他哥哥或是弟弟的，墙壁上挂着些东方的地图，一联倒挂的五言小字条（他到过中国知道中文的），桌上乱散着几本书、纸片、棋盘、笔墨，等等，墙角里有一只酒精锅，在那里出气，大约是他的饭菜，有一只还不知两只椅子，但你在屋子里转身想不碰东西不撞人已经是不易了。

这是他们有职业的现时的生活。托尔斯泰的大小姐究竟受优待些，我去拜会她了，是使馆里一位屠太太介绍的，她居然有两间屋子，外间大些，是她教学生临画的，里间大约是她自己的屋子，但她不但有书有画，她还有一只顶有趣的小狗，一只顶可爱的小猫，她的情形，他们告诉我，是特别的，因为她现在还管着托尔斯泰的纪念馆。我与她谈了。当然谈起她的父亲（她今年六十），下面再提，现在是讲莫斯科人的生活。

我是礼拜六清早到莫斯科，礼拜一晚上才去的，本想利用那三天工夫好好的看一看本地风光，尤其是戏。我在车上安排得好好的，上午看这样，下午到那里，晚上再到那里，哪晓得我的运气叫坏，碰巧他们中央执行委员那又死了一个要人，他的名字像是真什么"妈里妈虎"——他死得我其实不见情，因为为他出殡整个莫斯科就得关门当孝子，满街上迎丧，家家挂半旗，跳舞场不跳舞，戏馆不演戏，什么都没了，星期一又是他们的假日，所以我住了三天差不多什么都没看着，真气，那位"妈里妈虎"其实何妨迟几天或是早几天归天，我的感激是没有问题的。

所以如其你们看了这篇杂凑失望，不要完全怪我，"妈里妈虎"先生至少也得负一半的责。但我也还记得起几件事情，不妨乘兴讲给你们听。

我真笨，没有到以前，我竟以为莫斯科是一个完全新起的城子，我以为亚力山大烧拿破仑那一把火竟花上了整个莫斯科的大本钱，连 Kremlin（皇城）都乌焦了的，你们都知道拿破仑想到莫斯科去吃冰其林那一段热闹的故事，俄国人知道他会打，他们就躲着不给他打，一直诱着他深入俄境，最后给他一个空城，回头等他在 Kremlin 躺下了休息的时候，就给他放火，东边一把，西边一把，闹着玩，不但不请冰其林吃，连他带去的巴黎饼干，人吃的，马吃的，都给烧一个精光，一面天公也给他作对，北风一层层的吹来，雪花一片片的飞来，拿翁知道不妙，连忙下令退兵已经太迟，逃到了 Berezinz 那地方，叫哥萨克的丈八蛇矛"劫杀横来"，几十万的常胜军叫他们切菜似的留不到几个，就只浑身烂污泥的法兰西大皇帝忙里捞着一匹马冲出了战场逃回家去半夜里叫门，可怜 Berezinz 河两岸的冤鬼到如今还在那里欷歔，这盘糊涂账是无从算起的了！

但我在这里重提这些旧话，并不是怕你们忘记了拿破仑，我只是提醒你们俄国人的辣手，忍心破坏的天才原是他们的种性，所以拿破仑听见 Kremlin 冒烟的时候，连这残忍的魔王都跳了起来——"什么？"他说，"连他们祖宗的家院都不管了！"正是：斯拉夫民族是从不希罕小胜仗的，要来就给你一个全军覆没。

莫斯科当年并不曾全毁；不但皇城还是在着，四百年前的教堂都还在着。新房子虽则不少，但这城子是旧的。我此刻想起莫斯科，我的想像幻出了一个年老退伍的军人，战阵的暴烈已经在他年纪里消隐，但暴烈的遗迹却还明明的在着，他颊上的刀创，他颈边的枪

癥，他的空虚的注视，他的倔强的髭须，都指示他曾经的生活；他
的衣服也是不整齐的，但这衣着的破碎也仿佛是他人格的一部，石
上的苍苔似的，斑驳的颜色已经染蚀了岩块本体。在这苍老的莫斯
科城内，竟不易看出新生命的消息——也许就只那新起的白宫，屋
顶上飘扬着鲜艳的红旗，在赭黄，苍老的 Kremlin 城围里闪亮着的，
会得引起你注意与疑问，疑问这新来的色彩竟然大胆的侵占了古迹
的中心，扰乱原来的调谐。这绝不是偶然，旅行人！快些擦净你风
尘眯倦了的一双眼，仔细的来看看，竟许那看来平静的旧城子底下，
全是炸裂性的火种，留神！回头地壳都烂成齑粉，慢说地面上的
文明！

其实真到炸的时候，谁也躲不了，除非你趁早带了宝眷逃火星
上面去——但火星本身炸不炸也还是问题。这几分钟内大概药线还
不至于到根，我们也来赶早，不是逃，赶早来多看看这看不厌的地
面。那天早上我一个人在那大教寺的平台上初次瞭望莫斯科，脚下
全是滑溜的冻雪，真不易走道，我闪了一两次，但是上帝受赞美，
那莫斯科河两岸的景色真是我不期望的眼福，要不是那石台上要命
的滑，我早已惊喜得高跳起来！方向我是素来不知道的，我只猜想
莫斯科河是东西流的，但那早上又没有太阳，所以我连东西都辨不
清，我很可惜不曾上雀山去，学拿破仑当年，回头望云笼罩着的莫
斯科，一定别有一番气概，但我那天看着的也就不坏，留着雀山下
一次再去，也许还来得及。在北京的朋友们，你们也趁早多去景山
或是北海饱看看我们独有的"黄瓦连云"的禁城，那也是一个大观，
在现在脆性的世界上，今日不知明日事，"趁早"这句话真有道理，
回头北京变了第二个圆明园，你们软心肠的再到交民巷去访着色相
片，老绉着眉头说不成，那不是活该！

如其北京的体面完全是靠皇帝，莫斯科的体面大半是靠上帝。
你们见过希腊教的建筑没有？在中国恐怕就只哈尔滨有。那建筑的
特色是中间一个大葫芦顶，有着色的，蓝的多，但大多数是金色，

四角上又是四个小葫芦顶，大小的比称很不一致，有的小得不成样，有的与中间那个不差什么。有的花饰繁复，受东罗马建筑的影响，但也有纯白石造的，上面一个巨大的金顶，比如那大教堂，别有一种朴素的宏严。但最奇巧的是皇城外面那个有名的老教堂，大约是十六世纪完工的；那样子奇极了，你看了永远忘不了，像是做了最古怪的梦：基子并不大，那是俄国皇家做礼拜的地方，所以那儿供奉与祈祷的位置也是逼仄的；顶一共有十个，排列的程序我不曾看清楚，各个的式样与着色都不同：有的像我们南边的十楞瓜，有的像岳传里严成方手里拿的铜锤，有的活像一只波罗蜜，竖在那里，有的像一圈火蛇，一个光头探在上面，有的像隋唐传里单二哥的兵器，叫什么枣方槊是不是？总之那一堆光怪的颜色，那一堆离奇的式样，我不但从没有见过，简直连梦里都不曾见过——谁想得到波罗蜜、枣方槊都会跑到礼拜堂顶上去的！

　　莫斯科像一个蜂窝，大小的教堂是他的蜂房；全城共有六百多（有说八百）的教堂，说来你也不信，纽约城里一个街角上至少有一家冰其林沙达店，莫斯科的冰其林沙达店是教堂，有的真神气，戴着真金的顶子在半空里卖弄，有的真寒伧，一两间小屋子，一个烂芋头似的尖顶，挤在两间壁几层屋子的中间，气都喘不过来。据说革命以来，俄国的宗教大吃亏，这几年不但新的没法造，旧的都没法修，那波罗蜜做顶那教堂里的教士，隐约的讲些给我们听，神情怪凄惨的。这情形中国人看来真想不通，宗教会得那样有销路，仿佛祷告比吃饭还起劲，做礼拜比做面包还重要；到我们绍兴去看看——"五家三酒店，十步九茅坑"，庙也有的，在市稍头，在山顶上，到初一月半再去不迟——那是何等的近人情，生活何等的有分称；东西的人生观这一比可差得太远了！

　　再回到那天早上，初次观光莫斯科。不曾开冻的莫斯科河上面盖着雪，一条玉带似的横在我的脚下，河面上有不少的乌鸦在那里寻食吃。莫斯科的乌鸦背上是灰色的，嘴与头颈也不像平常的那样贫相，我先看竟当是斑鸠！皇城在我的左边，默沉沉的包围着不少雄伟的工程，角上塔形的瞭台上隐隐有重裹的卫兵巡哨的影子，塔不高，但有一种凌视的威严，颜色更是苍老，像是深赭色的火砖，他仿佛告诉你："我们是不怕光阴，更不怕人事变迁的，拿破仑早去了，罗曼诺夫大家完了，可仑斯基跑了，列宁死了，时间的流波里多添一层血影，我的墙上加深一层老苍，我是不怕老的，你们人类抵拼再流几次热血？"我的右手就是那大金顶的教寺；隔河望去竟像是一只盛开的荷花池，葫芦顶是莲花，高梗的，低梗的，浓艳的，澹素的，轩昂的。葳蕤的——就可惜阳光不肯出来，否则那满池的金莲更加亮一重光辉，多放一重异彩，恐怕西王母见了都会羡慕哩！

九、托尔斯泰

我一到莫斯科，见人就要听托尔斯泰的消息，后来我会着了老先生的大小姐，六十岁的一位太太，顶和气的，英国话德国话都说得好，下回你们过莫斯科也可以去看看她，我们使馆李代表太太认识她，如其她还在，你们可以找她去介绍。

托尔斯泰大小姐的颧骨，最使我想起她的老太爷，此外有什么相似的地方，我不敢说。我当然问起那新闻，但她好像并没有直接答复我，她只说现代书铺子里他的书差不多买不着了，不但托尔斯泰，就是屠格涅夫、道施妥奄夫斯基等一班作者的书都快灭迹了；我问她现在莫斯科还有什么重要的文学家，她说全跑了，剩下的全是不相干的，我问她这几年他们一定经尝了苦难的生活，她含着眼泪说可不是，接着就讲她们姊妹，在革命期内过的日子，天天与饿死鬼做近邻，不知有多少时候晚上没有灯火点，但是她说倒是在最窘的时候，我们心地最是平安，离着死太近了也就不怕，我们往往在黑夜里在屋内或在门外围坐着，轮流念书唱歌，有时和着一起唱，唱起了劲，什么苦恼都忘了；我问她现在的情形怎样，她说现在好了，你看我不是还有两间屋子，这许多学画的学生，饿死总不至于，除非那恐怖的日子再回来，那是不能想的了，我下星期就得到法国去，那边请我去讲演，我感谢政府已经给我出境的护照，你知道那是很不易得到的。她又讲起她的父亲的晚年，怎样老夫妻的吵闹，她那时年轻也懂不得，后来托尔斯泰单身跑了出去，死在外面，他的床还在另一处纪念馆里陈列着，到死不见家人的面！

她的外间讲台上坐着一个袒半身的男子，黑胡髭、大眼睛，有些像乔塞夫康赖特，她的学生们都在用心的临着画；一只白玉似纯净的小猫在一张桌上跳着玩，我们临走的时候，她的姑娘进来了，还只十八九岁模样，极活泼的，可是在小姑娘脸上，托尔斯泰的影子都没了。

方才听说道施妥奄夫斯基的女儿快饿死了。现在德国或是波兰，有人替她在报上告急；这样看来，托尔斯泰家的姑娘们，运气还算是好的了。

十、犹太人的怖梦

我听说俄国革命以来，就只戏剧还像样，尤其是莫斯科美术戏院（Moscow Art Theater），一群年轻人的成绩最使我渴望一见，拔垒舞（ballet dance）也还有，虽则有名的全往巴黎纽约跑了。我在西伯利亚就看报，见那星期有《青鸟》《汉姆雷德》，与一个想不到的戏，G. k. Chesterton 的 "The man who was Thursday"，我好不高兴，心想那三天晚上可以不寂寞了。谁知道一到莫斯科，刚巧送"妈里妈虎"先生的丧，什么都看不着，就只礼拜六那晚上一个犹太戏院居然有戏，我们请了一位会说俄国话的做领路，赶快跳上马车听戏去。本来莫斯科有一个年代很久的有名犹太戏院，但我们那晚去了是另外一个，大约是新起的。我们一到门口，票房里没有人，一问说今晚不售门票，全院让共产党俱乐部包了去请客，差一点门都进不去，幸亏领路那位先生会说话，进去找着了主人，说上几句好话，居然成了，为我们特添了椅座，一个大子都不曾花，犹太人会得那

167

样破格的慷慨是不容易的，大约是受莫斯科感化的结果吧。

那晚的情景是不容易忘记的。那戏院是狭长的，戏台的正背面有一个楼厢，不卖座的，幔着白幕，背后有乐队作乐，随时幕上有影子出现，说话或是唱曲，与台上的戏角对答。剧本是现代的犹太文，听来与德国话差不远。我们入座的时候，还不曾开戏，幕前站着一位先生，正在那里大声演说。再要可怖的面目是不容易寻到的。那位先生的眼眶看来像是两个无底的深潭，上面凸着青筋的前额，像是快翻下去的陡壁，他的嘴开着说话的时候是斜方形的，露出黑漠漠的一个洞府，因为他的牙齿即使还有也是看不见。他是一个活动的骷髅。但他演说的精神却不但是饱满，而且是剧烈的，像山谷里乌云似的连绵的浦上来，他大约是在讲今晚戏剧与"近代思想潮流"的关系，可惜我听不懂，只听着卡尔马克思，达司开辟朵儿，列宁，国际主义等，响亮的字眼像明星似的出现在满是乌云的天上。他嗓子已快哑了，他的愤慨还不曾完全发泄，来看戏的弟兄们可等不耐烦，这里一声嘘，那里一声嘘，满场全是嘘，骷髅先生没法再嚷，只得商量他的唇皮挂出一个解嘲的微笑，一鞠躬没了。大家拍掌叫好。

戏来了。

我应当说怖梦或是发魇开场了。因为怖梦是我们做小孩子时代的专利：墙壁里伸出一只手来，窗里钻进一个青面獠牙的鬼来，诸如此类；但今晚承犹太人的情，大家来参观一个最十全的理想的怖梦。谁要是胆子小些的，准会得凭空的喊起来。

我实在没法子描写；有人说画鬼顶容易，我有些不信，我就不会画，虽则画人我也觉得难，也许这两样没有多大分别。但戏里的意义却被我猜中了些，我究竟还有几分聪明，我只能把大意讲一讲。

那戏除了莫斯科，别地方是不会得有的，莫斯科本身就是一个怖梦制造厂，换换口味也好，老是寻甜梦做好比老吃甜菜，怪腻烦的，来几盆苦瓜苦笋爽爽口不合式？

你们说史德林堡的戏也是可怕的：不错，但今晚的怖的更透。

那戏的底子，是一个犹太诗人（叫什么我忘了）早二十几年前做的一首不到两页的诗，他也早十年死了，新近这犹太戏院拿来编成戏，加上音乐，在莫斯科开演。

不消说满台全是鬼。鬼不定可怖，有时鬼还比人可亲些，但今晚的鬼最特选的。我都有些受不住，回头你们听了，就有趣。

这戏的意思（我想）大致是象征现代的生活，台上布景，正中挂着一只多可怖的大手，铁青色的筋骨全暴在皮外，狰狞的在半空里宕着；这手想是象征运命，或是象征资本阶级的压迫，在这铁手势力的底下现代生活的怖梦风车似的转着。

戏里有两个主要的动因（Motif），一是生命，一是死。但生命是已经迷失了路径的，仿佛在暗沉沉山谷里寻路，同时死的声音从墓窟的底里喊上来，嘲弄他，戏弄他，悲怜他，引诱他。

为什么生命走入了迷路，因为上面有资本阶级的压迫；为什么死的鬼灵敢这样大胆的引诱，因为生命前途没有光亮，它的自然的趋向是永久的坟墓。

布景是一个市场，左右旁侧都有通道，上去有桥，下去有窖，那都是鬼群出入的孔道，配色，电光，布置，动作，唱，——都跟着一个条理走，——叫你看的人害怕。最先出场我记得是四五个褴褛的小孩，叫着冷，嚷着饿，回头鬼来伴着他们玩——玩鬼把戏。他们的老子娘是做工人，资本家的牛马，身上的脂肪全叫他们吸了去，一天瘦似一天，生下来的子女更是遭罪来的，没衣穿，没饭吃，尤其是没玩具玩，只得寻鬼做伴去。

来了两个工人，一个是打铁的，一个是做木工的。打铁的觉悟了，提起他的铁槌了，袒开了胸腔，赌气寻万恶的资本家算账去：生命的声音鼓励着他，怂恿他去革命，死的声音应和着他。做木工的还不曾觉悟，在他奴隶的生活中消耗他的时光，生命的声音对着他哭泣，死的声音嘲弄他的冥顽。

又来了一男一女，男的是一个醉子，不知是酒喝醉还是苦恼的生活迷醉的；女的是一个卖淫的，她卖的不是她自己的皮肉，是人遭的廉耻，她糟蹋的不是她自己的身体，是人类的圣洁。

又来了一个强盗，一个快生产的女子；强盗是叫他的生活逼到杀人，法律又来逼他往死路走；女子是受骗的，现在她肚子里的小冤鬼逼着叫她放弃生命，因为在这"讲廉耻的社会"里再没有她的地位。

这一群人，还有同样的许多，都跑到生命的陡壁前，望着时间无底的潭壑跳；生命的声音哭丧的唱他的哀词，死的声音在坟墓的底里和着他的歌声——那时间的欲壑有填满的时候吗？

再下去更不得了了！地皮翻过身来，坟里墓底的尸体全竖了起来，排成行列，围成圆圈，往前进，向后退，死的精灵狂喜的跳着，尸体们也跟着跳——死的跳舞。

他们行动了，在空虚无际的道上走着，各样奇丑的尸体：全烂的，半烂的，疮毒死的，饿死的，冻死的，瘦死的，劳力死的，投水死的，生产死的（抱着她不足月的小尸体），淫乱死的，吊死的，煤矿里闷死的，机器上轧死的，老的，小的，中年的，男的，女的，拐着走的，跳着走的，爬着的，单脚窜的，他们一齐跳着，跟着音乐跳舞，旋绕的迎赛着，叫着，唱着，哭着，笑着——死的精灵欣欣的在前面引路，生的影子跟在后背送行，光也灭了，黑暗的光也灭了，坟墓的光，运命的光，死的青光也全灭了——那大群色彩斑斓的尸体在黑暗的黑暗中舞着唱着……

够了！怖梦也有醒的时候，再要做下去，我就受不住。

犹太朋友们做怖梦的本领可真不小，那晚台上的鬼与尸体至少有好几十，五十以上，但各个有各个的特色，形状与色彩的配置各各不同，不问戏成不成，怖梦总做成了，那也不易。但那晚台上固然异常的热闹——鬼跳鬼脸鬼叫鬼笑，什么都有，台下的情形，在我看来至少有同样的趣味。司蒂文孙如其有机会来，他一定单写台下，不写台上的。你们记得今晚是共产党俱乐部全包请客，这戏院是犹太戏院，我们可因此推定看客里大约十九是犹太人，并且是共产党员。你们不是这几年来各人脑筋里都有一个鲍尔雪微克或是过激派的小影，英美各国报纸上的讽刺画与他们报的消息或造的谣言都是造成那印象的资料。我敢说我们想像中标类的鲍尔雪微克至少有下列几种成分——杀猪屠，刽子手，长毛，黑旋风李逵，吃人的野人或猩猩，谋财害命的强盗；黑脸，蓬头，红眼睛，大胡子，长长毛的大手，腰里挂一只放人头的口袋……

所以我那晚特别的留意，心想今晚才可以"饱瞻丰采畅慰生平"了！初起是失望，因为在那群"山魈后人"的脸上一些也看不出他们祖上的异相：拉打胡子，红的眉毛，绿着眼。影子都没有！我坐在他们中间，只是觉着不安，不一定背上有刺，或是孟子说的穿了朝衣朝冠去坐在涂炭上，但总是不舒服，好像在这里不应得有我的位置似的。我定了一定神，第一件事应得登记的，是鼻子里的异味。俄国人的异味我是领教过的，最是在 Irkutsk 的车站里我上一次通讯讲起过，但那是西伯利亚，他们身上的革皮，屋子里的煤气潮气，外加烧东西的气味，造成一种最辛辣最沉闷的怪臭；今晚的不同，静的多，虽则已经够浓，这里面有土白古，有 Vodka，有热气的蒸蒸，但主味还是人气，虽则我不敢断定最斯拉夫，是莫斯科或是希伯来的雅味。第二件事叫我注意的是他们的服装。平常洗了手吃饭，换好衣服看戏，是不论东西的通例，在英国工人们上戏院也得换上一个领结，肩膀上去些灰渍，今晚可不同了，康姆赖特们打破习俗的精神是可佩服的：因为不但一件整齐的裤子不容易看见，简直连一个像样的结子都难得，你竟可以疑心他们晚上就那样子渍进被窝里去，早上也就那样子钻出被窝来；大半是戴着便帽或黑呢帽——歪戴的多；再看脱了帽的那几位，你一定疑问莫斯科的铺子是不备梳子的了，剃头匠有没有也是问题。女同志们当然一致的名士派，解放到那样程度才真有意思，但她们头上的红巾终究是一点喜色。

但最有趣的是她们面上的表情，第一你们没有到过俄国来的趁早取消你们脑筋里鲍尔雪微克的小影，至少得大大的修正，因为他们，就今晚在场的看，虽则完全脱离了波淇洼的体面主义，虽则一致拒绝安全剃刀的引诱，虽则衣着上是十三分的落拓，但他们的面貌还是官正得多，他们的神情还是和蔼得多，他们的态度也比北京捧角园或南欧戏院里看客们文雅得多（他们虽则嘘跑了那位热心的骷髅先生，那本来是诚实而且公道，他们看戏时却再也不露一些焦躁）。那晚大概是带"恳亲"的意思，所以年纪大些的也很多；我方才说有趣是为想起了他们。你们在电影的滑稽片里，不是常看到东伦敦或是东纽约戏院子里的一群看客吗？那晚他们全来了：胡子挂得老长的，手里拿着红布手巾不住擦眼的，鼻子上开玫瑰花的，嘴边溜着白涎的，驼背的，拐脚的，牙齿全没了下巴往上掬的，秃顶的，袒眼的，形形色色，什么都来了。可惜我没有司蒂文孙的雅趣，否则我真不该老是仰起头跟着戏台上做怖梦，我正应得私下拿着纸笔，替我前后左右的邻居们写生，结果一定比看鬼把戏有趣而且有味。

十一、契诃夫的墓园

诗人们在这喧阗的市街上不能不感寂寞；因此"伤时"是他们怨懑的发泄，"吊古"是他们柔情的寄托。但"伤时"是感情直接的反动：子规的清啼容易转成夜鸮的急调，吊古却是情绪自然的流露，想像已往的韶光，慰藉心灵的幽独：在墓塘间，在晚风中，在山一边，在水一角，慕古人情，怀旧光华；像是朵朵出岫的白云，轻沾斜阳的彩色，冉冉的卷，款款的舒，风动时动，风止时止。

吊古便不得不憬悟光阴的实在：随你想像它是汹涌的洪湖，想像它是缓渐的流水，想像它是倒悬的急湍，想像它是无踪迹的尾闾，只要你见到它那水花里隐现着的骸骨，你就认识它那无顾恋的冷酷，它那无限量的破坏的馋欲：桑田变沧海，红粉变骷髅，青梗变枯柴，帝国变迷梦，梦变烟，火变灰，石变砂，玫瑰变泥，一切的纷争消纳在无声的墓窟里……那时间人生的来踪与去迹，它那色调与波纹，便如夕照晚霭中的山岭融成了青紫一片，是丘是壑，是林是谷，不再分明，但它那大体的轮廓却亭亭的刻画在天边，给你一个最清切的辨认。这一辨认就相联的唤起了疑问：人生究竟是什么？你得加下你的按语，你得表示你的"观"。陶渊明说大家在这一条水里浮沉，总有一天浸没在里面，让我今天趁南山风色好，多种一棵菊花，多喝一杯甜酿；李太白，苏东坡，陆放翁都回响说不错，我们的"观"就在这酒杯里。古诗十九首说这一生一扯即过，不过也得过，想长生的是傻子，抓住这现在的现在尽量的享福寻快乐是真的——"不如饮美酒，被服纨与素"，曹子建望着火烧了的洛阳，免不得动感情；他对着渺渺的人生也是绝望——转蓬离本根，飘飘随长风，何意回飙举，吹我入云中，高高上无极，天路安可穷。光阴"悠悠"的神秘警觉了陈元龙：人们在世上都是无俦伴的独客，各个，在他觉悟时，都是寂寞的灵魂。庄子也没奈何这悠悠的光阴，他借重一个调侃的骷髅，设想另一个宇宙，那边生的进行不再受时间的制限。

所以吊古——尤其是上坟——是中国文人的一个癖好。这癖好想是遗传的；因为就我自己说，不仅每到一处地方爱去郊外冷落处寻墓园消遣，那坟墓的意象竟仿佛在我每一个思想的后背阑着，——单这馒形的一块黄土在我就有无穷的意趣——更无须蔓草，凉风，白杨，青磷等的附带。坟的意象与死的概念当然不能差离多远，但在我，坟与死的关系却并不密切：死仿佛有附着或有实质的一个现象，坟墓只是一个美丽的虚无。在这静定的意境里，光阴仿佛止息了波动，你自己的思感也收敛了震悸，那时你的性灵便可感到最纯净的慰安，你再不要什么。还有一个原因为什么我不爱想死，是为死的对象就是最恼人不过的生，死只是中止生，不是解决生，更不是消灭生，只是增剧生的复杂，并不清理它的纠纷。坟的意象却不暗示你什么对举或比称的实体，它没有远亲，也没有近邻，它只是它，包涵一切，覆盖一切，调融一切的一个美的虚无。

　　我这次到欧洲来倒像是专做清明来的；我不仅上知名的或与我有关系的坟（在莫斯科上契诃夫、克鲁泡德金的坟，在柏林上我自己儿子的坟，在枫丹薄罗上曼殊斐儿的坟，在巴黎上茶花女、哈哀内的坟；上菩特莱《恶之花》的坟；上凡尔泰、卢骚、嚣俄的坟；在罗马上雪莱、基茨的坟；在翡冷翠上勃郎宁太太的坟，上密仡郎其罗、梅迪启家的坟；日内到 Ravenna 去还得上丹德的坟，到 Assisi 上法兰西士的坟，到 Mantua 上浮吉尔 Virgil 的坟）。我每过不知名的墓园也往往进去流连，那时情绪不定是伤悲，不定是感触，有风随风，在块块的墓碑间且自徘徊，等斜阳淡了再计较回家。

　　你们下回到莫斯科去，不要贪看列宁，那无非是一个像活的死人放着做广告的（口孽罪过！），反而忘却一个真值得去的好所在——那是在雀山山脚下的一座有名的墓园，原先是贵族埋葬的地方，但契诃夫的三代与克鲁泡德金也在里而，我在莫斯科三天，过得异常的昏闷，但那一个向晚，在那嘿寂的寺园里，不见了莫斯科的红尘，脱离了犹太人的怖梦，从容的怀古，默默的寻思，在他人许有更大的幸福，在我已经知足。那庵名像是 Monestiere Vinozosjtch（可译作圣贞庵），但不敢说是对的，好在容易问得。

　　我最不能忘情的坟山是日本神户山上专葬僧尼那地方，一因它是依山筑道，林荫花草是天然的；二因南侧引泉，有不绝的水声；三因地位高亢，望见海涛与对岸山岛。我最不喜欢的是巴黎 Montmartre 的那个墓园，虽则有茶花女的芳邻我还是不愿意，因为它四周是市街，驾空又是一架走电车的大桥，什么清宁的意致都叫那些机轮轧成了断片，我是立定主意不去的；罗马雪莱、基茨的坟场也算是不错，但这留着以后再讲；莫斯科的圣贞庵，是应得赞美的，但躺到那边去的机会似乎不多！

　　那圣贞庵本身是白石的，葫芦顶是金的，旁边有一个极美的钟塔，红色的，方的，异常的鲜艳，远望这三色——白，金，红——的配置，极有风趣；墓碑与坟亭密密的在这塔影下；散布着，我去的那天正当傍晚，地下的雪一半化了水，不穿胶皮套鞋是不能走的；电车直到庵前，后背望去森森的林山便是拿破仑退兵时曾经回望的雀山，庵门内的空气先就不同，常青的树荫间，雪铺的地里，悄悄的屏息着各式的墓碑：青石的平台，镂像的长碣，嵌金的塔，中空的享亭，有高踞的，有低伏的，有雕饰繁复的，有平易的；但他们表示的意思却只是极简单的一个，古诗说的"下有陈死人，杳杳即长暮、潜寐黄泉下，千载永不寤"。

我们向前走不久便发现了一个颇堪惊心的事实：有不少极庄严的碑碣倒在地上的，有好几处坚致的石栏与铁栏打毁了的；你们记得在这里埋着的贵族居多，近几年来风水转了，贵族最吃苦，幸而不毁，也不免亡命，阶级的怨毒在这墓园里都留下了痕迹——楚平王死得快还是逃不了尸体受刑——虽则有标记与无标记，有祭扫与无祭扫，究竟关不关这底下陈死人的痛痒，还是不可知的一件事；但对于虚荣心重实的活人，这类示威的手段却是一个警告。

我们摸索了半天，不曾寻着契诃夫；我的朋友上那边问去了，我在一个转角站着等，那时候忽的眼前一亮（那天本是阴沉），夕阳也不知从哪边过来，正照着金顶与红塔，打成一片不可信的辉煌；你们没见过大金顶的，不易想像他那回光的力量，平常玻窗上的返光已够你的耀眼，何况偌大一个纯金的圆穿穿，我不由得不感谢那建筑家的高见，我看了西游记封神传渴慕的金光神霞，到这里见着了！更有那秀挺的绯红的高塔，也在这俄顷间变成了藜花摇曳的长虹，仿佛脱离了地面，将次凌空飞去。

契诃夫的墓上（他父亲与他并肩）只是一块瓷青色的石碑，刻着他的名字与生死的年份，有铁栏围着，栏内半化的雪里有几瓣小青叶，旁边树上掉下去的，在那里微微的转动。

我独自倚着铁栏，沉思契诃夫今天要是在着，他不知怎样；他是最爱"幽默"，自己也是最有谐趣的一位先生；他的太太告诉我们他临死的时候还要她讲笑话给他听；有幽默的人是不易做感情的奴隶的，但今天俄国的情形，今天世界的情形，他要是看了还能笑否，还能拿着他的灵活的笔继续写他灵活的小说否？……我正想着，一阵异样的声浪从园的那一角传过来打断了我的盘算。那声音在中国是听惯了的，但到欧洲来是不提防的；我转过去看时有一位黑衣的太太站在一个坟前，她旁边一个服装古怪的牧师（像我们的游方和尚）高声念着经咒，在晚色团聚时，在森森的墓门间，听着那异样的音调（语尾曼长向上曳作顿），你知道那怪调是念给墓中人听的，这一想毛发间就起了作用，仿佛底下的一大群全爬了上来在你的周围站着倾听似的。同时钟声响动，那边庵门开厂，门前亮着一星的油灯，里面出来成行列的尼僧，向另一屋子走去，一体的黑衣黑兜，悄悄的在雪地里走去。

克鲁泡德金的坟在后园，只一块扁平的白石，指示这伟大灵魂遗蜕的歇处，看着颇觉凄惘，关门铃已经摇过，我们又得回红尘去了。

翡冷翠①山中

一九二五年五月二十九日

翡冷翠山居闲话

在这里出门散步去，上山或是下山，在一个晴好的五月的向晚，正像是去赴一个美的宴会，比如去一果子园，那边每株树上都是满挂着诗情最秀逸的果实，假如你单是站着看还不满意时，只要你一伸手就可以采取，可以恣尝鲜味，足够你性灵的迷醉。阳光正好暖和，绝不过暖；风息是温驯的，而且往往因为他是从繁花的山林里吹度过来，带来一股幽远的淡澹香，连着一息滋润的水气，摩挲着你的颜面，轻绕着你的肩腰，就这单纯的呼吸已是无穷的愉快；空

---

① 翡冷翠，即佛罗伦萨。

气总是明净的，近谷内不生烟，远山上不起霭，那美秀风景的全部正像画片似的展露在你的眼前，供你闲暇的鉴赏。

做客山中的妙处，尤在你永不须踌躇你的服色与体态；你不妨摇曳着一头的蓬草，不妨纵容你满腮的苔藓；你爱穿什么就穿什么；扮一个牧童，扮一个渔翁，装一个农夫，装一个走江湖的桀卜闪，装一个猎户；你再不必提心整理你的领结，你尽可以不用领结，给你的颈根与胸膛一半日的自由，你可以拿一条这边艳色的长巾包在你的头上，学一个太平军的头目，或是拜伦那埃及装的姿态；但最要紧的是穿上你最旧的旧鞋，别管他模样不佳，他们是顶可爱的好友，他们承着你的体重却不叫你记起你还有一双脚在你的底下。

这样的玩顶好是不要约伴，我竟想严格的取缔，只许你独身；因为有了伴多少总得叫你分心，尤其是年轻的女伴，那是最危险最专制不过的旅伴，你应得躲避她像你躲避青草里一条美丽的花蛇！平常我们从自己家里走到朋友的家里，或是我们执事的地方，那无非是在同一个大牢里从一间狱室移到另一间狱室去，拘束永远跟着我们，自由永远寻不到我们；但在这春夏间美秀的山中或乡间你要是有机会独身闲逛时，那才是你福星高照的时候，那才是你实际领受，亲口尝味，自由与自在的时候，那才是你肉体与灵魂行动一致的时候；朋友们，我们多长一岁年纪往往只是加重我们头上的枷，加紧我们脚胫上的链，我们见小孩子在草里在沙堆里在浅水里打滚作乐，或是看见小猫追他自己的尾巴，何尝没有羡慕的时候，但我们的枷，我们的链永远是制定我们行动的上司！所以只有你单身奔赴大自然的怀抱时，像一个裸体的小孩扑入他母亲的怀抱时，你才知道灵魂的愉快是怎样的，单是活着的快乐是怎样的，单就呼吸单就走道单就张眼看耸耳听的幸福是怎样的。因此你得严格的为己，极端的自私，只许你，体魄与性灵，与自然同在一个脉搏里跳动，同在一个音波里起伏，同在一个神奇的宇宙里自得。

我们浑朴的天真是像含羞草似的娇柔，一经同伴的抵触，他就卷了起来，但在澄静的日光下，和风中，他的姿态是自然的，他的生活是无阻碍的。

你一个人漫游的时候，你就会在青草里坐地仰卧，甚至有时打滚，因为草的和暖的颜色自然的唤起你童稚的活泼；在静僻的道上你就会不自主的狂舞，看着你自己的身影幻出种种诡异的变相，因为道旁树木的阴影在他们纤徐的婆娑里暗示你舞蹈的快乐；你也会得信口的歌唱，偶尔记起断片的音调，与你自己随口的小曲，因为树林中的莺燕告诉你春光是应得赞美的；更不必说你的胸襟自然会跟着曼长的山径开拓，你的心地会看着澄蓝的天空静定，你的思想和着山螯间的水声，山罅里的泉响，有时一澄到底的清澈，有时激起成章的波动，流，流，流入凉爽的橄榄林中，流入妩媚的阿诺河去……

并且你不但不须应伴，每逢这样的游行，你也不必带书。

书是理想的伴侣，但你应得带书，是在火车上，在你住处的客室里，不是在你独身漫步的时候。什么伟大的深沉的鼓舞的清明的优美的思想的根源不是可以在风籁中，云彩里，山势与地形的起伏里，花草的颜色与香息里寻得？自然是最伟大的一部书，葛德说，在他每一页的字句里我们读得最深奥的消息。并且这书上的文字是人人懂得的；阿尔帕斯与五老峰，雪西里与普陀山，莱因河与扬子江；梨梦湖与西子湖，建兰与琼花，杭州西溪的芦雪与威尼市夕照的红潮，百灵与夜莺，更不提一般黄的黄麦，一般紫的紫藤，一般青的青草同在大地上生长，同在和风中波动——他们应用的符号是永远一致的，他们的意义是永远明显的，只要你自己性灵上不长疮瘢，眼不盲，耳不塞，这无形迹的最高等教育便永远是你的名分，这不取费的最珍贵的补剂便永远供你的受用；只要你认识了这一部书，你在这世界上寂寞时便不寂寞，穷困时不穷困，苦恼时有安慰，挫折时有鼓励，软弱时有督责，迷失时有南针。

我的彼得

新近有一天晚上，我在一个地方听音乐，一个不相识的小孩，八九岁光景，过来坐在我的身边，他说的话我不懂，我也不易使他懂我的话，那可并不妨事，因为在几分钟内我们已经是很好的朋友，他拉着我的手，我拉着他的手，一同听台上的音乐。他年纪虽则小，他音乐的兴趣已经很深：他比着手势告我他也有一张提琴，他会拉，并且说哪几个是他已经学会的调子。他那资质的敏慧，性情的柔和，体态的秀美，不能使人不爱；而况我本来是欢喜小孩们的。

但那晚虽则结识了一个可爱的小友，我心里却并不快爽；因为不仅见着他使我想起你，我的小彼得，并且在他活泼的神情里我想见了你，彼得，假如你长大的话，与他同年龄的影子。

你在时，与他一样，也是爱音乐的；虽则你回去的时候刚满三岁，你爱好音乐的故事，从你褓褓时起，我屡次听你妈与你的"大大"讲，不但是十分的有趣可爱，竟可说是你有天赋的凭证，在你最初开口学话的日子，你妈已经写信给我，说你听着了音乐便异常的快活，说你在坐车里常常伸出你的小手在车栏上跟着音乐按拍；你稍大些会得淘气的时候，你妈说，只要把话匣开上，你便在旁边乖乖的坐着静听，再也不出声不闹。并且你有的是可惊的口味，是贝德花芬是槐格纳你就爱，要是中国的戏片，你便盖没了你的小耳决意不让无意味的锣鼓，打搅你的清听！

你的大大（她多疼你！）讲给我听你得小提琴的故事：怎样那晚上买琴来的时候你已经在你的小床上睡好，怎样她们为怕你起来闹赶快灭了灯亮把琴放在你的床边，怎样你这小机灵早已看见，却偏不作声，等你妈与大大都上了床，你才偷偷的爬起来，摸着了你的宝贝，再也忍不住的你技痒，站在漆黑的床边，就开始你"截桑柴"的本领，后来怎样她们干涉了你，你便乖乖的把琴抱进你的床去，

179

一起安眠。她们又讲你怎样欢喜拿着一根短棍站在桌上摹仿音乐会的导师，你那认真的神情常常叫在座人大笑。

此外还有不少趣话，大大记得最清楚，她都讲给我听过；但这几件故事已够见证你小小的灵性里早长着音乐的慧根。实际我与你妈早经同意想叫你长大时留在德国学习音乐——谁知道在你的早殇里我们不失去了一个可能的毛赞德（Mozart）：在中国音乐最饥荒的日子，难得见这一点希冀的青芽，又教命运无情的脚根踏倒，想起怎不可伤？

彼得，可爱的小彼得，我"算是"你的父亲，但想起我做父亲的往迹，我心头便涌起了不少的感想；我的话你是永远听不着了，但我想借这悼念你的机会，稍稍疏泄我的积愫，在这不自然的世界上，与我境遇相似或更不如的当不在少数，因此我想说的话或许还有人听，竟许有人同情。就是你妈，彼得，她也何尝有一天接近过快乐与幸福，但她在她同样不幸的境遇中证明她的智断，她的忍耐，尤其是她的勇敢与胆量；所以至少她，我敢相信，可以懂得我话里意味的深浅，也只有她，我敢说，最有资格指证或相诠释，在她有机会时，我的情感的真际。

但我的情愫！是怨，是恨，是忏悔，是怅惘？对着这不完全、不如意的人生，谁没有怨，谁没有恨，谁没有怅惘？除了天生颟顸的，谁不曾在他生命的经途中——葛德说的——和着悲哀吞他的饭，谁不曾拥着半夜的孤衾饮泣？我们应得感谢上苍的是他不可度量的心裁，不但在生物的境界中他创造了不可计数的种类，就这悲哀的人生也是因人差异，各各不同，同是一个碎心，却没有同样的碎痕，同是一滴眼泪，却难寻同样的泪晶。

彼得我爱，我说过我是你的父亲。但我最后见你的时候你才不满四月，这次我再来欧洲你已经早一个星期回去，我见着的只你的遗像，那太可爱，与你一撮的遗灰，那太可惨。你生前日常把弄的玩具——小车、小马、小鹅、小琴、小书——你妈曾经件件的指给我看，你在时穿着的衣褂鞋帽，你妈与你大大也曾含着眼泪从箱里理出来给我抚摩，同时她们讲你生前的故事，直到你的影像活现在我的眼前，你的脚踪仿佛在楼板上蹲响。你是不认识你父亲的，彼得，虽则我听说他的名字常在你的口边，他的肖像也常受你小口的亲吻，多谢你妈与你大大的慈爱与真挚，她们不仅永远把你放在她们心坎的底里，她们也使我，没福见着你的父亲，知道你，认识你，爱你，也把你的影像、活泼、美慧、可爱，永远镂上了我的心版。

那天在柏林的会馆里，我手捧着那收存你遗灰的锡瓶，你妈与你七舅站在旁边止不住滴泪，你的大大哽咽着，把一个小花圈挂上你的门前——那时间我，你的父亲，觉着心里有一个尖锐的刺痛，这才初次明白曾经有一点血肉从我自己的生命里分出，这才觉着父性的爱像泉眼似的在性灵里汩汩的流出；只可惜是迟了，这慈爱的甘液不能救活已经萎折了的鲜花，只能在他纪念日的周遭永远无声的流转。

彼得，我说我要借这机会稍稍爬梳我年来的郁积，但那也不见得容易；要说的话仿佛就在口边，但你要它们的时候，它们又不在口边：像是长在大块岩石底下的嫩草，你得有力量翻起那岩石才能把它不伤损的连根起出——谁知道那根长的多深！

是恨，是怨，是忏悔，是怅惘？许是恨，许是怨，许是忏悔，许是怅惘。荆棘刺入了行路人的胫踝，他才知道这路的难走；但为什么有荆棘？是它们自己长着，还是有人存心种着的？也许是你自己种下的？至少你不能完全抱怨荆棘，一则因为这道是你自愿才来走的；再则因为那刺伤是你自己的脚踏上了荆棘的结果，不是荆棘自动来刺你。但又谁知道？因此我有时想，彼得，像你倒真是聪明：你来时是一团活泼，光亮的天真，你去时也还是一个光亮，活泼的灵魂；你来人间真像是短期的作客，你知道的是慈母的爱，阳光的和暖与花草的美丽，你离开了妈的怀抱，你回到了天父的怀抱，我想他听你欣欣的回报这番作客——只尝甜浆，不吞苦水——的经验，他上年纪的脸上一定满布着笑容——你的小脚踝上不曾碰着过无情的荆棘，你穿来的白衣不曾沾着一斑的泥污。

但我们，比你住久的，彼得，却不是来作客；我们是遭放逐，无形的解差永远在后背催逼着我们赶道：为什么受罪，前途是哪里，我们始终不曾明白，我们明白的只是底下流血的胫踝，只是这无恩的长路，这时候想回头已经太迟，想中止也不可能，我们真的羡慕，彼得，像你那谪期的简净。

在这道上遭受的，彼得，还不只是难，不只是苦，最难堪的是逐步相追的嘲讽，身影似的不可解脱。我既是你的父亲，彼得，比方说，为什么我不能在你的生前，日子虽短，给你应得的慈爱，为什么要到这时候，你已经去了不再回来，我才觉着骨肉的关联？并且假如我这番不到欧洲，假如我在万里外接到你的死耗，我怕我只能看作水面上的云影，来时自来，去时自去：正如你生前我不知欣喜，你在时我不知爱惜，你去时也不能过分动我的情感。我自分不是无情，不是寡恩，为什么我对自身的血肉，反是这般不近情的冷漠？彼得，我问为什么，这问的后身便是无限的隐痛；我不能怨，我不能恨，更无从悔，我只是怅惘，我只能问！明知是自苦的揶揄，但我只能忍受。

而况揶揄还不止此，我自身的父母，何尝不赤心的爱我；但他们的爱却正是造成我痛苦的原因：我自己也何尝不笃爱我的亲亲，但我不仅不能尽我的责任，不仅不曾给他们想望的快乐，我，他们的独子，也不免加添他们的烦愁，造作他们的痛苦，这又是为什么？在这里，我也是一般的不能恨，不能怨，更无从悔，我只是怅惘——我只能问。昨天我是个孩子，今天已是壮年：昨天腮边还带着圆润的笑窝，今天头上已见星星的白发；光阴带走的往迹，再也不容追赎，留下在我们心头的只是些揶揄的鬼影；我们在这道上偶尔停步回想的时候，只能投一个虚圈的"假使当初"，解嘲已往的一切。但已往的教训，即使有，也不能给我们利益，因为前途还是不减启程时的渺茫，我们还是不能选择自由的途径——到那天我们无形的解差喝住的时候，我们唯一的权利，我猜想，也只是再丢一个虚圈更大的"假使"，圆满这全程的寂寞，那就是止境了。

罗素与幼稚教育

我去年七月初到康华尔（Cornwall，英伦最南一省）去看罗素夫妇。他们住在离潘让市九英里沿海设无线电台处的一个小村落，望得见"地角"（Land's End）的"壁虎"尖突出在大西洋里，那是英伦岛最南的一点，康华尔沿海的"红岩"（Red Cliffs）是有名的，但我在那一带见着的却远没有想象中的红岩的壮艳。因为热流故，这沿海一带的气候几乎接近热带性，听说冬天是极难得见冷雪的。这地段却颇露荒凉的景象，不比中部的一片平芜，树木也不多，荒草地里只见起伏的巨牛；滨海尤其是硗硗的岩地，有地方壁立万仞，下瞰白羽的海鸟在汹涌的海涛间出没。罗素的家，一所浅灰色方形的三层楼屋，有矮墙围着，屋后身凸出一小方的两廊，两根廊柱是黄漆的，算是纪念中国的意思，矗峙在一片荒原的中间，远望去这浅嫩的颜色与呆木的神情，使你想起十八世纪趣剧中的村姑子，发上歇着一只怪鸟似的缎结，手叉着腰，直挺挺的站着发愣。屋子后面是一块草地，一边是门，一边抄过去满种着各色的草花，不下二三十种；在一个墙角里他们打算造一爿中国凉亭式的小台，我当时给写了一块好像"听风"的匾题，现在想早该造得了。这小小的家园是我们的哲学家教育他的新爱弥儿的场地。

罗素那天赶了一个破汽车到潘让市车站上来接我的时候，我差一点不认识他。简直是一个乡下人！一顶草帽子是开花的，褂子是烂的，领带，如其有，是像一根稻草在胸前飘着，鞋，不用说，当然有资格与贾波林的那双拜弟兄！他手里擒着一只深酱色的烟斗，调和他的皮肤的颜色。但他那一双眼，多敏锐，多集中，多光亮——乡下人的外廓掩不住哲学家的灵智！

那天是礼拜，我从 Exeter 下去就只这趟奇慢的车。罗素先生开口就是警句，他说"萨拜司的休息日是耶教与工团联合会的唯一共同信条"！车到了门前，那边过来一个光着"脚鸭子"手提着浴布的女人，肤色叫太阳晒得比卢梭的更紫酱，笑着招呼我，可不是勃兰克女士，现在罗素夫人，我怎么也认不出来，要是她不笑不开口。进门去他们给介绍他们的一对小宝贝；大的是男，四岁，有个中国名字叫金铃；小的是女，叫恺弟。我问他们为什么到这极南地方来做隐士，罗素说一来为要静心写书，二来（这是更重要的理由）为顾管他们两小孩子的德育（to look after the moral education of our kids）。

我在他们家住了两晚。听罗素谈话正比是看德国烟火，种种眩目的神奇，不可思议的在半空里爆发，一胎孕一胎的，一彩绽一彩的，不由你不讶异，不由你不欢喜。但我不来追记他的谈话，那困难就比是想描写空中的银花火树；我此时想起的就只我当时眼见的所谓"看顾孩子们的德育"的一斑。这讲过了，下回再讲他新出论教育的书——On Education: Especially in Early Childhood, By Bertrand Russell, Published: London, George Allen and Unwin.

金铃与恺弟有他们的保姆，有他们的奶房（Nursery），白天他们爹妈工作的时候保姆领着他们。每餐后他们照例到屋背后草地上玩，骑木马，弄熊，看花，跑，这时候他们的爹妈总来参加他们的游戏。有人说大人物都是有孩子气的，这话许有一部分近情。有一次我在威尔思家看他跟他的两个孩子在一间"仓间"里打"行军球"玩，他那高兴真使人看了诧异，简直是一个孩子——跑，踢，抢，争，笑，嚷，算输赢，一双晶亮的小蓝眼珠里活跃着不可抑遏的快活，满脸红红的亮着汗光，气吁吁的一点也不放过，正如一个活泼的孩子，谁想到他是年近六十"在英语国里最伟大的一个智力"（法郎士评语）的一个作者！罗素也是的，虽则他没有威尔思那样彻底的忘形，也许是为他孩子还太小不够合伙玩的缘故。这身体上（不止思想与心情上）不失童真，在我看是西方文化成功的一个大秘密；回想我们的十六字联"蹒蹒老成，尸居余气；翩翩年少，弱不禁风"，不由得脊骨里不打寒噤。

我们全站在草地上。罗素对大孩子说，来，我们练习。他手抓住了一双小手，口唱着"我们到桑园里去，我们到桑园里去"那个儿歌，提空了小身子一高一低的打旋。同时恺弟那不满三岁的就去找妈给她一个同哥哥一样。再来就骑马。爸爸做马头，妈妈做马尾巴，两孩夹在中间做马身子，得儿儿跑，得儿儿跑，绕着草地跑跑个气喘才住。有一次兄妹俩抢骑木马，闹了，爸爸过去说约翰（男的名）你先来，来过了让妹妹，恺弟就一边站着等轮着她。但约翰来过了还不肯让，恺弟要哭了，爸妈吩咐他也不听，这回老哲学家恼了，一把拿他合仆着抱了起来往屋子里跑，约翰就哭，听他们上楼去了。但等不到五分钟，父子俩携着手笑吟吟走了出来，再也不闹了。

妈叫约翰领徐先生看花去，这真太可爱了，园里花不止三十种，惭愧我这老大认不到三种，四岁的约翰却没一样不知名，并且很多种还是他小手亲自栽的，看着他最爱的他就蹲下去摸摸亲亲，他还知道各种花开的迟早，哪几样蝴蝶们顶喜欢，哪几样开顶茂盛，他全知道，他得意极了。恺弟虽则走路还勉强，她也来学样，轻轻的摸摸嗅嗅，那神气太好玩了。

吃茶的时候孩子们也下来。约翰捧了一本大书来，那是他的，给客人看。书里是各地不同的火车头，他每样讲给我听；这绿的是南非洲从哪里到哪里的，这长的是加拿大哪里的，这黄的是伦敦带我们到潘让市来的，到哪一站换车，这是过西伯利亚到中国去的，爸爸妈妈顶喜欢的中国，约翰大起来一定得去看长城吃大鸭子；这是横穿美洲过落机山的，过多少山洞，顶长的有多长——喔，约翰全知道，一看就认识！罗素说他不仅认识知道火车，他还知道轮船，他认好几十个大轮船，知道它们走的航线，从哪里到哪里——他的地理知识早就超过他保姆的，这学全是诱着他好奇的本能，渐渐由他自己一道一道摸出来的；现在你可以问他从伦敦到上海，或是由西特尼到利物浦，或是更复杂的航路，他都可以从地图上指给你看，过什么地方，有什么好东西看好东西吃，他全知道！

但最使我受深印的是这一件事。罗素告诉我他们早到时，约翰还不满三岁，他们到海里去洗澡，他还是初次见海，他觉得怕，要他进水去他哭，这来我们的哲学家发恼了："什么，罗素的儿子可以怕什么的！可以见什么觉着胆怯的！那不成！"他们夫妻两简直把不满三岁的儿子，不管他哭闹，一把撅进了海里去，来了一回再来，尽他哭！好，过了三五天，你不叫他进水去玩他都不依，一定要去了！现在他进海水去就比在平地上走一样的不以为奇了。东方做父母的一定不能下这样手段不是？我也懂得，但勇敢，胆力，无畏的精神，是一切德性的起源，品格的基础，这地方决不可含糊；别的都还可以，懦怯，怕，最不成的，这一关你不趁早替他打破，他竟许会害了他一辈子的。罗素每回说勇敢（Courage）这字时，他声音来得特别的沉着，他眼里光异样的闪亮，竟仿佛这是他的宗教的第一个信条，做人唯一的凭证！

我们谁没有做过小孩子？我们常听说孩子时代是人生最乐的时光。孩子是一片天真没有烦恼，没有忧虑，一天只知道玩，肢体是灵活的，精神是活泼的。有父母的孩子尤其是享福，谁家父母不疼爱孩子，家里添了一个男的，屋子里顶奥僻的基角都会叫喜气的光彩给照亮了的。谁不想回去再过一道蜜甜的孩子生活，在妈的软兜里窝着，问妈要果子糖吃，晚上睡的时候有人替你换衣服，低低的唱着歌哄你闭上眼，做你蜜甜的小梦去？年岁是烦恼，年岁是苦恼，年岁是懊恼：咒它的，为什么亮亮的童心一定得叫人事的知识给涂开了的？我们要老是那七八十来岁，永远不长成，永远有爹娘疼着我们；比如那林子里的莺儿，永远在欢欣的歌声中自醉，永远不知道 The weariness, the fever, and the fret here, where men sit and hear each other groan……那够多美！

这是我们理想中的孩子时代，我们每回觉得吃不住生活的负担时，往往惘怅光阴太匆匆的卷走了我们那一段最耐寻味的痕迹。但我们不要太受诗人们的催眠了，既然过去的已经是过去；我们知道有意识的人生自有它的尊严，我们经受的烦恼与痛苦，只要我们能受得住不叫它们压倒，也自有它们的意义与价值。过分耽想做孩子时轻易的日子，只是泄漏你对人生欠缺认识，犹之过分伤悼老年同一种知识上的浅陋，不，我们得把人生看成一个整的：正如树木有根有干有枝叶与花果，完全的一生当然得具备童年与壮年与老年三个时期：童年是播种与栽培期，壮年是开花成荫期，老年是结果收成期。童年期的重要，正在它是一个伟大的未来工作的预备，这部工夫做不认真不透彻时将来的花果就得代付这笔价钱：

The child is father of the Man.

真的我们很少自省到我们一生的缺陷，意志缺乏坚定，身体与心智不够健全，种种习惯的障碍使我们随时不自觉的走上堕落的方向，这里面有多少情形是可以追源到我们当初栽培与营养时期的忽略与过失。根心里的病伤难治；在弁髦时代种下的斑点，可以到斑白的毛发上去寻痕迹，在这里因果的铁律是丝毫不松放的。并且我们说的孩子时期还不单指早年时狭义的教育，实际上一个人品格的养成是在六岁以前，不是以后；这里说的孩子期可以说是从在娘胎时起到学龄期止的径程——别看那初出娘胎黄毛吐沫的小团团止如小猫小狗似的不懂事，它那官感开始活动的时辰就是它来人生这学校上学的凭证。不，胎教家还得进一步主张做父母的在怀胎期内就该开始检点他们自身的作为，开始担负他们养育的责任。这道理是对的；

正如在地面上仅透乃至未透一点青芽的花木，不自主的感受风露的影响，禀承父母气血的胎儿当然也同样可以吸收他们思想与行为的气息，不论怎样的微细。

但孩子它自己是无能力的，这责任当然完全落在做父母的以及其他管理人的身上。但我们一方面看了现代没有具备做父母资格的男女们尽自机械性的活动着他们生产的本能，没遮拦的替社会增加废物乃至毒性物的负担，无顾恋的糟蹋血肉与灵性——我们不能不觉着怕惧与忧心；再一方面我们又见着应分有资格的父母们因为缺乏相当的知识，或是缺乏打破不良习惯的勇气，不替他们的儿女准备下适当的环境，不给他们适当的营养，结果上好的材料至少不免遭受部分的残废——我们又不能不觉着可惜与可怜。因为养育儿女，就算单顾身体一事，仅仅凭一点本能的爱心还是不够的；要期望一个完全的儿童，我们得先假定一双完全的父母，身体，知识，思想，一般的重要。人类因为文明的结果，就这躯体的组织也比一切生物更复杂，更柔纤，更不易培养；它那受病的机会以及病的种类也比别的动物，差得远了远。因此在猫狗牛马是一个不成问题的现象，在今日的人类就变了最费周章的问题了。

带一个生灵到世界上来，养育一个孩子成人，做父母的责任够多重大；但实际上做父母的——尤其是我们中国人——够多糊涂！中国民族是叫"不孝有三，无后为大"一句话给咒定了的；"生儿子"是人生第一件人事情。多少的罪恶，什么丑恶的家庭现象，都是从这上头发生出来的。影响到个人，影响到社会，同样的不健康。摘下来的果子，比方说，全是这半青不熟的，毛刺刺的一张皮包着松松的一个核，上口是一味苦涩，做酱都嫌单薄，难怪结果是十六字的大联"蟠蟠老成，尸居余气；翩翩年少，弱不禁风"！尤其是所谓"士"的阶级，那成分是社会的核心，最受儒家"孝"说的流毒，一代促一代的酿成世界上唯一的弱种；谁说今日中国社会发生病态与离心涣散的现象（原先闭关时代不与外族竞争所以病象不能自见，虽则这病根已有几千年的老）不能归咎到我们最荒谬的"唯生男主义"？先人所以是弱定了的，后天又没有补救的力量；中国人管孩子还不是绝无知识绝对迷信固执恶习的老妈子们的专门任务？管孩子是阃以内的事情，丈夫们管不着，除了出名请三朝满月周岁或是孩子死了出名报丧！家庭又是我们民族恶劣根性的结晶，比牢狱还来得惨酷，黑暗，比猪圈还来得不讲卫生；但这是我们小安琪们命定长大的环境，什么奇才异禀敌得过这重重"反生命"的势力？这情形想起都叫人发抖！我不是说我们的父母就没有人性，不爱惜他们子女；不，实际上我们是爱得太过了。但不幸天下事情单凭原始的感情是万万不够的，何况中国人所谓爱儿子的爱的背后还耽着一个不可说的最自私的动机——"传种"：有了儿子盼孙子，有了孙子望曾孙，管他是生疮生癣，做贼做强盗，只要到年纪娶媳妇传种就得！生育与繁殖固然是造物的旨意，但人类的尊严就在能用心的力量超出自然法的范围，另创一种别的生物所不能的生活概念，像我们这样原始性的人生观不是太挖苦了吗？就为我们生子女的唯一目标是为替祖先传命脉，所以儿童本身的利益是绝对没有地位的。喔，我知道你要驳我说中国人家何尝不想栽培子弟，要他有出息。"有出息"，是的！旧的人家想子弟做官发财；新的人家想子弟发财做官（现在因为欠薪的悲惨做父母的渐渐觉得做官是乏味的，除了做兵官，那是一种新的行业），动机还不是一样为要满足老朽们的虚荣与实惠，有几家父母曾经替子弟们自身做人的使命（非功利的）费一半分钟的考量踌躇？再没有一种反嘲（爱伦内）能比说"中国是精神文明"来得更恶毒，更鲜艳，更深刻！我们现在有人已经学会了嘲笑英国维多利亚时代所代表的理想与习俗。吮，这也是爱伦内；我们的开化程度正还远不如那所谓"菲力士挺"哪！我们从这近几十年来的经验，至少得了一个教训，就是新的绝对不能与旧的妥协，正如科学不能妥协迷信，真理不能妥协错误，我们革新的工作得从根底做起；一切的价值得重新估定，生活的基本观念得重新确定，一切教育的方针得按照前者重新筹划——否则我们的民族就没有更新的希望。

是的，希望就在教育。但教育是一个最泛的泛词，重要的核心就在教育的目标是什么。古代斯巴达奖励儿童做贼，为的是要造成做间谍的技巧；中世纪的教会是为训练教会的奴隶；近代帝国主义的教育是为侵略弱小民族；中国人旧式的教育是为维持懒惰的生活。但西方的教育，虽则自有它的错误与荒谬情形，但它对于人的个性总还有相当的尊敬与计算，这是不容否认的。所以我们当前第一个观念得确定的是人是个人，他对他自身的生命负有直接的责任；人的生命不是一种工具，可以供当权阶级任意的利用与支配。教育的问题是在怎样帮助一个受教育人合理的做人。在这里我们得假定几个重要的前提：（一）人是可以为善的；（二）合理的生活是可能的；（三）教育是有造成品格的力量的。我在这篇里说的教育几乎是限于养成品格一义，因为灌输智识只是极狭义的教育并且是一个实际问题，比较的明显单筒。近代关于人生学科的进步，给了我们在教育上很多的发见与启示，一点是使我们对于儿童教育特别注意，因为品格的养成期最重要的是在孩子出娘胎到学龄年的期间。在人类的智力还不能实现"优生"的理想以前，我们只能尽我们教育的能力引导孩子们逼近准备"理想人"的方向走去。这才真是革命的工作——革除人类已成乃至防范未成的恶劣恨性，指望实现一个合理的群体生活的将来。手把着革命权威的不是散传单的学生，不是有枪弹的大兵，也不是讲道的牧师或讲学的教师；他们是有子女的父母：在孩子们学语学步吃奶玩耍最不关紧要的日常生活间，我们期望真正革命工作的活动！

关于这革命工作的性质、原则，以及实行的方法，罗素在他新出《论教育》的书里给了我们极大的光亮与希望。那本书听说陈宝锷先生已经着手翻译，那是一个极好的消息，我们盼望那书得到最大可能的宣传，真爱子女的父母们都应得接近那书里的智慧，因为在适当的儿童教育里隐有改造社会最不可错误的消息。我下次也许再续写一篇，略述罗素那本书的大意与我自己的感想。

谒见哈代的一个下午

一

　　"如其你早几年，也许就是现在，到道骞司德的乡下，你或许碰得到《裘德》的作者，一个和善可亲的老者，穿着短裤便服，精神飒爽的，短短的脸面，短短的下颏，在街道上闲暇的走着，照呼着，答话着，你如其过去问他卫撒克士小说里的名胜，他就欣欣的从详指点讲解；回头他一扬手，已经跳上了他的自行车，按着车铃，向人丛里去了。我们读过他著作的，更可以想象这位貌不惊人的圣人，在卫撒克士广大的，起伏的草原上，在月光下，或在晨曦里，深思地徘徊着。天上的云点，草里的虫吟，远处隐约的人声都在他灵敏的神经里印下不磨的痕迹；或在残败的古堡里拂拭乱石上的苔青与网结；或在古罗马的旧道上，冥想数千年前铜盔铁甲的骑兵曾经在这日光下驻踪；或在黄昏的苍茫里，独倚在枯老的大树下，听前面乡村里的青年男女，在笛声琴韵里，歌舞他们节会的欢欣；或在济茨或雪莱或史文庞的遗迹，悄悄地追怀他们艺术的神奇……在他的眼里，像在高蒂闲（Theophile Gautier）的眼里，这看得见的世界是活着的；在他的'心眼'（The Inward Eye）里，像在他最服膺的华茨华士的心眼里，人类的情感与自然的景象是相联合的；在他的想象里，像在所有大艺术家的想象里，不仅伟大的史迹，就是眼前最琐小最暂忽的事实与印象，都有深奥的意义，平常人所忽略或竟不能窥测的。从他那六十年不断的心灵生活，——观察、考量、揣度、印证，——从他那六十年不懈不弛的真纯经验里，哈代，像春蚕吐丝制茧似的，抽绎他最微妙最桀傲的音调，纺织他最缜密最经久的

191

诗歌——这是他献给我们可珍的礼物。"

二

上文是我三年前慕而未见时半自想象半自他人传述写来的哈代。去年七月在英国时，承狄更生先生的介绍，我居然见到了这位老英雄，虽则会面不及一小时，在余小子已算是莫大的荣幸，不能不记下一些踪迹。我不讳我的"英雄崇拜"。山，我们爱踮高的；人，我们为什么不愿意接近大的？但接近大人物正如爬高山，往往是一件费劲的事；你不仅得有热心，你还得有耐心。半道上力乏是意中事，草间的刺也许拉破你的皮肤，但是你想一想登临危峰时的愉快！真怪，山是有高的，人是有不凡的！我见曼殊斐儿，比方说，只不过二十分钟模样的谈话，但我怎么能形容我那时在美的神奇的启示中的全生的震荡？

> 我与你虽仅一度相见——
> 但那二十分不死的时间

果然，要不是那一次巧合的相见，我这一辈子就永远见不着她——会面后不到六个月她就死了。自此我益发坚持我英雄崇拜的势利，在我有力量能爬的时候，总不教放过一个"登高"的机会。我去年到欧洲完全是一次"感情作用的旅行"；我去是为泰戈尔，顺便我想去多瞻仰几个英雄。我想见法国的罗曼·罗兰；意大利的丹农雪乌，英国的哈代。但我只见着了哈代。

在伦敦时对狄更生先生说起我的愿望，他说那容易，我给你字信介绍，老头精神真好，你小心他带了你到道骞斯德林子里去走路，他仿佛是没有力乏的时候似的！那天我从伦敦下去到道骞斯德，天气好极了，下午三点过到的。下了站我不坐车，问了 Max Gate 的方向，我就欣欣的走去。他家的外园门正对一片青碧的平壤，绿到天边，绿到门前；左侧远处有一带绵邈的平林。进园径转过去就是哈代自建的住宅，小方方的壁上满爬着藤萝。有一个工人在园的一边剪草，我问他哈代先生在家不，他点一点头，用手指门。我拉了门铃，屋子里突然发一阵狗叫声，在这宁静中听得怪尖锐的，接着一个白纱抹头的年轻下女开门出来。

"哈代先生在家，"她答我的问，"但是你知道哈代先生是'永远'不见客的。"

我想糟了。"慢着，"我说，"这里有一封信，请你给递了进去。""那么请候一候，"她拿了信进去，又关上了门。

她再出来的时候脸上堆着最俊俏的笑容。"哈代先生愿意见你，先生，该进来。"多俊俏的口音！"你不怕狗吗？先生，"她又笑了。"我怕，"我说。"不要紧，我们的梅雪就叫，她可不咬，这儿生客来得少。"

我就怕狗的袭来！战兢兢的进了门，进了官厅，下女关门出去，狗还不曾出现，我才放心。壁上挂着沙琴德（Jonh Sargent）的哈代画像，一边是一张雪莱的像，书架上记得有雪莱的大本集子，此外陈设是朴素的，屋子也低，暗沉沉的。

我正想着老头怎么会这样喜欢雪莱，两人的脾胃相差够多远，外面楼梯上一阵急促的脚步声和狗铃声下来，哈代推门进来了。我不知他身材实际多高，但我那时站着平望过去，最初几乎没有见他，我的印象是他是一个矮极了的小老头儿。我正要表示我一腔崇拜的热心，他一把拉了我坐下，口里连着说"坐坐"，也不容我说话，仿佛我的"开篇"辞他早就有数，口里连着问我，他那急促的一顿顿的语调与干涩的苍老的口音，"你是伦敦来的？""狄更生是你的朋友？""他好？""你译我的诗？""你怎么翻的？""你们中国诗用韵不用？"前面那几句问话是用不着答的（狄更生信上说起我翻他的诗），所以他也不等我答话，直到末一句他才收住了。他坐着也是奇矮，也不知怎的，我自己只显得高，私下不由得踽踌，似乎在这天神面

193

前我们凡人就在身材上也不应分占先似的!（啊，你没见过萧伯纳——这比下来你是个蚂蚁!）这时候他斜着坐，一只手搁在台上头微微低着，眼往下看，头顶全秃了，两边脑角上还各有一綹也不全花的头发；他的脸盘粗看像是一个尖角往下的等边形三角，两颧像是特别宽，从宽浓的眉尖直扫下来束住在一个短促的下巴尖；他的眼不大，但是深窈的，往下看的时候多，只易看出颧色与表情。最特别的，最"哈代的"，是他那口连着两旁松松往下坠的夹腮皮。如其他的眉眼只是忧郁的深沉，他的口脑的表情分明是厌倦与消极。不，他的脸是怪，我从不曾见过这样耐人寻味的脸。他那上半部，秃的宽广的前额，着发的头角，你看了觉着好玩，正如一个孩子的头，使你感觉一种天真的趣味，但愈往下愈不好看，愈使你觉着难受，他那皱纹龟驳的脸皮正使你想起一块苍老的岩石，雷电的猛烈，风霜的侵陵，雨雷的剥蚀，苔藓的沾染，虫鸟的斑斓，什么时间与空间的变幻都在这上面遗留着痕迹！你知道他是不抵抗的，忍受的，但看他那下颊，谁说这不泄漏他的怨毒，他的厌倦，他的报复性的沉默！他不露一点笑容，你不易相信他与我们一样也有喜笑的本能。正如他的脊背是倾向伛偻，他面上的表情也只是一种不胜压迫的伛偻。喔哈代!

回讲我们的谈话。他问我们中国诗用韵不。我说我们从前只有韵的散文，没有无韵的诗，但最近……但他不要听最近，他赞成用韵，这道理是不错的。你投块石子到湖心里去，一圈圈的水纹漾了开去，韵是波纹。少不得。抒情诗 Lyric 是文学的精华的精华。颠不破的钻石，不论多小。磨不灭的光彩。我不重视我的小说。什么都没有做好的小诗难。他背了莎氏的"Tell me where is Fancy bred"，朋琼生（Ben Jonson）的"Drink to me only with thine eyes"，高兴的样子。我说我爱他的诗因为它们不仅结构严密像建筑，同时有思想的血脉在流走，像有机的整体。我说了 Organic 这个字；他重复说了两遍："Yes，Organic yes，organic：A poem ought to be a living thing."

练习文字顶好学写诗；很多人从学诗写好散文，诗是文字的秘密。

他沉思了一晌。"三十年前有朋友约我到中国去。他是一个教士，我的朋友，叫莫尔德，他在中国住了五十年，他回英国来时每回说话先想起中文再翻英文的！他中国什么都知道，他请我去，太不便了，我没有去。但是你们的文字是怎么一回事？难极了不是？为什么你们不丢了它，改用英文或法文，不方便吗？"哈代这话骇住了我。一个最认识各种语言的天才的诗人要我们丢掉几千年的文字！我与他辩难了一晌，幸亏他也没有坚持。

说起我们共同的朋友。他又问起狄更生的近况，说他真是中国的朋友。我说我明天到康华尔去看罗素。谁？罗素？他没有加案语。我问起勃伦腾（Edmund Blunden），他说他从日本有信来，他是一个诗人。讲起麦雷（John M. Murry）他起劲了。"你认识麦雷？"他问。"他就住在这儿道骞斯德海边，他买了一所古怪的小屋子，正靠着海，怪极了的小屋子，什么时候那可以叫海给吞了去似的。他自己每天坐一部破车到镇上来买菜。他是有能干的。他会写。你也见过他从前的太太曼殊斐儿？他又娶了，你知道不？我说给你听麦雷的故事。曼殊斐儿死了，他悲伤得很，无聊极了，他办了他的报（我怕他的报维持不了），还是悲伤。好了，有一天有一个女的投稿几首诗，麦雷觉得有意思，写信叫她去看他，她去看他，一个年轻的女子，两人说投机了，就结了婚，现在大概他不悲伤了。"

他问我那晚到哪里去。我说到 Exeter 看教堂去，他说好的，他就讲建筑，他的本行。我问你小说里常有建筑师，有没有你自己的影子？他说没有。这时候梅雪出去了又回来，咻咻的爬在我的身上乱抓。哈代见我有些窘，就站起来呼开梅雪，同时说我们到园里去走走吧，我知道这是送客的意思。我们一起走出门绕到屋子的左侧去看花，梅雪摇着尾巴咻咻的跟着。我说哈代先生，我远道来你可否给我一点小纪念品。他回头见我手里有照相机，他赶紧他的步子急急的说，我不爱照相，有一次美国人来给了我很多的麻烦，我从此不叫来客照相，我也不给我的笔迹（Autograph），你知道？他脚步更快了，微偻着背，腿微向外一摆一摆的走着，仿佛怕来客要强抢他什么东西似的！"到这儿来，这儿有花，我来采两朵花给你做纪念，好不好？"他俯身下去到花坛里去采了一朵红的一朵白的递给我："你暂时插在衣襟上吧，你现在赶六点钟车刚好，恕我不陪你了，再会，再会——来，来，梅雪，梅雪……"老头扬了扬手，径自进门去了。

啬刻的老头，茶也不请客人喝一杯！但谁还不满足，得着了这样难得的机会？往古的达文謇、莎士比亚、葛德、拜伦，是不回来了的；哈代！多远多高的一个名字！方才那头秃秃的背弯弯的腿屈屈的，是哈代吗？太奇怪了！那晚有月亮，离开哈代家五个钟头以后，我站在哀克刹脱教堂的门前玩弄自身的影子，心里充满着神奇。

致泰戈尔 （四）[①]

我最敬爱的老戈爹：

我也不明白为何拖到现在才给你写信。我久未提笔，并非完全归咎于懒惰。我虽不擅书信，但我不认为自己无力从惰性的枷锁里挣脱。我走过一城又一城，虚度一日又一日，因而无法使自己打起精神，向您——我亲爱的老戈爹——娓娓讲述自从去年夏天在香港和您道别以后，我有怎样的遭遇。倘若我说，没有哪一天由始至终，我的脑海里不在想念您给我留下的甜蜜记忆，请你相信我绝非故作夸张。屡屡得知您在国外身体欠佳的消息，我怎能不万分焦急！犹记得二月初的那天早晨，厚之从南美寄来的那封长信递到了我的手中。悉知我最亲爱的老戈爹非但没有忘却素思玛，而且在疾病缠身之际希望有我做伴、尽晚辈之所能宽慰他那劳倦的心灵，忐忑和感

---

① 原信为英文，王先哲译。

念即刻涌上我心头，执信之手禁不住颤颤发抖。我没有忘记我答应过今年会去欧洲探望您，我试图筹措此行所需的资金，却屡屡受挫，使我灰心不已。现今中国之贫穷，是您难以想象的。无止无休的战火摧残民生，必然使富者沦为贫者，贫者更是穷困潦倒。我也万念俱灰，对于欧洲之行几乎不抱期望了。但那天上午我读了厚之的来函，又一次和您的思想密切接触，我遂决定不再任由自己为时局所缚。我决心让我朝思暮想的欧洲之行成为现实，总会寻得办法的。我对自己说，"无论如何我都要在三月份和我的老戈爹重逢"。然而对于我的计划，我的北京同仁几乎无一认同，更别说我的父母了。面对家中二老，我只得旁敲侧击而不敢直言此事。人人都劝说我留在北京，力挺我筹得旅费的声音少之又少。在此我并不意图向你抱怨我先前所处的困境，因为我终究是熬过来了。至于动身离京一事，我也曾踌躇不定。但每每想起我的老戈爹身患疾病而需要我的帮助，我就禁不住湿了眼眶，心神不宁。最终，为了心中的那个念想，我取道白雪皑皑的西伯利亚，匆匆奔赴欧洲（我于 3 月 8 日离京）。我怀揣多么美妙的期待——在最美丽的国度，与老戈爹重逢！（我向热那亚发去了一封电报，告知我的来访，但显然它没能交到您的手中）但事情的结局却出乎我的意料：老戈爹已经不在欧洲了。那时您已离开意大利，其实您在二月份就返回印度了，而我花了差不多两周时间才确认了这个消息。我全然迷失了，一时间竟不知所措。我不远万里而来，却发现我苦苦寻觅之人已经先行离去。可是我对您的担忧胜过一切，我几乎立刻订下前往印度的航程，将意大利和英格兰抛诸脑后，纵使意大利的艺术在吸引我，英格兰的友人在呼唤我。您的来信给予我莫大的安慰，我无比感激。当前我对自己的下一个目的地依然毫无头绪。我已经在意大利待了两个礼拜，在罗马见过了方美济教授，他也盼望您早日返回意大利。我现已来到翡冷翠，寄宿于一座美景如画的山间别墅，房主蒙皓珊是位有修养、心地善良的女士，她对您万分敬仰。这座园子枝繁叶茂，鸟语花香，夜莺的歌声更是令人陶醉。若不是狄更生和英国一众好友一而再再而三地邀我去康桥旧地重游，哪怕是区区几日也好，我可以在这个幽静的绝美之地优哉游哉地住上一辈子。亲爱的老戈爹，请您指点我下一步如何走，是继续待在欧洲等您返回，还是启程前往印度，六月左右在山迪尼基顿和您见面。但我对二者皆有顾虑。我忌惮印度的酷暑，自知身体不够强壮，未必经得住考验。我最迟需在九月回国，倘若您确定在八月份重返意大利，我可以在此等您。一旦您行程有变，务必尽早告知，我会冒着酷暑赴印探望您的，之后再动身回国。我无论如何都想和您见面，即使只是短暂相处。不知这封信需要多久才能寄到您的手上，要是您收悉后向我发来电报，我应当还未离开意大利。若您的身体允许，我渴望您给我回信，只言片语对我而言也是莫大慰藉。您亦可发函至英格兰剑桥国王学院的 G. 洛维斯·狄更生先生，让他将信转交我。来函时切勿忘记告诉我您的健康状况，这正是我最牵肠挂肚的。

以上就是我的全部心声，但愿您能耐心读完。也许南达拉或其他人会把它读给您听。至于恩厚之，他可真是幸运！

他显然过上了幸福的新生活，把老朋友都忘得一干二净了。我给他发过电报，却一直盼不到他的回音。既然他已经交上好运，下一步该做什么呢？他是否会离开印度而投向美国的怀抱，又否以思想为代价去享受财富？也许他不会留在你身边，但我想他是不会忘记您的，老戈爹。他走后由谁来陪伴您呢？安德鲁斯先生或其他人会到欧洲接您吗？我无法想象您要孤身一人返回印度。您得盼咐南达拉写信给我。去年夏天我给他写了信，却从未收到他的回复，一个字也见不着。但愿他美术和教学上两全其美。他极富魅力的性格和沁人心脾的笑脸，中国朋友们至今记忆尤深。卡利达斯和卡利巴布近来如何？他们也从不写信，不过我没有资格则责怪他们，五十步岂能笑百步。我们时常希望种下友谊的种子，这类事情何乐而不为？您的访华之行匆匆结束，但您留给您朋友们的记忆值得毕生铭记。更使人欣慰的是，您与中国所建立的关系，远远超出个人友谊的范畴，它是两国人民之间的心灵纽带。您留下的这段记忆，最终将随种族意识的觉醒而愈加深刻。我们都渴望去印度走一遭，若不是有一些绝非一朝一夕能克服的实际困难，您会惊讶于我们蜂拥一般涌向那郁郁葱葱的恒河两岸。您在中国的朋友和仰慕者得知您身体欠佳后，无不忧心忡忡，并祝愿您迅速康复。其实，他们都希望您有朝一日再次来华。我国的首长段执政曾向我表达过最诚挚的愿望，盼您在不远的将来能再次踏上中国的土地。在此附上林长民先生（徽音的父亲）的信，段执政对您的仰慕之情在信中表达得更加尽致。梁启超先生与张彭春特地向您致候。还有一个在默默爱慕您，她对您的爱慕之深而使我不得不提，她就是女作家凌叔华小姐；您曾给予她恰如其分的赞誉，喜爱她胜于徽音（顺便提一下，徽音仍在美国）。凌小姐为您制作了一顶镶有白玉的精美便帽，还准备了其他物品，作为六十五岁寿辰的贺礼。我盼望届时能到场为您祝寿。我已写得足够多了。热切盼望您的回信。

祝您安康

素思玛

一九二五年四月三十日

通讯处：翡冷翠，美国捷运公司

欧兰度先生转

爱眉小札 （一）

小曼：

这实在是太惨了，怎叫我爱你的不难受？假如你这番深沉的冤曲有人写成了小说故事，一定可使千百个同情的读者滴泪，何况今天我处在这最尴尬最难堪的地位，怎禁得不咬牙切齿的恨，肝肠迸

断的痛心呢？真的太惨了，我的乖，你前生作的是什么孽，今生要
你来受这样惨酷的报应？无端折断一枝花，尚且是残忍的行为，何
况这生生的糟蹋一个最美最纯洁最可爱的灵魂。真是太难了，你的
四周全是铜墙铁壁，你便有翅膀也难飞，咳，眼看着一只洁白美丽
的稚羊让那满面横肉的屠夫擎着利刀向着她刀刀见血的蹂躏谋
杀——旁边站着不少的看客，那羊主人也许在内，不但不动怜惜，
反而称赞屠夫的手段，好像他们都挂着馋涎想分尝美味的羊羔哪！
咳，这简直的不能想，实有的与想象的悲惨的故事我亦闻见过不少，
但我爱，你现在所身受的却是谁都不曾想到过，更有谁有胆量来写？
我倒劝你早些看哈代那本 Jude the Obscure 吧，那书里的女子 Sue 你
一定很可同情她，哈代写的结果叫人不忍卒读，但你得明白作者的
意思，将来有机会我对你细讲。

　　咳，我真不知道你申冤的日子在哪一天！实在是没有一个人能
明白你，不明白也算了，一班人还来绝对的冤你，啊呸，狗屁的礼
教，狗屁的家庭，狗屁的社会，去你们的，青天里白白的出太阳，
这群人血管的水全是冰凉的！我现在可以放怀的对你说，我腔子里
一天还有热血，你就一天有我的同情与帮助；我大胆的承受你的爱，
珍重你的爱，永葆你的爱，我如其凭爱的恩惠还能从我性灵里放射
出一丝一缕的光亮，这光亮全是你的，你尽量用吧！假如你能在我
的人格思想里发现有些许的滋养与温暖，这也全是你的，你尽量使
吧！最初我听见人家诬蔑你的时候，我就热烈的对他们宣言，我说
你们听着，先前我不认识她，我没有权利替她说话，现在我认识了
她，我绝对的替她辩护，我敢说如其女人的心曾经有过纯洁的，她
的就是一个。（Her heart is as pure and unsoiled as any women's heart
can be; and her soul as noble.）现在更进一层了，你听着这分别，先
前我自己仿佛站得高些，我的眼是往下望的，那时我怜你惜你疼你
的感情是斜着下来到你身上的，渐渐的我觉得我的看法不对，我不
应得站得比你高些，我只能平看着你。我站在你的正对面，我的泪

丝的光芒与你的泪丝的光芒针对的交换着，你的灵性渐渐的化入了我的，我也与你一样觉悟了一个新来的影响，在我的人格中四布的贯彻；现在我连平视都不敢了，我从你的苦恼与悲惨的情感里憬悟了你的高洁的灵魂的真际，这是上帝神光的反映，我自己不由得低降了下去，现在我只能仰着头献给你我有限的真情与真爱，声明我的惊讶与赞美。不错，勇敢，胆量，怕什么？前途当然是有光亮的，没有也得叫他有。一个灵魂有时可以到最黑暗的地狱里去游行，但一点神灵的光亮却永远在灵魂本身的中心点着——况且你不是确信你已经找着了你的真归宿，真想望，实现了你的梦？来，让这伟大的灵魂的结合毁灭一切的阻碍，创造一切的价值，往前走吧，再也不必迟疑！

你要告诉我什么，尽量的告诉我，像一条河流似的尽量把他的积聚交给天边的大海，像一朵高爽的葵花，对着和暖的阳光一瓣瓣的展露她的秘密。你要我的安慰，你当然有我的安慰，只要我有我能给；你要什么有什么，我只要你做到你自己说的一句话——"Fight On"——即使运命叫你在得到最后胜利之前碰着了不可躲避的死，我的爱，那时你就死，因为死就是成功，就是胜利。一切有我在，一切有爱在。同时你努力的方向得自己认清，再不容丝毫的含糊，让步牺牲是有的，但什么事都有个限度，有个止境；你这样一朵希有的奇葩，决不是为一对不明白的父母，一个不了解的丈夫牺牲来的。你对上帝负有责任，你对自己负有责任，尤其你对于你新发现的爱负有责任，你已往的牺牲已经足够，你再不能轻易糟蹋一分半分的黄金光阴。人间的关系是相对的，应职也有个道理，灵魂是要救度的，肉体也不能永远让人家侮辱蹂躏，因为就是肉体也是含有灵性的。

总之一句话：时候已经到了，你得 Assert your own personality。你的心肠太软，这是你一辈子吃亏的原因，但以后可再不能过分的含糊了，因为灵与肉实在是不能绝对分家的，要不然 Nora 何必一定

201

得抛弃她的家，永别她的儿女，重新投入渺茫的世界里去？她为的就是她自己人格与性灵的尊严，侮辱与蹂躏是不应得容许的。且不忙慢慢的来，不必悲观，不必厌世，只要你抱定主意往前走，决不会走过头，前面有人等着你。

以后的信，你得好好的收藏起来，将来或许有用，在你申冤出气时的将来，但暂时决不可泄漏，切切！

摩

一九二五年三月三日

小龙：

你知道我这次想出去也不是十二分心愿的，假定老翁的信早六个星期来时，我一定绝无顾恋的想法走了完事①；但我的胸坎间不幸也有一个心，这个脆弱的心又不幸容易受伤，这回的伤不瞒你说又是受定的了，所以我即使走也不免咬一咬牙齿忍着些心痛的。这还是关于我自己的话；你一方面我委实有些不放心，不是别的，单怕你有限的勇气敌不过环境的压迫力，结果你竟许多少不免明知故犯，该走一百里路也只能走满三四十里，这是可虑的。

龙呀：你不知道我怎样深刻的期望你勇猛的上进，怎样的相信你确有能力发展潜在的天赋，怎样的私下祷祝有啊一天叫这浅薄的恶俗的势利的"一般人"开着眼惊讶，闭着眼惭愧——等到那一天实现时，那不仅是你的胜利也是我的荣耀哩！聪明的小曼：千万争这口气才是！我常在身旁自然多少于你有些帮助，但暂时分别也有绝大的好处，我人去了，我的思想还是在着，只要你能容受我的思想。我这回去是补足我自己的教育，我一定加倍的努力吸收可能的滋养，我可以答应你我决不枉费我的光阴与金钱，同时我当然也期

---

① 指泰戈尔写信约徐志摩去意大利会晤。

望你加倍的勤奋，认清应走的方向，做一番认真的工夫试试，我们总要隔了半年再见时彼此无愧才好。你的情形固然不同，但你如其真有深澈的觉悟时，你的生活习惯自然会得改变的，我信 F 也能多少帮助你。

我并不愿意做你的专制皇帝，落后叫你害怕讨厌，但我真想相当的笃饬着你，如其你过分顽皮时，我是要打的吓！有一件事不知你能否做到，如能倒是件有益而且有趣的事，我想要你写信给我，不是平常的写法，我要你当作日记写，不仅记你的起居等等，并且记你的思想情感——能寄给我当然最好，就是不寄也好，留着等我回来时一总看，先生再批分数，你如其能做到这点意思，那我就高兴而且放心了。同时我当然有信给你，不能怎样的密，因为我在旅行时怕不能多写，但我答应选我一路感到的一部分真纯思想给你，总叫你得到了我的消息，至少暂时可以不感觉寂寞，好不好，曼？关于游历方面，我已经答应做《现代评论》的特约通讯员，大概我人到眼到的事物多少总有报告，使我这里的朋友都能分沾我经验的利益。

顶要紧是你得拉紧你自己，别让不健康的引诱摇动你，别让消极的意念过分压迫你，你要知道我们一辈子果然能真相知真了解，我们的牺牲，苦恼与努力，也就不算是枉费的了。

摩

一九二五年三月四日自北京

龙龙：

我的肝肠寸寸的断了，今晚再不好好的给你一封信，再不把我的心给你看，我就不配爱你，就不配受你的爱。我的小龙呀，这实在是太难受了，我现在不愿别的，只愿我伴着你一同吃苦——你方才心头一阵阵的作痛，我在旁边只是咬紧牙关闭着眼替你熬着，龙呀，让你血液里的讨命鬼来找着我吧，叫我眼看你这样生生的受罪，我什么意念都变了灰了！你吃现鲜鲜的苦是真的，叫我怨谁去？

离别当然是你今晚纵酒的大原因，我先前只怪我自己不留意，害你吃成这样，但转想你的苦，分明不全是酒醉的苦，假如今晚你不喝酒，我到了相当的时刻得硬着头皮对你说再会，那时你就会舒服了吗？再回头受逼迫的时候，就会比醉酒的病苦强吗？咳，你自己说的对，顶好是醉死了完事，不死也得醉，醉了多少可以自由发泄，不比死闷在心窝里好吗？所以我一想到你横竖是吃苦，我的心就硬了。我只恨你不该留这许多人一起喝，人一多就糟，要是单是你与我对喝，那时要醉就同醉，要死也死在一起，醉也是一体，死也是一体，要哭让眼泪和成一起，要心跳让你我的胸膛贴紧在一起，这不是在极苦里实现了我们想望的极乐，从醉的大门走进了大解脱的境界，只要我们灵魂合成了一体，这不就满足了我们最高的想望吗？

啊我的龙，这时候你睡熟了没有？你的呼吸调匀了没有？你的灵魂暂时平安了没有？你知不知道你的爱正在含着两眼热泪在这深夜里和你说话，想你，疼你，安慰你，爱你？我好恨呀，这一层的隔膜，真的全是隔膜，这仿佛是你淹在水里挣扎要命，他们却掷下瓦片石块来算是救渡你，我好恨呀！这酒的力量还不够大，方才我站在旁边我是完全准备了的，我知道我的龙儿的心坎儿只嚷着"我冷呀，我要他的热胸膛偎着我，我痛呀，我要我的他搂着我，我倦呀，我要在他的手臂内得到我最想望的安息与舒服！"——但是实际上我只能在旁边站着看，我稍微的一帮助就受人干涉，意思说"不劳费心，这不关你的事，请你早去休息吧，她不用你管！"

哼，你不用我管！我这难受，你大约也有些觉着吧！

方才你接连了叫着，"我不是醉，我只是难受，只是心里苦，"你那话一声声像是钢铁锥子刺着我的心：愤，慨，恨，急的各种情绪就像潮水似的涌上了胸头；那时我就觉得什么都不怕，勇气像天一般的高，只要你一句话出口什么事我都干！为你，我抛弃了一切，只是本分为你，我还顾得什么性命与名誉——真的，假如你方才说出了一半句着边际着颜色的话，此刻你我的命运早已变定了方向都难说哩！

你多美呀，我醉后的小龙，你那惨白的颜色与静定的眉目，使我想象起你最后解脱时的形容，使我觉着一种逼迫赞美崇拜的激震，使我觉着一种美满的和谐——龙，我的至爱，将来你永诀尘俗的俄顷，不能没有我在你的最近的边旁，你最后的呼吸一定得明白报告这世间你的心是谁的，你的爱是谁的，你的灵魂是谁的！龙呀，你应当知道我是怎样的爱你，你占有我的爱，我的灵，我的肉，我的"整个儿"。永远在我爱的身旁旋转着，永久的缠绕着，真的龙龙，你已经激动了我的痴情。我说出来你不要怕，我有时真想拉你一同情死去，去到绝对的死的寂灭里去实现完全的爱，去到普遍的黑暗里去寻求唯一的光明——咳，今晚要是你有一杯毒药在近旁，此时你我竟许早已在极乐世界了。说也怪，我真的不沾恋这形式的生命，我只求一个同伴，有了同伴我就情愿欣欣的瞑目；龙龙，你不是已经答应做我永久的同伴了吗？我再不能放松你，我的心肝，你是我的，你是我这一辈子唯一的成就，你是我的生命，我的诗；你完全是我的，一个个细胞都是我的——你要说半个不字叫天雷死我完事。

我在十几个钟头内就要走了，丢开你走了，你怨我忍心不是？我也自认我这回不得不硬一硬心肠，你也明白我这回去是我精神的与知识的"散拿吐瑾"我受益就是你受益，我此去得加倍的用心，你在这时期内也得加倍的奋斗，我信你的勇气这回就是你试验，实证你勇气的机会，我人虽走，我的心不离开你，要知道在我与你的中间有的是无形的精神线，彼此的悲欢喜怒此后是会相通的，你信不信？（身无彩凤双飞翼，心有灵犀一点通。）我再也不必嘱咐，你已经有了努力的方向，我预知你一定成功，你这回冲锋上去，死了

也是成功！有我在这里，阿龙，放大胆子，上前去吧，彼此不要辜
负了，再会！

摩

一九二五年三月十日早三时自北京

　　我不愿意替你规定生活，但我要你注意缰子一次拉紧了是松不
得的，你得咬紧牙齿暂时对一切的游戏娱乐应酬说一声再会，你干
脆的得谢绝一切的朋友。你得彻底的刻苦，你不能纵容你的 whims，
再不能管闲事，管闲事空惹一身骚；也再不能发脾气。记住，只要
你耐得住半年，只要你决意等我，回来时一定使你满意欢喜，这都
是可能的；天下没有不可能的事——只要你有信心，有勇气，腔子
里有热血，灵魂里有真爱。龙呀！我的孤注就押在你的身上了！

　　再如失望，我的生机也该灭绝了，

　　最后一句话：只有 S 是唯一有益的真朋友。

三月十日早

小曼：

　　好几天没信寄你，但我这几天真是想家的厉害。每晚（白天也
是的）一闭上眼就回北京，什么奇怪的花样都会在梦里变出来。曼，
这西伯利亚的充军，真有些儿苦，我又晕车，看书不舒服，写东西
更烦，车上空气又坏，东西也难吃，这真是何苦来。同车的人不是
带着家眷便是回家去的，他们在车上多过一天便离家近一天，就只
我这傻瓜甘心抛去暖和热闹的北京，到这荒凉境界里来叫苦！

　　再隔一个星期到柏林，又得对付她①了，我口虽硬，心头可是不

---

　　①　指张幼仪。

免发腻。小曼，你懂得不是？这一来柏林又变了一个无趣味的难关，所以总要到意大利等着老头以后，我才能鼓起游兴来玩；但这单身的玩，兴趣终是有限的，我要是一年前出来，我的心里就不同，那时倒是破釜沉舟的决绝，不比这一次身心两处，梦魂都不得安稳。

　　但是曼，你们放心，我决不颓丧，更不追悔，这次欧游的教育是不可少的，稍微吃点子苦算什么，那还不是应该的。你知道我并没有多么不可动摇的大天才，我这两年的文字生活差不多是逼出来的，要不是私下里吃苦，命途上颠仆，谁知道我灵魂里有没有音乐？安乐是害人的，像我最近在北京的生活是不可以为常的，假如我新月社的生活继续下去，要不了两年，徐志摩不堕落也堕落了，我的笔尖上再也没有光芒，我的心上再没有新鲜的跳动，那我就完了——"泯然众人矣"！到那时候我一定自惭形秽，再也不敢谬托谁的知己，竟许在政治场中鬼混，涂上满面的窑煤——咳，那才叫做出丑哩！要知道堕落也得有天才，许多人连堕落都不够资格。我自信我够，所以更危险。因此我力自振拔，这回出来清一清头脑，补足了我的教育再说——爱我的，期望我成才的，都好像是我的恩主，又像债主，我真的又感激又怕他们！小曼，你也得尽你的力量帮助我望清明的天空上腾，谨防我一滑足陷入泥深潭，从此不得救度。小曼，你知道我绝对不慕荣华，不羡名利——我只求对得起我自己。

　　将来我回国后的生活，的确是问题，照我自己理想，简直想丢开北京，你不知道我多么爱山林的清静。前年我在家乡山中，去年在庐山时，我的性灵是天天新鲜天天活动的。创作是一种无上的快乐，何况这自然而然像山溪似的流着——我只要一天出产一首短诗，我就满意。所以我想望欧洲回去后到西湖山里（离家近些）去住几时。但须有一个条件，至少得有一个人陪着我。前年胡适在烟霞洞养病，有他的表妹与他做伴，我说他们是神仙似的生活；我当时很羡慕他们。这种生活——在山林清幽处与一如意友人共处——是我理想的幸福，也是培养，保全一个诗人性灵的必要生活，你说是否，

207

小曼?

朋友像子美他们，固然他们也很爱我器重我，但他们却不了解我——他们期望我做一点事业，譬如要我办报，等等，但他们哪能知道我灵魂的想望？我真的志愿，他们永远端详不到的。男朋友里真期望我的，怕只有张彭春一个，女友里叔华是我一个同志，但我现在只想望"她"能做我的伴侣，给我安慰，给我快乐，除了"她"这茫茫大地上叫我更问谁要去？

这类话暂且不提，我来讲些车上的情形给你听听。我上一封信上不是说在这国际车上我独占一大间卧室舒服极了不是？好，乐极生悲，昨晚就来了报应！昨夜到一个大站，那地名不知有多长，我怎样也念不上来。未到以前就有人来警告我说前站有两个客人上前，你的独占得满期了。我就起了恐慌，去问那和善的老车役，他张着口对我笑笑说："不错，有两个客人要到你房里，而且是两位老太太！"（此地是男女同房的，不管是谁！）我说你不要开玩笑，他说："那你看着，要是老太太还算是你的幸气，在这样荒凉的地方，哪里有好客人来。"过了一程，车到了站。我下去散步回来，果然，房间里有了新来的行李，一只帆布提箱，两个铺盖，一只篾篮装食物的，我看这情形不对，就问间壁房里人来了些什么客人，间壁住了肥美的德国太太，回答我"来人不是好对付的，先生这回怕要受苦了！"不像是好对付的，唉？来了，两位，一矮一高，矮的青脸，高的黑脸，青的穿黑，黑的穿青，一个像老母鸭，一个像猫头鹰，衣襟上都带着列宁小照的御章，分明是红党里的将军！

我马上赔笑脸，凑上去说话，不成，高的那位只会三句英语，青脸的那位一字不提，说了半天，不得要领。再过一歇，他们在饭厅里，我回房，老车役进来铺床，他就笑着问我，"那两位老太太好不好？"我恨恨的说，"别打趣了，我真着急，不知来人是什么路道？"正说时，他掀起一个垫子，露出两柄明晃晃上足子弹的手枪，他就拿在手里，一头笑着说，"你看，他们就是这个路道！"

今天早上醒来，恭喜我的头还是好好的在我的脖子上安着。小曼，你要看了他们两位好汉的尊容，准吓得你心跳，浑身抖擞！俄国的东西贵死了，可恨！车里饭坏的不成话，贵的更不成话，一杯可可五毛钱像泥水，还得看侍者大爷们的嘴脸！地方是真冷，绝不是人住的！一路风景可真美，我想专写一封晨报通信，讲西伯利亚。

小曼，现在我这里下午六时，北京约在八时半，你许正在吃饭，同谁？讲些什么？为什么我听不见？咳！我恨不得——不写了。一心只想到狄更生那里看信去！

志摩

一九二五年三月十八日自西伯利亚途中

小曼：

柏林第一晚。一时半。方才送 C 女士①回去，可怜不幸的母亲，三岁的小孩子只剩了一撮冷灰，一周前死的。她今天挂着两行眼泪等我，好不凄惨；只要早一周到，还可见着可爱的小脸儿，一面也不得见，这是哪里说起？他人缘倒有，前天有八十人送他的殡，说也奇怪，凡是见过他的，不论是中国人德国人，都爱极了他，他死了街坊都出眼泪，没一个不说的不曾见过那样聪明可爱的孩子。曼，你也没福，否则你也一定乐意看见这样一个孩儿的——他的相片明后天寄去，你为我珍藏着吧。真可怜，为他病也不知有几十晚不曾阖眼，瘦得什么似的，她到这时还不能相信，昏昏的只似在梦中过活。小孩儿的保姆比她悲伤更切。她是一个四十左右的老姑娘，先前爱上了一个人，不得回音，足足的痴了这六七年，好容易得着了宝贝，容受他母性的爱；她整天的在他身上用心尽力，每晚每早为他祷告，如今两手空空的，两眼汪汪的，连祷告都无从开口，因为

---

① 指张幼仪。

上帝待她太惨酷了。我今天赶来哭他，半是伤心，半是惨目，也算
是天罚我了。

　　唉！家里有电报去，堂上知道了更不知怎样的悲惨，急切又没
有相当人去安慰他们，真是可怜！曼！你为我写封信去吧，好么？
听说老谷尔也在南方病着，我赶快得去，回头老人又有什么长短，
我这回到欧洲来，岂不是老小两空！而且我深怕这兆头不好呢。

　　C 可是一个有志气有胆量的女子，她这两年来进步不少，独立
的步子已经站得稳，思想确有通道，这是朋友的好处，老 K 的力量
最大，不亚于我自己的。她现在真是"什么都不怕"，将来准备丢几
个炸弹，惊惊中国鼠胆的社会，你们看着吧！

　　柏林还是旧柏林，但贵贱差得太远了，先前花四毛现在得花六
元八元，你信不信？

　　小曼，对你不起，收到这样一封悲惨乏味的信，但是我知道你
一定生气我补这句话，因为你是最柔情不过的，我掉眼泪的地方你
也免不了掉，我闷气的时候你也不免闷气，是不是？

　　今晚与 C 看茶花女的乐剧解闷，闷却并不解。明儿有好戏看，
那是萧伯纳的 Joan Dare，柏林的咖啡（叫 Macoa）真好，Peach
Melba 也不坏，就是太贵。

　　今年江南的春梅都看不到，你多多寄些给我才是！

志摩

一九二五年三月二十六日

小曼：

　　我一个人在伦敦瞎逛，现在在"采花楼"一个人喝乌龙茶等吃
饭。再隔一点钟，去看 John Barrymore 的 Hamlet。这次到英国来就为
看戏。你要一时不得我的信，我怕你有些着急，我也不知怎的总是
懒得动笔，虽则我没有一天不想把那天的经验整个儿告诉你。说也

奇怪，我还是每晚做梦回北京，十次里有九次见着你，每次的情形，总令人难过。真的。像 C 他们说我只到欧洲来了一双腿，"心"不用说，连肠胃都不曾带来，因为我胃口不好！你们那里有谁做梦会见我的魂没有？我也愿意知道。我到现在还不曾接到中国来的单个字；狄更生不在康桥，他那里不知有我的信没有，单怕掉了，我真着急。我想别人也许没有信，小曼你总该有，可是到哪一天才能得到你的信我自己都不知道！我这次来一路上坟送葬，惘惘极了，我有一天想立刻买票到印度去还了愿心完事；又想立刻回头赶回中国，也许有机会与你一同到小林深处过夏去，强如在欧洲做流氓。其实到今天为止我也是没有想定要流到哪里去，感情是我的指南，冲动是我的风！

这是永远是今日不知明日事的办法。印度我总得去，老头在不在我都得去，这比菩萨面前许下的愿心还要紧。照我现在的主意是至迟六月初动身到印度，八九月间可回国，那就快乐了。

我前晚到伦敦的，这里大半朋友全不在，春假旅行去了。只见着那美术家 Roger Fry 译中国诗的 Arthur Waly。昨晚我住在他那里，今晚又得做流氓了。今天看完了戏，明早就回巴黎，张女士等着要跟我上意大利玩去。我们打算先玩威尼斯，再去佛洛伦斯与罗马，她只有两星期就得回柏林去上学，我一个人还得往南；想到 Sicily 去洗澡，再回头来。我这一时一点心的平安都没有，烦极了，"先生"那里信也一封没有着笔，诗半行也没有——如其有什么可提的成绩，也许就只晚上的梦，那倒不少，并且多的是花样，要是有法子理下来时，早已成书了。

这回旅行太糟了，本来的打算多如意多美，泰戈尔一跑，我就没了落儿，我倒不怨他，我怨的他的书记那恩厚之小鬼，一面催我出来，一面让老头回去，也不给我个消息，害我白跑一趟。同时他倒舒服，你知道他本来是个不名一文的光棍，现在可大抖了，他做了 Mrs. Willard Straight 的老爷，她是全世界最富女人的一个，在美

211

国顶有名的。这小鬼不是平地一声雷，脑袋上都装了金了吗？我有电报给他，已经四天了，也不得回电，想是在蜜月里蜜昏了，哪管得我在这儿空宕。

小曼你近来怎样？身体怎样？你的心跳病我最怕，你知道你每日一发病，我的心好像也吊了下去似的。近来发不发？我盼望不再来了。你的心绪怎样？这话其实不必问，不问我也猜着。真是要命，这距离不是假的，一封信来回，至少得四十天，我问话也没有用，还不如到梦里去问吧！说起现在无线电的应用真是可惊，我在伦敦可以听到北京饭店礼拜天下午的音乐或是旧金山市政所里的演说，你说奇不奇？现在德国差不多每家都装了听音机，就是限制（每天报什么时候听什么）并且自己不能发电，将来我想无线电话有了普遍的设备，距离与空间就不成问题了。

比如我在伦敦，就可以要北京电话与你直接谈天，你说多 Wonderful！

在曼殊斐儿坟前写的那张信片到了没有？我想另做一首诗。

但是你可知道她的丈夫已经再娶了，也是一个有钱的女人。那虽则没有什么，曼殊斐儿也不会见怪，但我总觉得有些尴尬，我的东道都输了。你那篇 Something Childish 改好没有？近来做些什么事？英国寒伧的很，没有东西寄给你，到了意大利再寄好玩儿的给你，你乖乖的等着吧！

摩

一九二五年四月十日伦敦

居然被我急出了你的一封信来，我最甜的龙儿！再要不来，我的心跳病也快成功了。让我先来数一数你的信：（1）四月十九，你发病那天一张附着随后来的；（2）五月五号（邮章）；（3）五月十九至二十一（今天才到，你又忘了西伯利亚）；（4）五月二十五英文的。

　　我发的信只恨我没有计数，论封数比你来的多好几倍。在斐伦翠四月上半月至少有十封多是寄中街的；以后，适之来信以后，就由他邮局住址转信，到如今全是的。到巴黎后，至少已寄五六封，盼望都按期寄到。

　　昨天才写信的，但今天一看了你的来信，胸中又涌起了一海的思感，一时哪说得清。第一，我怨我上几封信不该怨你少写信，说的话难免有些怨气，我知道你不会怪我的。但我一想起我的曼已是满身的病，满心的病，我这不尽责的×××，溜在海外，不分你的病，不分你的痛，倒反来怨你笔懒。咳，我这一想起你，我唯一的宝贝，我满身的骨肉就全化成了水一般的柔情，向着你那里流去。我真恨不得剖开我的胸膛，把我爱放在我心头热血最暖处窝着，再不让你遭受些微风霜的侵暴，再不让你受些微尘埃的沾染。曼呀，我抱着你，亲着你，你觉得吗？

　　我在斐伦翠知道你病，我急得什么似的，幸亏适之来了回电，才稍微放心了些。但你的病情的底细，直到今天看了你五月十九至二十一日的信才知道清楚。真苦了你，我的乖！真苦了你。但是你放心，我这次虽然不曾尽我的心，因为不在你的身旁，眼看那特权叫旁人享受了去；但是你放心，我爱！我将来有法子补我缺憾。你与我生命合成了一体以后，日子还长着哩，你可以相信我一定充分酬报你的。不得你信我急，着你信又不由我不心痛。可怜你心跳着，手抖着，眼泪咽着，还得给我写信；哪一个字里，哪一句里，我不看出我曼曼的影子。你的爱，隔着万里路的灵犀一点，简直是我的命水，全世界所有的宝贝买不到这一点子不朽的精诚。我今天要是死了，我是要把你爱我的爱带了坟里去，做鬼也以白做了！你用不着再来叮嘱，我信你完全的爱，我信你比如我信我的父母，信我自己，信天上的太阳；岂止，你早已成我灵魂的一部，我的影子里有你的影子，我的声音里有你的声音，我的心里有你的心；鱼不能没

213

有水，人不能没有氧；我不能没有你的爱。

曼，你连着要我回去。你知道我不在你的身旁，我简直是如坐针毡，哪有什么乐趣？你知道我一天要咬几回牙，顿几回脚，恨不踹破了地皮，滚入了你的交抱；但我还不走，有我踌躇的理由。

曼，我上几封信已经说得很亲切，现在不妨再说过明白。你来信最使我难受的是你多少不免绝望的口气。你身在那鬼世界的中心，也难怪你偶尔的气馁。我也不妨告诉你，这时候我想起你还是与他同住，同床共枕，我这心痛，心血都迸了出来似的！

曼，这在无形中是一把杀我的刀，你忍心吗？你说老太太的"面子"。咳！老太太的面子——我不知道要杀灭多少性灵，流多少的人血，为要保全她的面子！不，不；我不能再忍。曼，你得替我——你的爱，与你自己，我的爱，——想一想哪！不，不；这是什么时代，我们再不能让社会拿我们血肉去祭迷信！Oh! come, Love! assert your passion, let our love conquer; we can't suffer any longer such degradation and humiliation. 退步让步，也得有个止境；来！我的爱，我们手里有刀，斩断了这把乱丝才说话。要不然，我们怎对得起给我们灵魂的上帝！是的，曼，我已经决定了，跳入油锅，上火焰山，我也得把我爱你洁净的灵魂与洁净的身子拉出来。我不敢说，我有力量救你，救你就是救我自己，力量是在爱里；再不容迟疑，爱，动手吧！我在这几天内决定我的行期，我本想等你来电后再走，现在看事情急不及待，我许就来了。但同时我们得谨慎，万分的谨慎，我们再不能替鬼脸的社会造笑话，有勇还得有智，我的计划已经有了。

一九二五年六月二十六日

这过的是什么日子！我这心上压得多重呀！眉，我的眉，怎么好呢？霎那间有千百件事在方寸间起伏，是忧，是虑，是瞻前，是顾后，这笔上哪能写出？眉，我怕，我真怕世界与我们是不能并立的，不是我们把他们打毁成全我们的话，就是他们打毁我们，逼迫我们的死。眉，我悲极了，我胸口隐隐的生痛，我双眼盈盈的热泪，我就要你，我此时要你，我偏不能有你，喔，这难受——恋爱是窭苦，是的，眉，再也没有疑义。眉，我恨不得立刻与你死去，因为只有死可以给我们想望的清静，相互的永远占有。眉，我来献全盘的爱给你，一团火热的真情，整个儿给你，我也盼望你也一样拿整个，完全的爱还我。

世上并不是没有爱，但大多是不纯粹的，有漏洞的，那就不值钱，平常，浅薄。我们是有志气的，决不能放松一屑屑，我们得来一个真纯的榜样。眉，这恋爱是大事情，是难事情，是关生死超生死的事情——如其要到真的境界，那才是神圣，那才是不可侵犯。有同情的朋友是难得的，我们现有少数的朋友，就思想见解论，在中国是第一流。他们如"先生"，如水王，如金——都是真爱你我，看重你我，期望你我的。他们要看我们做到一般做不到的事，实现一般人梦想的境界。他们，我敢说，相信你我有这天赋，有这能力；他们的期望是最难得的，但同时你我负着的责任，那不是玩儿。对己，对友，对社会，对天，我们有奋斗到底，做到十全的责任！眉，你知道我近来心事重极了，晚上睡不着不说，睡着了就来怖梦，种种的顾虑整天像刀光似的在心头乱刺，眉，你又是在这样的环境里嵌着，连自由谈天的机会都没有，咳这真是哪里说起！眉，我每晚睡在床上寻思时，我仿佛觉着发根里的血液一滴滴的消耗，在忧郁的思念中黑发变成苍白。一天廿四时，心头那有一刻的平安——除了与你单独相对的俄顷，那是太难得了。眉，我们死去吧，眉，你知道我怎样的爱你，啊眉！比如昨天早上你不来电话，从九时半到十一时，我简直像是活抱着炮烙似的受罪，心那么的跳，那么的痛，也不知为什么，说你也不信，我躺在榻上直咬着牙，直翻身喘着哪！后来再也忍不住了，自己拿起了电话，心头那阵的狂跳，差一点把

215

我晕了。谁知你一直睡着没有醒，我这自讨苦吃多可笑，但同时你得知道，眉，在恋中人的心里是最复杂的心理，说是最不合理可以，说是最合理也可以。眉，你肯不肯亲手拿刀割破我的胸膛，挖出我那血淋淋的心留着，算是我给你最后的礼物？

今朝上睡昏昏的只是在你的左右。那怖梦真可怕，仿佛有人用妖法来离间我们，把我迷在一辆车上，整天整夜的飞行了三昼夜，旁边坐着一个瘦长的严肃的妇人，像是运命自身，我昏昏的身体动不得，口开不得，听凭那妖车带着我跑，等得我醒来下车的时候有人来对我说你已另订约了。我说不信，你带约指的手指忽在我眼前闪动。我一见就往石板上一头冲去，一声悲叫，就死在地下——正当你电话铃响把我振醒，我那时虽则醒了，但那一阵的凄惶与悲酸，像是灵魂出了窍似的，可怜呀，眉！我过来正想与你好好的谈半句钟天，偏偏你又得出门就诊去，以后一天就完了，四点以后过的是何等不自然局促的时刻！我与适之谈，也是凄凉万状，我们的影子在荷池圆叶上晃着，我心里只是悲惨，眉呀！我心肝的眉呀！你快来伴我死去吧！

一九二五年八月十一日

北京

昨晚不知哪儿来的兴致，十一点钟跑到东花厅，本想与奚若谈天，他买了新鲜核桃、葡萄、莎果、莲蓬请我，谁知讲不到几句话，太太回来了，那就是完事。接着慰慈、梦绿也来了，一同在天井里坐着闲话，大家嚷饿，就吃蛋炒饭，我吃了两碗，饭后就嚷打牌，我说那我就得住夜，住夜就得与慰慈夫妇同床，梦绿连骂"要死快哩，疯头疯脑，"但结果打完了八圈牌，我的要求居然做到，三个人一头睡下，息了灯，绿躲紧在慈的胸前，格支支的笑个不住，我假装睡着，其实他说话等等我全听分明，到天亮都不曾落忽。

眉，娘真是何苦来。她是聪明，就该聪明到底；她既然看出我们俩都是痴情人，容易钟情，她就该得想法大处落墨，比如说禁止你与我往来，不许你我见面，也是一个办法；否则就该承认我们的情分，给我们一条活路才是道理。像这样小鹣鹣的溜着眼珠当着人前提防，多说一句话该，多看一眼该，多动一手该，这可不是真该，实际毫无干系，只叫人不舒服，强迫人装假，真是何苦来。眉，我总说有真爱就有勇气，你爱我的一片血诚，我身体磨成了粉都不能怀疑，但同时你娘那里既不肯冒险，他那里又不肯下决断，生活上也没有改向，单叫我含糊的等着，你说我心上哪能有平安，这神魂不定又哪能做事？因此我不由不私下盼望你能进一步爱我，早晚想一个坚决的办法出来，使我早一天定心，早一天能堂皇的做人，早一天实现我一辈子理想中的新生活。眉，你爱我究竟是怎样的爱法？

我不在时你想我，有时很热烈的想我，那我信；但我不在时你依旧有你的生活，并不是怎样的过不去；我在你当然更高兴，但我所最要知道的是，眉呀，我是否你"完全的必要"，我是否能给你一些世上再没有第二人能给你的东西，是否在我的爱你的爱里你得到了你一生最圆满，最无遗憾的满足？这问题是最重要不过的，因为恋爱之所以为恋爱，就在她那绝对不可改变不可替代的一点；罗米乌爱玖丽德，愿为她死，世上再没有第二个女子能动他的心；玖丽德爱罗米乌，愿为他死，世上再没有第二个男子能占她一点子的情，他们那恋爱之所以不朽，又高尚，又美，就在这里。他们俩死的时候，彼此都是无遗憾的，因为死成全他们的恋爱到完全最圆满的程度，所以这，"Die upon a kiss"是真钟情人理想的结局，再不要别的。反面说，假如恋爱是可以替代的，像是一支牙刷烂了可以另买，衣服破了可以另制，他那价值也就可想。"定情"——the spiritual engagement, the great mutual giving up——是一件伟大的事情，两个灵魂在上帝的眼前自愿的结合，人间再没有更美的时刻——恋爱神圣就在这绝对性，这完全性，这不变性；所以诗人说：

The light of a whole life dies.

When love is done.

　　恋爱是生命的中心与精华；恋爱的成功是生命的成功，恋爱的失败是生命的失败，这是不容疑义的。

　　眉，我感谢上苍，因为你已经接受了我；这来我的灵性有了永久的寄托，我的生命有了最光荣的起点，我这一辈子再不能想望关于我自身更大的事情发现，我一天有你的爱，我的命就有根，我就是精神上的大富翁。因此我不能不切实的认明这基础究竟是多深，多坚实，有多少抵抗浸凌的实力——这生命里多的是狂风暴雨！

　　所以我不怕你厌烦我要问你究竟爱到什么程度？有了我的爱，你是否可以自慰已经得到了生命与生命中的一切？反面说，要没有我的爱，是否你的一生就没有了光彩？我再来打譬喻：你爱吃莲肉，爱吃鸡豆肉；你也爱我的爱！在这几天我信莲肉、鸡豆、爱都是你的需要；在这情形下爱只像是一个"加添的必要"——The additional necessity，不是绝对的必要，比如空气，比如饮食，没了一样就没有命的。有莲时吃莲，有鸡豆时吃鸡豆，有爱时"吃"爱。好，再过几时时新就换样，你又该吃蜜桃，吃大石榴了，那时假定我给你的爱也跟着莲与鸡豆完了，但另有与石榴同时的爱现成可以"吃"——你是否能照样过你的活，照样生活里有跳有笑的？再说明白的，眉呀，我祈望我的爱是你的空气，你的饮食，有了就活，缺了就没有命的一样东西；不是鸡豆，或是莲肉，有时吃固然痛快，过了时也没有多大交关，石榴、柿子、青果跟着来替口味多着吧！眉你知道我怎样的爱你，你的爱现在已是我的空气与饮食，到了一半天不可少的程度，因此我要知道在你的世界里我的爱占一个什么地位？

May, I miss your passionately appealing gazings
and soul-communicating glances which once so overwhelmed
and ingratiated me. Suppose I die suddenly tomorrow
morning. Suppose I come to contract an incurahle disease.
Suppose I cease to love you. Suppose I change my heart and love
somebody else, what then would you feel and what
would you do? These are very cruel supposition. I
know, but all the same I can't help making them, such
being the lover's psychology.
Do you know what would I have done if in my coming
back, I should have found my love no longer mine!
Try and imagine the situation and tell me what you
think.

　　日记已经第六天了，我写上了一二十页，不管写的是什么，你一个字都还没有出世哪！但我却不怪你，因为你真是贵忙；我自己就负你空忙大部分的责。但我盼望你及早开始你的日记，纪念我们同玩厂甸那一个蜜甜的早上。我上面一大段问你的话，确是我每天郁在心里的一点意思，眉你不该答复我一两个字吗？眉，我写日记的时候我的意绪益发蚕丝似的绕着你；我笔下多写一个眉字，我口里低呼一声我的爱，我的心为你多跳了一下。你从前给我写的时候也是同样的情形我知道，因此我益发盼望你继续你的日记，也使我多得一点欢喜，多添几分安慰。

　　我想去买一只玲珑坚实的小箱，存你我这几月来交换的信件，算是我们定情的一个纪念，你意思怎样？

一九二五年八月十四日
北京

219

　　真怪，此刻我的手也直抖擞，从没有过的，眉，我的心，你说怪不怪，跟你的抖擞一样？想是你传给我的，好，让我们同病；叫这剧烈的心震震死了岂不是完事一宗？事情的确是到门了，眉，是往东走或往西走你赶快得定主意才是，再要含糊时大事就变成了玩笑，那可真不是玩！他①那口气是最分明没有的了；那位京友我想一定是双心（手震好了），绝不会第二个人。他现在的口气似乎比从前有主意的多，他已经准备"依法办理"；你听他的话"今年决不拦阻你"。好，这回像人了！他像人，我们还不争气吗？眉，这事情清楚极了，只要你的决心，娘，别说一个，十个也不能拦阻你。我的意思是我们回到南边去（你不愿我的名字混入第一步，固然是你的好意，但你知道那是不成功的，所以与其拖泥带浆还不如走大方的路，来一个干脆，只是情是真的，我们有什么见不得人面的地方？）找着百里做中间人，解决你与他的事情，第二步当然不用提及，虽则谁不明白？眉，你这回真不能再做小孩了，你得硬一硬心，一下解决了这大事，免得成天怀鬼胎过不自然的痛苦的日子。要知道你一天在这尴尬的境地里嵌着，我也心理上一天站不直，哪能真心去做事，害得谁都不舒服，真是何苦来？眉，救人就是自救，自救就是救人。我最恨的是苟且，因循，懦怯，在这上面无论什么事，都是找不到基础的。有志事竟成，没有错儿。奋勇上前吧，眉，你不用怕，有我整个儿在你旁边站着，谁要动你分毫，有我拼着性命保护你，你还怕什么？

　　今晚我认账心上有点不舒服，但我有解释，理由很长，明天见面再说吧。我的心怀里，除了挚爱你的一片热情外，我决不容留任何夹杂的感想；这册爱眉小札里，除了登记因爱而流出的思想外，我也决不愿夹杂一些不值得的成分。眉，我是太痴了，自顶至踵全是爱，你得明白我，眉，得永远用你的柔情包住我这一团的热情，

---

　　①　指王赓，陆小曼当时的丈夫。

决不可有一丝的漏缝，因为那时就有爆裂的危险。

一九二五年八月十六日

北京

　　眉，你救了我，我想你这回真的明白了，情感到了真挚而且热烈时，不自主的往极端方向走去，亦难怪我昨夜一个人发狂似的想了一夜，我何尝成心和你生气，我更不会存一丝的怀疑，因为那就是怀疑我自己的生命，我只怪嫌你太孩子气，看事情有时不认清亲疏的区别，又太顾虑，缺乏勇气。须知真爱不是罪（就怕爱而不真，做到真字的绝对义那才做到爱字），在必要时我们得以身殉，与烈士们爱国，宗教家殉道，同是一个意思。你心上还有芥蒂时，还觉得"怕"时，那你的思想就没有完全叫爱染色，你的情没有到晶莹剔透的境界，那就比一块光泽不纯的宝石，价值不能怎样高的。昨晚那个经验，现在事后想来，自有它的功用，你看我活着不能没有你，不单是身体，我要你的性灵，我要你身体完全的爱我，我也要你的性灵完全的化入我的，我要的是你的绝对的全部——因为我献给你的也是绝对的全部，那才当得起一个爱字。在真的互恋里，眉，你可以尽量，尽性的给，把你一切的所有全给你的恋人，再没有任何的保留，隐藏更不须说；这给，你要知道，并不是给掉，像你送人家一件袍子或是什么，非但不是给掉，这给是真的爱，因为在两情的交流中，给与受再没有分界；实际是你给的多你愈富有，因为恋情不是像金子似的硬性，它是水流与水流的交抱，有明月穿上了一件轻快的云衣，云彩更美，月色亦更艳了。眉，你懂得不是，我们买东西尚且要挑剔，怕上当，水果不要有蛀洞的，宝石不要有斑点的，布绸不要有皱纹的，爱是人生最伟大的一件事实，如何少得一个完全；一定得整个换整个，整个化入整个，像糖化在水里，才是理想的事业，有了那一天，这一生也就有了交代了。

眉，方才你说你愿意跟我死去，我才放心你爱我是有根了；事实不必有，决心不可不有，因为实际的事变谁都不能测料，到了临场要没有相当准备时，原来神圣的事业立刻就变成了丑陋的玩笑。

世间多的是没志气的人，所以只听见玩笑，真的能认真的能有几个人；我们不可不格外自勉。

我不仅要爱的肉眼认识我的肉身，我要你的灵眼认识我的灵魂。

小曼名言："我想一个人想吃，什么东西就得吃得着，也是好过的。"

一九二五年八月十九日
北京

眉，醒起来，眉，起来，你一生最重要的交关已经到门了，你再不可含糊，你再不可因循，你成人的机会到了，真的到了。F 已经把你看作泼水难收，当着生客们的面前，尽量的羞辱你；你再没有志气，也不该犹豫了；同时你自己也看得分明，假如你离成了，决不能再在北京耽下去。我是等着你，天边去，地角也去，为你我什么道儿都欣欣的不踌躇的走去。听着：你现在的选择，一边是苟且，暧昧的图生，一边是认真的生活；一边是肮脏的社会，一边是光荣的恋爱；一边是无可理喻的家庭，一边是海阔天空的世界与人生；一边是你的种种的习惯，寄妈舅母，各类的朋友，一边是我与你的爱。认清楚了这回，我最爱的眉呀，"差以毫厘，谬以千里"，"一失足成千古恨"，你真的得下一个完全自主的决心，叫爱你期望你的真朋友们，一致起敬你才好呢！

眉，为什么你不信我的话，到什么时候你才听我的话！你不信我的爱吗？你给我的爱不完全吗？为什么你不肯听我的话，连极小的事情都不依从我——倒是别人叫你上哪儿你就梳头打扮了快走。你果真是我，不能这样没胆量，恋爱本是光明事。为什么要这样子偷偷的，多不痛快。

眉，要知道你只是偶尔的觉悟，偶尔的难受，我呢，简直是整天整晚的叫忧愁割破了我的心。O May! love me, give me all your love, let us become one; try to live into my love for you, let my love fill you, nourish you, caress your daring body and hug your daring soul too; let my love stream over you, merge you thoroughly, let me rest happy and confident in your passion for me!

> 忧愁他整天拉着我的心，
> 像一个琴师操练他的琴；
> 悲哀像是海礁间的飞涛；
> 看他那汹涌，听他那呼号。

一九二五年八月二十一日
北京

　　前几天真不知是怎样过的，眉呀，昨晚到站时"谭"背给我听你的来电，他不懂得末尾那个眉字，瞎猜是密码还是什么，我真忍不住笑了——好久不笑了眉，你的摩？

　　先生真可人，"一切如意——珍重——眉"多可爱呀，救命王菩萨，我的眉眉！这世界毕竟不是骗人的，我心里又漾着一阵甜味儿，痒齐齐怪难受的，飞一个吻给我至爱的眉，我感谢上苍，真厚待我，眉终究不负我，忍不住又独自笑了。昨夜我住在蒋家，覆去翻来老想着你，哪睡得着，连着蜜甜的叫你嗔你亲你，你知道不我的爱？

　　今天捱过好不容易，直到十一时半你的信才来，阿弥陀佛，我上天了。我一壁开信就见看你肥肥的字迹我就乐想躲着眉，我妈坐在我对桌，我爸躺在床上同声笑着骂了"谁来看你信，这鬼鬼祟祟的干么！"我倒怪不好意思的，念你信时我脸上一定很有表情，一忽儿紧皱着眉头，一忽儿笑逐颜开，妈准递眼风给爸笑话我哪！

　　眉，我真心的小龙，这来才是推开云雾见青天了！我心花怒放

223

就不用提了，眉，我恨不得立刻搂着你，亲你一个气都喘不回来，我的至宝，我的心血，这才是我的好龙儿哪！

你那里是披心沥胆，我这里也打开心肠来收受你的至诚——同时我也不敢不感激我们的"红娘"，他真是你我的恩人——想想当代的圣人做你我的红娘！你我还不争气一些，还不争气一些！

说也真怪，昨天还是在昏沉地狱里坑着的，这来勇气全回来了，你答应了我的话，你给了我交代，我还不听你话向前做事去，眉，你放心，你的摩也不能不给你一个好"交代!"

今天我对百里全讲了，他明白，他说有办法，可不知什么办法！

真厌死人，娘还得跟了来！我本想到南京去接你的，她若来时我连上车站都不便，这多气人，可是我听你话，眉，如今我完全听你话，你要我怎办就怎办，我完全信托你，我耐着——为你眉。

眉，你几时才能再给我一个甜甜的——我急了！

一九二五年九月五日

上海

今晚许见着你，眉，叫我怎样好！郭虞裳说我非但近痴，简直已经痴了。方才爸爸进来问我写什么，我说日记，他要看前面的题字，没法给他看了，他指了指"眉"字，笑了笑，用手打了我一下。爸爸真通人情，前夜我没回家他急得什么似的一晚没睡，他说替我"捏着一大把汗"，后来问我怎样，我说没事，他说"你额上亮着哪"，他又对我说"像你这样年纪，身边女人是应得有一个的，但可不能胡闹，以后，有夫之妇总以少接近为是。"我当然不能对他细讲，点点头算数。

昨晚我叫梦象缠得真苦，眉，你真害苦了我，叫我怎生才是？我真想与你与你们一家人形迹上完全绝交，能躲避处躲避，免不了见面时也只随便敷衍，我恨你的娘刺骨，要不为你爱我，我要叫她认识我的厉害！等着吧，总有一天报复的！

我见人都觉着尴尬，了解的朋友又少，真苦死。前天我急极时忽然想起了 LY 庐隐，她多少是个有侠气的女子，她或能帮忙，比如代通消息，但我现在简直连信都不想给你通了，我这里还记着日记，你那里恐怕连想我都没有时候了，唉，我一想起你那专暴淫蛮的娘！

> 我来扬子江边买一把莲蓬；
> 手剥一层层的莲衣，
> 看江鸥在眼前飞，
> 忍含着一眼悲泪，
> 我想着你，我想着你，阿小龙！
> 我尝一尝莲瓤，回味曾经的温存——
> 那阶前不卷的重帘，
> 掩护着销魂的欢恋，
> 我又听着你的盟言：
> "永远是你的，我的身体，我的灵魂。"
> 我尝一尝莲心，我的心比莲心苦，
> 我长夜里怔忡，
> 挣不开的噩梦；
> 谁知我的苦痛！
> 你害了我，爱，这是叫我如何过？
> 但我不能说你负，更不能猜你变；
> 我心头只是一片柔
> 你是我的！我依旧
> 将你紧紧的抱搂；
> 除非是天翻，但我不能想象那一天！

九月四日
沪宁道上

225

眉，你到底是怎么回事？你眼看着我流泪晶晶的说话的时候，我似乎懂得你，但转瞬间又模糊了；不说别的，就这现亏我就吃定的了，"总有一天报答你"——那一天不是今天，更有那一天？我心只是放不下，我明天还得对你说话。

事态的变化真是不可逆料，难道真有命的不成？昨晚在 M 外院微光中，你铄亮的眼对着我，你温热的身子亲着我，你说"除非立刻跑"那话就像电火似的照亮了我的心，那一刹那间，我乐极，什么都忘了，因为昨天下午你在慕尔鸣路上那神态真叫我有些诧异，你一边咬得那样定，你心里究竟是什么一回事呢？所以我忍不住（怕你真又糊涂了）写了封信给他，亲自跑去送信，本不想见你的，F 昨晚态度倒不错，承他的情，我又占了你至少五分钟，但我昨晚一晚只是睡不着，就惦着怎样"跑"。我想起大连，想叫适之下来帮着我们一点，这样那样尽想，连我们在大连租的屋子，相互的生活，都一一影片似的翻上心来。今天我一早出门还以为有几分希冀，这冒险的意思把我的心搔得直发痒，可万想不到说谎时是这般田地，说了真话还是这般田地，真是麻维勒斯了！这下 F 可露透，他真是乏，他甘心情愿，做开眼的第八，舍不得抛你走，够了。

我心里只是一团谜，我爸我娘直替我着急，悲观得凶，可我又有什么办法？咳眉你不能成心的害我毁我；你今天还说你永远是我的，又偷给我两个吻，在 F 的鼻子底下，我没法不信你，况且你又有那封真挚的信，我怎能不怜着你一点，这生活真是太蹊跷了！

一九二五年九月十一日
上海

我等北京人①来谈过，才许走；这事情又是少不了的关键。我怎

---

① 指张幼仪，当时在北京。

敢迷拗呢？眉眉，你耐着些吧，别太心烦了。有好戏就伴爹娘去看看，听听锣鼓响暂时总可忘忧。说实话，我也不要你老在火炉生得太热的屋子里窝着，这其实只有害处，少有好处；而况你的身体就要阳光与鲜空气的滋补，那比什么神仙药都强。我只收了你两回的信，你近来起居情形怎样，我恨不立刻飞来拥着你，一起翻看你的日记。那我想你总是为在远方的摩摩不断的记着。陆医的药你虽怕吃，娘大约是不肯放松你的。据适之说，他的补方倒是吃不坏的。我始终以为你的病只要养得好就可以复元的；绝妙的养法是离开北京到山里去嗅草香吸清鲜空气；要不了三个月，保你变一只小活老虎。你生性本来活泼，我也看出你爱好天然景色，只是你的习惯是城市与暖屋养成的；无怪缺乏了滋养的泉源，你这一时听了摩摩的话否？早上能比先前早起些，晚上能比先前早睡些否？读书写东西，我一点也不期望你；我只想你在日记本上多留下一点你心上的感想。你信来常说有梦，梦有时怪有意思的；你何不闲着没事，描了一些你的梦痕来给你摩摩把玩？

但是我知道我们都是太私心了，你来信只问我这样那样，我去信也只提眉短眉长，你那边二老的起居我也常在念中。娘过年想必格外辛苦，不过劳否？爸爸呢，他近来怎样，兴致好些否？糖还有否？我深恐他们也是深深的关念我远行人，我想起他们这几月来待我的恩情便不禁泫然欲涕。眉，你我真得知感些，像这样慈爱无所不至的爹娘，真是难得又难得，我这来自己尝着了味道，才明白娘真是了不得，了不得！到我们恋爱成功日，还不该对她磕一万个响头道谢吗？我说："恋爱成功"，这话不免有语病；因为这好像说现在还不曾成功似的。但是亲亲的眉，要知道爱是做不尽的，每天可以登峰，明天还一样可以造极，这不是缝衣，针线有造完工的一天。在事实上呢，当然俗话说的"洞房花烛夜"是一个分明的段落；但你我的爱，眉眉，我期望到海枯石烂日，依旧是与今天一样的风光、鲜艳、热烈。眉眉，我们真得争一口气，努力来为爱做人；也好叫这样疼惜我们的亲人，到晚年落一个心欢的笑容！

我这里事情总算是有结果的。成见的力量真是不小，但我总想凭至情至性的力量去打开他，哪怕他铁山般的牢硬。今午与我妈谈，极有进步，现在得等北京人到后，方有明白结束，暂时只得忍耐。老金与 L 想常在你那里，为我道候，恕不另，梅花香柬到否？

摩祝眉喜

一九二六年二月十八日自上海

眉爱：

今天该是你我欢喜的日子了，我的亲亲的眉眉！方才已经发电给适之，爸爸也写了信给他。现在我把事情的大致讲一讲：我们的家产差不多已经算分了，我们与大伯一家一半。但为家产都系营业，管理仍需统一。所谓分者即每年进出各归各就是了，来源大都还是共同的。例如酱业、银号，以及别种行业。然后在爸爸名下再作为三份开：老辈（爸妈）自己留开一份，幼仪及欢儿立开一份，我们得一份，这是产业的暂时支配法。

第二是幼仪与欢儿问题。幼仪仍居干女儿名，在未出嫁前担负欢儿教养责任，如终身不嫁，欢的一分家产即归她管；如嫁则仅能划取一份奁资，欢及余产仍归徐家，尔时即与徐家完全脱离关系。嫁资成数多少，请她自定，这得等到上海时再说定。她不住我家，将来她亦自寻职业，或亦不在南方；但偶尔亦可往来，阿欢两边跑。

第三：离婚由张公权①设法公布；你们方面亦请设法于最近期内登报声明。

这几条都是消极方面，但都是重要的，我认为可以同意。只要

①　张公权，即张嘉璈，张幼仪的哥哥。

幼仪同意即可算数。关于我们的婚事，爸爸说这时候其实太热，总得等暑后才能去京。我说但我想夏天同你避暑去，不结婚不便。爸说，未婚妻还不一样可以同行？我说但我们婚都没有订。爸说："那你这回回去就订好了。"我说那也好，媒人请谁呢？他说当然适之是一个，幼伟来一个也好。我说那爸爸就写个信给适之吧。爸爸说好吧。订婚手续他主张从简，我说这回通伯叔华是怎样的，他说照办好了。

眉，所以你我的好事，到今天才算磨出了头，我好不快活。今天与昨天心绪大大的不同了。我恨不得立刻回京向你求婚，你说多有趣。闲话少说，上面的情形你说给娘跟爸爸听。我想办法比较的很合理，他们应当可以满意。

但今年夏天的行止怎样呢？爸爸一定去庐山，我想先回京赶速订婚，随后拉了娘一同走京汉下去，也到庐山去住几时。我十分感到暑天上山的必要，与你身体也有关系，你得好好运动娘及早预备！多快活，什么理想都达到了！我还说北京顶好备一所房子，爸说北京危险，也许还有大遭灾的一天。我说那不见得吧！我就说陶太太说起的那所房子，爸似乎有兴趣，他说可以看看去。但这且从缓，好在不急：我们婚后即得回南，京寓布置尽来得及也。我急想回京，但爸还想留住我，你赶快叫适之来电要我赶他动身前去津见面，那爸许放我早走。有事情，再谈吧！

你的欢畅了的摩摩

一九二六年二月二十一日自硖石

眉：

我在适之这里。他新近照了一张相，荒谬！简直是个小白脸儿哪！他有一张送你的，等我带给你。我昨晚独自在硖石过夜（爸妈都在上海）。十二时睡下去，醒过来以为是天亮，冷得不堪，头也

冻，脚也冻，谁知正打三更。听着窗外风声响，再也不能睡熟想爬
起来给你写信。其实冷不过，没有钻出被头勇气。但怎样也睡不着，
又想你，蜷着身子想梦，梦又不来。从三更听到四更，从四更听尽
五更，才又闭了一回眼。早车又回上海来了。北京来人还是杳无消
息。你处也没信，真闷。栈房里人多，连写信都不便；所以我特地
到适之这里来，随便写一点给你。眉眉，有安慰给你，事情有些眉
目了。昨晚与娘舅寄父谈，成绩很好。他们完全谅解，今天许有信
给我爸，但愿下去顺手，你我就登天堂了，妈昨天笑着说我："福气
太好了，做爷娘的是孝子孝到底的了。"但是眉眉，这回我真的过了
不少为难的时刻。也该的，"为我们的恋爱"可不是？昨天随口想诌
几行诗，开头是：

> 我心头平添了一块肉，
> 这辈子算有了归宿！
> 看白云在天际飞。
> 听雀儿在枝上啼。
> 忍不住感恩的热泪，
> 我喊一声天，我从此知足！
> 再不想望更高远的天国！

　　眉眉，这怎好？我有你什么都不要了。文章、事业、荣耀，我
都不要了。诗、美术、哲学，我都想丢了。有你我什么都有了。抱
住你，就比抱住整个的宇宙，还有什么缺陷，还有什么想望的余地？
你说这是有志气还是没志气？你我不知道，娘听了，一定骂。别告
诉她，要不然她许不要这没出息的女婿了。你一定在盼着我回去，
我也何尝不时刻想往眉眉胸怀里飞。但这情形真怕一时还走不了。
怎好？爸爸与娘近来好吗？我没有直接去信，你得常常替我致意。
他们待我真太好了，我自家爹娘，也不过如此。适之在下面叫了，

我们要到高梦旦家吃饭去，明天再写。

摩摩祝眉眉福

正月十一日

眉爱：

只有十分钟写信，迟了今晚就寄不出。我现在在硖石了，与爸爸一同回来的，妈还留在上海，住在何家。今晚我与爸爸去山上住，大约正式的"谈天"该在今晚吧！我伯父日前中了"半肢疯"，身体半边不能活动，方才去看他，谈了一回：所以连写信的时间都没有了。

眉，我还只是满心的不愉快，身体也不好，没有胃口，人瘦的凶，很多人说不认识了，你说多怪。但这是暂时的，心定了就好，你不必替吾着急。今天说起回北京，我说二十遍，爸爸说不成，还得到庐山去哪！我真急，不明白他意思究竟是怎么样！快写信吧！

今晚明天再写！祝你好，盼你信。（还没有！孙延杲的倒来了。）

摩摩吻你

一九二六年七月九日

小眉芳睐：

昨宿西山，三人谑浪笑傲，别饶风趣。七搔首弄姿，竟像煞有介事。海梦呓连篇，不堪不堪！今日更热，屋内升九十三度，<u>坐立不宁</u>，头昏犹未尽去。今晚决赴杭，西湖或有凉风相邀待也。

新屋更须月许方可落成，已决安置冷热水管。楼上下房共二十余间，有浴室二。我等已派定东屋，背连浴室，甚符理想。新屋共安电灯八十六，电料我自去选定，尚不太坏，但系暗线，又已装妥，将来添置不知便否？眉眉爱光，新床左右，尤不可无点缀也。此屋尚费商量，因旧屋前进正挡前门，今想一律拆去，门前五开间，一律作为草地，杂种花木，方可像样。惜我爱卿不在，否则即可相偕着手布置矣，岂不美妙。楼后有屋顶露台，远瞰东西山景，颇亦不恶。不料辗转结果，我父乃为我眉营此香巢；无此固无以寓此娇燕，言念不禁莞尔。我等今夜去杭，后日（十九）乃去天目。看来二十三快车万赶不及，因到沪尚须看好家具陈设，煞费商量也。如此至早须月底到京，与眉聚首虽近，然别来无日不忐忑若失。眉无摩不自得，摩无眉更手足不知所措也。

昨回硖，乃得适之复电，云电码半不能读，嘱重电知。但期已过促，今日计程已在天津，电报又因水患不通，竟无以复电。然去函亦该赶到，但愿冯六处已有接洽，此是父亲意，最好能请到，想六爷自必乐为玉成也。

眉眉，日来香体何似？早起之约尚能做到否？闻北方亦奇热，遥念爱眉独处困守，神驰心塞，如何可言？闻慰慈将来沪，帮丁在君办事，确否？京中友辈已少，慰慈万不能秋前让走；希转致此意，即此默吻眉肌颂儿安好。

摩

一九二六年七月十七日自硖石

眉轩琐语（一）

去年的八月：在苦闷的齿牙间过日子；一整本呕心血的日记，是我给眉的一种礼物，时光改变了一切，却不会抹煞那一点子心血的痕迹，到今天回看时，我心上还有些怔怔的。日记是我这辈子——我不知叫它什么好——每回我心上觉着晃动，口上觉着苦涩，我就想起它。现在情景不同，不仅脸上笑容多，心花也常常开着的。我们平常太容易诉愁诉苦了，难得快活时，倒反不留痕迹。我正因为珍视我这几世修来的幸运，从苦恼的人生中挣出了头，比做一品官，发百万财，乃至身后上天堂，都来得宝贵，我如何能噤默。人说诗文穷而后工，眉也说我快活了做不出东西，我却老大的不信，我要做个样儿给他们看看——快活人也尽有有出息的。

顷翻看宗孟遗墨，如此灵秀，竟遭横折，忆去年八月间（夏历六月十七日）宗孟来，挈眉与我同游南海，风光谈笑，宛在目前，而今不可复得，怅惘何可胜言。

去年今日自香山归，心境殊不平安，记如下："香山去只增添、加深我的懊丧与惆怅，眉眉，没有一分钟过去不带着想你的痴情。眉，上山，听泉，折花，眺远，看星，独步，嗅草，捕虫，寻梦——哪一处没有你，眉，哪一处不惦着你，眉，哪一个心跳不是为着你，眉！"另一段："这时候各人有各人的看法……有绝对怀疑的，有相对怀疑的；有部分同情的，有完全同情的（那很少，除是老金）；有嫉忌的，有阴谋破坏的（那最危险）；有肯积极助成的，有愿消极帮忙的……都有，但是，眉眉听着，一切都跟着你我自身走；只要你我有志气，有意志，有勇敢，加在一个真的情爱上，什么事不成功，真的!"这一年来高山深谷，深谷高山，好容易走上了平阳大道，但君子居安不忘危，我们的前路，难保不再有阻碍，这辈子日子长着哩。但是去年今天的话依旧合用："只要你我有意志，有志向，有勇气，加在一个真的情爱上，什么事不成功，真的。"

这本日记，即使每天写，也怕至少得三个月才写得满，这是说我们的蜜月也包括在内了。但我们为什么一定得随俗说蜜月？爱人们的生活那一天不是带蜜性的，虽则这并不除外苦性？彼此的真相知，真了解，是蜜性生活的条件与秘密，再没有别的了。

一九二六年八月

国民饭店三十七号房：眉去息游别墅了，仲述一忽儿就来。方

233

才念着莎士比亚的 Like as the waves make toward the pebbled shaore 那首叹光阴的《桑内德》，尤其是末尾那两行，使我憬然有所动于中，姑且翻开这册久经疏忽的日记来，给收上点糟粕的糟粕吧。小德小惠不论多么小，只要是德是惠，总是有着落的；华茨华斯所谓 Little kindnesses 别轻视他们，它们各自都替你分担着一部分，不论多微细，人生压迫性的重量。"我替你来拿一点吧，你那儿太沉了"，他即使在事实上并没有替你分劳，（不是他不，也不是你不让：就为这劳是不能分的。）他说这话就够你感激。

昨天离北京，感想比往常的迥绝不同。身边从此有了一个人——究竟是一件大事情，一个大分别；向车外望望，一群带笑容往上仰的可爱的朋友们的脸盘，回身看看，挨着你坐着的是你这一辈子的成绩，归宿。这该你得意，也该你出眼泪，前途是自由吧？为什么不？

一九二六年九月十日

今天是观音生日，也是我眉儿的生日，回头家里几个人小叙，吃斋吃面。眉因昨夜车险吃吓，今朝还有些怔怔的，现在正睡着，歇忽儿也该好了。昨晚菱清说的话要是对，那眉儿你且有得不舒泰哪。

这年头大彻大悟是不会有的，能有的是平旦之气发动的时候的一点子"内不得于已"。德生看相后又有所憬惕于中，在戏院中就发议论，一夜也没有睡好。清早起来就写信给他忘年好友霍尔姆士，他那诚挚澈奋的态度，着实使我感动。"我喜欢德生"，老金说，"因为他里面有火"。霍尔姆士一次信上也这么说来。

德生说我们现在都在堕落中，这样的朋友只能叫做酒肉交，彼此一无灵感，一无新生机，还谈什么"作为"，什么事业。

蜜月已经过去，此后是做人家的日子了。回家去没有别的希冀，除了清闲，译书来还债是第一件事，此外就想做到一个养字。在上养父母（精神的，不是物质的，）与眉养我们的爱，自己养我的身与心。

首次在沪杭道上看见黄熟的稻田与错落的村舍在一碧无际的天空下静着，不由得思想上感着一种解放：何妨赤了足，做个乡下人去，我自己想。但这暂时是做不到的，将来也许真有"退隐"的那一天。现在重要的事情是，前面说过的养字，对人对己的尽职，我身体也不见佳，像这样下去绝没有余力可以做事，我着实有了觉悟，此去乡下，我想找点儿事做。我家后面那园，现在糟得不堪，我想去收拾它，好在有老高与家麟帮忙，每天花它至少两个钟头，不是自己动手就督饬他们弄干净那块地，爱种什么就种什么，明年春天可以看自己手种的花，明年秋天也许可以吃到自己手植的果，那不有意思？至于我的译书工作我也不奢望，每天只想出产三千字左右，只要有恒，三两月下来一定很可观的。三千字可也不容易，至少也得花上五六个钟头，这样下来已经连念书的时候都叫侵了。

一九二六年九月十九日

《闲话》引出来的闲话

西滢在《现代评论》第五十七期的《闲话》里写了一篇可羡慕的妩媚的文章。上帝保佑他以后只说闲话，不再管闲事！这回他写法郎士：一篇写照的文章。一个人容易把自己太看重了。西滢是个傻子；他妄想在不经心的闲话里主持事理的公道，人情的准则。他想用讥讽的冰屑刺灭时代的狂热。那是不可能的。他那武器的分量太小，火烧的力量太大。那还不是危险，就他自己说，单只白费劲。危险是在他自己，看来是一堆冰屑，在不知不觉间，也会叫火焰给灼热了。最近他讨论时事的冰块已经关不住它那内蕴或外染的热

235

气——至少我有这样感觉。冰水化成了沸液，可不是玩，我暗暗的着急。好容易他有了觉悟，他也不来多管闲事了。这，我们得记下，也是"国民革命"成绩的一斑。"阿哥，"他的妹妹一天对他求告，"你不要再做文章得罪人家了，好不好？回头人家来烧我们的家，怎么好？""你趁早把你自己的东西，"闲话先生回答说，"点清了开一个单子给我，省得出了事情以后你倒来向我阿哥报虚账！"

果然他有了觉悟，不再说废话了。本来是，拿了人参汤喂猫，她不但不领情，结果倒反赏你一爪。不识趣的是你自己，当然。你得知趣而且安分——也为你自身的利益着想。你学卫生工程的，努力开阴沟去得了。你学文学的，尽量吹你的莎士比亚葛德法郎士去得了。

西滢的法郎士实在讲得不坏。你看完了他的文章，就比是吃了一个檀香橄榄，口里清齐齐甜迷迷的尝不尽的余甘。法郎士文章的妩媚就在此。卡莱尔一类文章所以不耐咬嚼，正为它们的味道刚是反面，上口是浓烈的，却没有回味，或者，如其有，是油膏的，腻烦的，像是多吃了肥肉。西滢是分明私淑法郎士的，也不止写文章一件事——除了他对女性的态度，那是太忠贞了，几乎叫你联想到中世纪修道院里穿长袍喂鸽子的法兰西士派的"兄弟"们。法郎士的批评，我猜想，至少是不长进！

我很少夸奖人的，但西滢就他学法郎士的文章说，我敢说，已经当得起一句天津话："有根"了。年来我们新文字（还谈不到文学）的尝试不能完全没有成就。慢慢的，慢慢的，这原来看不顺眼的姿态服装看成自然了。这根辫子是剪定的了。多谢这解放了的语言，我们个性的水从此可以顺着水性流，个性的花可以顺着花性开，我们再也不希罕类似豆腐干的四字句文体，类似木排算盘珠的绝律诗体。话里这样说，这草创期见证得到像样的作风，严一点说，能有几多？也是当然的事情。学哪一家，并不是不体面的事情；只要你学个像样，我们决不吝惜我们的拍掌。但就是"学"，也绝不是呆板的模仿，那是没有生命的。你学你得从骨子里，脊髓里学起，不是从外表。就这学，也应分是一种灵魂的冒险。这是一个"卖野人头"的时代。穿上一件不系领结袒开脖子的衬衣，就算是雪莱。会堆砌几个花泡的杂色的词儿，就自命是箕茨。逛窑子的是维龙；抽鸦片的藉口《恶之花》的作者。这些都是庙会场上的西洋景，点缀热闹的必要，也许。

幸而同时也还有少数人知道尊重文字的灵性，肯认真下功夫到这里面去探出一点秘密来。他们也知道这是有报酬的辛苦——远一点，也许。等到驴子们献尽了伎俩的时候，等到猴儿们跳倦了的时候，我们再留神望卖艺的台上看吧。

像西滢这样，在我看来，才当得起"学者"的名词，不是有学问的意思，是认真学习的意思。第一他自己认自己极清楚；他不来妄自尊大，他明白他自己的限度。"想像力我是没有的，耐心我可不是没有的。""我很少得到灵感的助力，我的笔没有抒情的力量。它不会跳，只会慢慢的沿着道儿走。我也从不曾感到过工作的沉醉。我写东西是很困难的。"这是法郎士自述的话；西滢就有同样的情形。他不自居作者；在比他十二分不如的同时人纷纷的刻印专集，诗歌小说戏剧哪一样没有，他却甘心抱着一枝半秃的笔，采用一个表示不争竞的栏题——《闲话》，耐心的训练他的字句。我敢预言，你信不信，到哪天这班出锋头的人们脱尽了锐气的日子，我们这位闲话先生正在从容的从事他那"完工的拂拭"（The finishing touch），笑吟吟的擎着他那枝从铁杠磨成的绣针，讽刺我们情急是多么不经济的一个态度，反面说只有无限的耐心才是天才唯一的凭证。

但我当然只说西滢是有资格学法郎士的。我决不把他来比傍近代文学里最完美的大师，那就几乎是笑话了。他学的是法郎上对人生的态度，在讥讽中有容忍，在容忍中有讥讽；学的是法郎士的"不下海主义"，任凭当前有多少引诱，多少压迫，多少威吓，他还是他的冷静，搅不混的清澈，推不动的稳固，他唯一的标准是理性，

237

唯一的动机是怜悯；学的是法郎士行文的姿态："法郎士的散文像水
品似的透明，像荷叶上露珠的皎洁"，西滢说着这话，我们想见他唾
液都吊出来了！他已经学到了多少都看得见；至于他能学到多少，
那就得看他的天才了——意思是他的耐心。至少，他已经动身上路，
而且早经走上了平稳的大道，他的前途是不易有危险的，只要他精
力够，他一定可以走得很远——他至少可以走到我们从现在住脚处
望不见的地方，我信。

我夸够了。我希望他再继续写他的法郎士，学他的法郎士。乘
便我想在他的法郎士的简笔画上补上一条不易看得见的曲线。法郎
士的耐心，谐趣，倔强，顽皮，装假，他都给淡淡的描上了。他漏
了法郎士的真相。这是一个奇怪的现象，自来没有一个在心灵境界
里工作的，不论是艺术家诗人文人，公认他对他自己一生的满意。
随他在世俗的眼内多么幸运，他只知道苦恼；随他过的日子是多么
热闹，他只知道寂寞；随他在人事里多么得意，他只知道懊丧。密
仡郎其罗，尼采，贝多芬，托尔斯泰，一般人不必说；葛德总算是
幸运的骄儿了吧，可是他晚年对他的朋友 Eckermann 喷着一包眼泪
吐露了他的隐情，他说他一辈子从不曾享受过快乐，从不知道过安
逸。法郎士也来这一手，这是更出奇了。我不知道他一辈子有哪一
件失意事；他有的是盛名，健康，舒服。但是，按勃罗杜的报告：

他叹一声气。

"在全世界上最不幸的生灵是我们人，老话说'人是万物的
主脑'。人是苦恼的主脑，我的朋友，世上有人生这件事是没有
上帝再硬不过的证据。"

"但你是人间最羡慕的一个人呢。准不艳羡你的天才，你的
健康，你的不老的精神。"

"够了，够了！啊，只要你能看到我的灵魂里去，你就会吃
吓的。"他把我的手拿在他的手里，一双发震的火热的手。他对

238

着我的眼睛看。他的眼里满是眼泪。他的面色是枯槁的。他叹着气："在这全宇宙间再没有一个人比我更不快活的。人家以为我快活。我从来没有快活过一天，没有快活过一个时辰。"

再添几句闲话的闲话乘便妄想解围①

我先得告罪我自己的无赖；我擅把岂明先生好意寄给我看看的文章给绑住了。今晚从清华回来，心里直发愁，因为又得熬半夜凑稿子，忽然得到岂明先生的文章好不叫我开心：别说这是骂别人的，就是直截痛快骂我自己的，我也舍不得放它回去，也许更舍不得了。好在来信里有"晨附要登也可以"这句话，所以我敢希冀岂明先生不至过分见怪。

岂明先生再三声明他自己是个水兵，他却把"专门学文学的"字眼加给我。我也得赶快声明——我不但不是专门学文学的，并且严格的说，不曾学过文学。我在康桥仅仅听过"Q"先生几次讲演，跟一个 Sir Thomas Wyatt 的后代红鼻子黄胡子的念过一点莎士比亚，绝不敢承当专门学文学的头衔。说来真也可笑，现在堂堂北京大学英文文学系的几个教师，除了张歆海先生他是真腔直板哈佛大学文学科卒业的博士而外，据我所知道谁都不曾正式学过文学的。温源宁先生是学法律的，林玉堂先生是言语学家，陈源先生是念政治的，区区是——学过银行的你信不信？

这是支话。目前的小问题是我夸奖了西滢的文章，岂明先生不以为然，说我不但夸错，并且根本看错了。按他的意思，似乎把西滢这样人与法郎士放在一起讲（不说相比），已够衰渎神明；但岂明

---

① 此为徐志摩为在《晨报副刊》发表的周作人的《闲话的闲话之闲话》写的评论。

先生却十二分的回护我，只说我天生这傻，看不清事理的真相，别的动机确是没有的。我十二分的感谢，但我也还有话说。既然傻，我就傻到底吧。

先说我那篇闲话的闲话。我那晚提笔凑稿子时，"压根儿"就没忖到这杆笔衾下去是夸奖西滢的一篇东西。我本想再检一点法郎士的牙慧的。碰巧上晚临睡时看了西滢讲法郎士的那篇"新闲话"，我实在佩服他写得干净，玲巧，也不知怎的念头一转涂成了一篇《西滢颂》。我当晚发了稿就睡，心里也没有什么"低哆"。第二天起来想起昨晚写的至少有一句话不妥当。"唯一的动机是怜悯"这话拿给法郎士已经不免遭"此话怎讲"的责问；若说西滢，那简直有些挖苦了。再下，一天绍原就挑我这眼。那实在是骈文的流毒，你仔细看看那全句就知道。但此外我那晚心目中做文章的西滢只是新闲话的西滢；说他对女性忠贞，我也只想起他平时我眼见与女性周旋的神情，压根儿也没想起女师大一类的关系。

我生性不爱管闲事倒是真的。我懒，我怕烦。有人告我这长这短，我也就姑妄听之。逢着是是非非的问题，我实在脑筋太简单，闹不清楚，我也不希罕闹清楚，说实话。我不觉得我负有什么"言责"，因此我想既然不爱管闲事就干脆不管闲事，那绝不至于是犯罪的行为。这来我倒反可以省下一点精力，看我的"红的花，圆的月，树林巾夜叫的发痴的鸟"，兴致来时随口编个赞美歌儿唱唱，也未始不是自得其乐的一道。

每回人来报告说谁在那里骂你了，我就问骂得认真不认真：如其认真我就说何苦来因为认真骂人是生气，生气是多少不卫生的事情；如其不认真我就问写得好玩不好玩，好玩就好，不好玩就不好。我总觉得有几位先生气性似乎太大了一点，尤其是比我们更上年纪的前辈们似乎应得特别保重些才是道理。西滢，我知道，也是个不大好惹的，有人说他一动笔就得得罪人。这道理我不明白，为什么他看出来世上别扭的事情就这么多。西滢说我也有找别扭的时候，但我每回咒或是骂的对象（他说）永远是人类的全体，不指定这个那个个人的。我想我也并没有什么不对，我真的觉得没有一件事情你可以除外你自己专骂旁人的。该骂是某时代的坏风气坏癖气，该骂是人类天成的恶根性。我们心里的心里，你要是有胆量望里看的话，哪一种可能的恶、孽、罪，不曾犯过？谁也不能比谁强得了多少，老实说。我们看得见可以指摘的恶，孽，罪，是极凑巧极偶然的现象，没有什么希奇。拿实例来比喻比喻。现在教育界分明有一派人痛恨痛骂章士钊，又有一派人又在那里嬉笑怒骂骂章行严的人。好了。你退远一步，再退远一步看看，如其章某与骂章某的人的确都有该骂的地方，那从你站远一点的地位看去，你见的只是漆黑的一闪，包裹着章某当然，可是骂他的也同样在它的怀抱中。假如你再退远一步，让你真正纯洁的灵魂脱离了本体往回看的时候，我敢保你见的是那漆黑的一团连你自己也圈进去了。引申这个意义，我们就可以懂得罗曼·罗兰"Above the Battlefield"的喊声。鬼是可怕的：他不仅附在你敌人的身上，那是你瞅得见的，他也附在你自己的身上，这你往往看不到。要打鬼的话，你就得连你自己身上的一起打了去，才是公平。体会了这层意思，我们又可以明白法郎士这类作者笔头上不妨尽量的又酸又刻，骨子里却是一个伟大的悲悯。他们才真的是看透了。"讥讽中有容忍，容忍中有讥讽"，归根说，真不是容易做到的一句话。我前天说西滢学法郎士对人生的态度这般这般，也许无意中含有一种期望的意思（这话乏味透了，我知道），并且在字面上我也只说他想学，并不曾说他已经学到家，那另是一件事了。

话再说回来，我实在始终不明白我们朋友中像岂明与西滢一流人何以有别扭的必要——除非你相信"义人相欺"是一个不可摇拔的根性。不，我不信任他们俩中间（就拿他们俩作比例）有不可弥缝的罅隙！我对于他们俩的学问，一样的佩服，对他们俩的文章，一样的喜欢；对他们俩的品格，一样的尊敬。为什么为对某一件事情因为各人地位与交与不同的缘故发生了不同的看法稍稍龌龊以后，这别扭就得别扭到底，到像真有什么天大的冤仇纠住了他们？不，我相信我们当前真正的敌人与敌性的东西正多着，正该我们合力去扑斗才是，自家尽闹谁都没有好处，真是何苦来！

我说这话不但十九是无效，而且怕是两边都不讨好。我知道，但我不能不说我自己的话，如其得罪我道歉，如其招骂我甘愿。我来做一个最没出息最讨人厌的和事佬，朋友们以为何如？

关于下面一束通信告读者们①

无论如何，我以本刊记者的资格得向读者们道歉，为今天登载这长篇累牍多少不免私人间争执性质的一大束通信。前天西滢来信说有这样一篇文章要我登副刊，我答应了他。但今晚我看过他的来件以后，我却着实的踌躇了一晌。登还是不登，这是问题。

不登的话，我对不起西滢。他这一篇是根据前星期见本刊的周岂明先生的那一篇；周先生的那一篇，又是批评我自己做的那篇《闲话引出来的闲话》。所以这并不是没来历的。并且我事前确已答应替他登的。但登的话，事情可就更麻烦了。我是不主张随便登载对人攻击的来件的，一则因为意气文字往往是无结果，有损无益，二则我个人生性所近，每每妄想拿理性与幽默来消除意气——意气是病象的分数多，健康的分数少，无论如何。这回西滢的意气分明是很盛，谁都看得出。在他个人是为这半年来受尽了旁人对他人身攻击的闲气已经到了忍无可忍的地步，这一放闸再也止不住尽情的冲了出来。他这回放开嗓子痛骂一顿这件事，在一班不当事人看来当然是过分，但我们如其接头这回争执的背景，能替他设身处地想时，也许可以相当同情他满肚子的瘴气。但他这次却不只是抵当，

---

① 此为徐志摩就陈西滢《闲话的闲话之闲话引出来的几封信》写的评论。

他也着力的回击了——他对周氏兄弟两位，尤其是鲁迅先生，丝毫不含糊的回敬了一封原礼。这究竟有好处没有？这来就能两造叫开了不？意气的反响能否是和平？人，到时候谁都不是好惹的，西洋老话说"你平空打一下罗马人，你发现一个野兽"，这样猛烈的攻击看情形绝不会就此结束的。我愁的是双方的怨毒愈结愈深，结果彼此都拿出本性里的骂街婆甚至野兽一类的东西来对付，倒叫旁边看热闹人中间冷心肠的耻笑，热心肠的打寒噤。这下是正得我前天冒昧想出来做和事佬的本愿的反面了吗？说起做和事佬那一段案语，听说我已经在不少朋友心里招受了很大的嫌疑。不提别的，单说西滢今晚附来的一纸信上就有一句提醒的话："你能在后面写一段顶好，不过不要再让人说是纯粹的江浙人才好。"纯粹的江浙人！意思说是油滑，两边袒，没有骨子，乏——说轻一点。因此这也是我自己认真反省一下的机会。我究竟是不想两边讨好，自己懦怯，临着事体不敢说良心话？这不是件小事。既然说到这里，我就不得不撑开了说我的真心话。西滢是我的朋友，并且使我最佩服最敬爱的一个。他的学问、人格都是无可置疑的。他心眼窄一点是有的；说实话，他也是不好惹的。关于他在闲话里对时事的批评，我也是与他同调的时候多，虽则我自己绝没有他那样说闲话的天才与兴会。这是一造。至于他一造，周氏弟兄一面，我与他们私人的交情浅得多；鲁迅先生我是压根儿没有胆仰过颜色的，作人先生是相识的，但见面的机会不多。鲁迅先生的作品，说来大不敬得很，我拜读过很少，就只《呐喊》集里三两篇小说，以及新近因为有人尊他是中国的尼采他的《热风》集里的几页。他平常零星的东西，我即使看也等于白看，没有看进去或是没有看懂。作人先生的作品我也不曾全看。但比鲁迅先生的看的多。他，我也是佩服的，尤其是他的博学。他爱小挑剔，我也知道的，他自己也承认。但因为我根本是一个极粗心的读者，平常文字里有深文周纳乃至些稍隐晦的地方，我就看不出来，不要说骂别人，即使骂我自己，我也是家乡人说的木而瓜之的。例如最近他那篇文章里，事后有人对我说"他岂止骂西滢他也骂苦你了"，我却不去查考，到行间字里去端详；我心头明白并且感觉到的是他有与西滢意见不合因而勃豀的地方，这在我看来不应当是什么深仇大恨，应当可以消解的。也许是我的傻想；无论如何我干下了那一段分明八面不见好的案语。周先生说本来是无围，用不着你解；西滢说得更凶，他说我"分明替他认错，替他回护，他是十二分的不领情，即使他不骂我，将来骂我的人多着哩"。（同时我也得乘便声明，周先生接续两次来信都说他对西滢个人并没有嫌隙，只是不喜欢他论事的态度罢了。）

现在西滢这来，又重新翻起了这整件的讼案；他给他的对方人定了一个言行不一致，捏造事实诬毁人的罪案。并且他文字里牵及的似乎还不止周氏两位。凭我原想出来调和的地位说，这一篇信是不该发表的（凤举先生在一封信尾也曾希望不公布此项函件），因发表了非但无益，并且不免更惹纠纷。但我如其压住了的话，一来我对西滢是失约，二来我更有"纯粹的江浙人"的嫌疑了。怎么，周岂明骂西滢的文章，你抢过来登，反过来西滢的答辩你倒不登，这不是分明怕得罪强者？我为表白我自己起见，决不能这样做。

但副刊是对读者们全体负责任，不是为少数人做喉舌的。我为要不开罪私人朋友，就难免对读者们负歉不是？我不能不踌躇。但踌躇的结果，还是把西滢的来件照登，并且担负这代登的责任。

我的理由是：（一）这场争执虽则表面看性质是私人的，但它所牵连当事人多少都是现代知名人，多少是言论界思想界的领导者，并且这争执的由来是去年教育界最重要的风潮，影响不仅到社会，并且到政治，并且到道德。在两造各执一是的时候，旁边人只觉得迷惑。这事情应分有撑开了根本洗刷一下的必要，如其我们相信是非多少还有标准的话。西滢的地位一向是孤单的，他一个人冷笃笃的说他的闲话，我们都看得见。反面说，骂西滢个人以及西滢所主持的地位的却是极不孤单的，骂的笔不全一枝，骂的机关不止一个。这终究是否西滢实在有犯众怒的地方，还是对方倚仗人多发表机关多特地来压灭这闲话所代表的见解。如其是前一个假定，那西滢是活该，否则我们不曾混入是非旋涡的人应该就事论理来下一个公正的判断。

（二）怨毒是可怕的。私人间稀小的仇恨往往酿成不预料的大祸。酝酿怨毒是危险的；脓疽到时候窝着不开，结果更不得开交。在这场争执里，两方各含积了多少的怨毒是不容讳言的：这绝不是谑，这是干脆的虐。这刀所以是应分当众开的；又为的——

（三）更基本的事实：彼此同是在思想言论界负名望负责任的人，同是对这梦乱的时期负有各尽所长清理改进的责任，同是对在迷途中的青年负有指导警觉的责任。是人就有错误，就有过失，在行为上或是在意见上；我们受教育为的是要训练理智来驾驭本性，涵养性情来节止意气。这并不是说我们因此在在就得贪图和平，处处不露棱角，避免冲突。不，我们在小地方养正是准备在大地方用，一个人如其纯粹为与己无涉的动机为正谊为公道奋斗，我们就佩服他；反过来说，如其一个人的行为或言论包含有私己的情形，那时不论他怎样藉口，我们就不能容许他。例如这一回争执，现在两造都似乎尽情发泄了，我们在旁人应分来查考查考究竟这一场纠纷的背后有没有关联人道的重大问题，值得有血性人们放进他们的力量去奋斗——例如法国的德来福斯的案子，起因虽则小，涵义却至关重要——我们当前的问题是不是同性质的？还是这里面并不包含什么大问题，有的只是两造或是一造弄笔头开玩笑过分了的结果，那好办，说明了朋友还是朋友，本来不是朋友，也不至变成仇敌。

为了这几层理由，我决定登载西滢的来件。本刊也算是一个结束，从我那篇《闲话引出来的闲话》起，经过岂明先生《闲话的闲话之闲话》，到今西滢的总清账止，以后除了有新发明的见解，关于此事辩难性质的来件，恕不登载了。

一月二十九日早四时半

附：西滢致志摩

志摩：

你看我这次生了多大的气！现在自己想来，也觉得有些好笑。这总算是半年来朝晚被人攻击的一点回响，也可以证明我的容忍还没到家。最初人家骂我，我也是像你一般，"问写得好玩不好玩，好玩就好，不好玩便不好"。大约因为好的太少的缘故吧，以后我对于它们都漠然了。可是久而久之，大约因为骂腻了——你想就是鱼翅海参，天天吃也得吃腻，何况这样的东西——又发生了厌恶。现在忍不住的爆发了。譬如在一条又长又狭的胡同里，你的车跟着一辆粪车在慢慢的走，你虽然掩了口鼻，还少不得心中要作恶，一到空旷的地方，你少不得唾两口口涎，呼两口气。我现在的情景正是那样。

二十日周岂明先生的文章，举出来的有两点。第一点又是女师大。我对于女师大的态度你是知道的，用不着多说。在我们看来，利用学生做工具，把她们的学业做牺牲品，去达到有些人的特殊的目的，才"可以叫作卑劣"，不是吗？可是见仁见智，各人尽可以各自保守着自己的见解，不去说它吧。

第二点，是周先生特别"请读者注意"的"正经话"了。有两位名人说了一句什么话，周先生气得小胡子直翘。"总之许多所谓绅士压根儿就没有一点人气，还亏他们恬然自居于正人之列，容我讲一句粗野话，即使这些东西是我的娘舅，我也不认他是一个人。"你觉得到他的神气么？这才是"正人君子"的真面目！你们"这些东西"还不快些滚，让我来坐在这"正人君子"的交椅！可惜查问的结果，那一句什么话就是他自己的作品。其实，在我看来——我相信你一定也同意——我们自己虽然不说这种话，可是偶尔有人在私人谈话的时候说起有几个女学生不大好，也算不得滔天的大罪，用不着即刻就给他一个嘴巴。周先生一定要打嘴巴，结果正打在自己的嘴上。

我也是主张"不打落水狗"的。我不像我们的一位朋友，今天某乙说"不打落水狗"他就说"不打落水狗"，第二天某甲说"要打落水狗"，他又连忙地跟着嚷"要打落水狗"。我见狗既然落了水，就不忍打它了。这也许就是你们说我所有的怜悯吧？此外还有一件事得通知你。我那几封信里用的字眼，都不是自己创造的。我实在没有那样的想象力。不过我觉得，这自然也许是我的偏心，我觉得这些字眼在我用的地方比原来的地方适当得多了。你说怎样？无论如何，在此特别声明一句，省得人家说我侵犯了他们的版权。

　　这一件事牵涉了凤举，是我觉得非常抱歉的事。可是，你要知道，这事与他完全不相干的，虽然他竭力的往身上拉，要想排解这一个纷争。凤举虽然与周先生交情深一点，久一点，究竟是两方面的朋友。他虽然处处很留神，然而要是言者无心，听者有意起来，那么也就很险了。这三四月来，我们没有看见过他，可是要是我们想穿凿附会，吹毛求疵的去骂人，我们也不至于不能在他说过的话里找到很好的材料，不过这种事情我们总还不至于干出来。

　　前面几封信里说起了好几次周岂明先生的令兄，鲁迅，即教育部佥事周树人先生的名字。这里似乎不能不提一提。

　　其实，我把他们一口气说了，真有些冤屈了我们的岂明先生。他与他的令兄比起来，真是小巫见了大巫。有人说他们兄弟俩都有他们贵乡，绍兴的刑名师爷的脾气。这话，岂明先生自己也好像曾有部分的承认。不过，我们得分别，一位是没有做过官的刑名师爷，一位是做了十几年官的刑名师爷。

　　鲁迅先生一下笔就想构陷人家的罪状。他不是减，就是加，不是断章取义，便捏造些事实。他是中国"思想界的权威者"，轻易得罪不得的。我既然说了这两句话，不能不拿些证据来。可是他的文章，我看过了就放进了应该去的地方——说句体己

247

话，我觉得他们就不应该从那里出来——手边却没有。只好随便举一两个例子吧。好在他每篇文章都可以做很好的证据，要是你要看的话。

远一些的一个例。他说我同杨荫榆女士有亲戚朋友的关系，并且吃了她的许多的酒饭。实在呢，我同杨女士非但不是亲戚，简直就完全不认识。直到前年在北师大代课的时候，才在开会的时候见过她五六面。从去年二月起我就没有去代课。我从那时起直到今天，也就没有在任何地方碰到过杨女士。

近一些的一个例。我在《现代评论》增刊里泛论两书的重要。我说孤桐先生在他未下台以前发表的两篇文章里，这一层"他似乎没有看到"。鲁迅先生在前一两期的《语丝》里就轻轻的代我改为"听说孤桐先生倒是想到了这一节，曾经发表过文章，然而下了台了，很可惜"？你看见吗？那刀笔吏的笔尖。

再举一个与我无关的例吧。李仲揆先生是我们相识人中一个最纯粹的学者，你是知道的。新近国立京师图书馆聘他为副馆长。他因为也许可以在北京弄出一个比较完美的科学图书馆来，也就答应了。可是北大的章程，教授不得兼差的。虽然许多教授兼二三个以至五六个重要的差使，李先生却向校长去告一年的假，在告假期内不支薪。他现在正在收束他的功课。他的副馆长的月薪不过二百五十元。你想一想，有几个人肯这样干。然而鲁迅先生却一次再次的说他是"北大教授兼国立京师图书馆长月薪至少五六百元的李四光"。

好了，不举例了。不过你要知道，就是这位鲁迅先生，他是中国"思想界的权威者"，"青年叛徒的首领"。

有人同我说，鲁迅先生缺乏的是一面大镜子，所以永远见不到他的尊容。我说他说错了。鲁迅先生之所以这样，正因为他有了一面大镜子。你听过赵子昂——是不是他？——画马的故事吧？他要画一个姿势，就对镜伏地做出那个姿势来。鲁迅先生的文章也是对了他的大镜子写的，没有一句骂人的话不能应用在他自己的身上。要是你不信，我可以同你打一个赌。

不是有一次一个报馆访员称我们为"文士"吗？鲁迅先生为了那名字几乎笑掉了牙。可是后来某报天天鼓吹他是"思想界的权威者"，他倒又不笑了。

他没有一篇文章里不放几枝冷箭，但是他自己常常的说人"放冷箭"，并且说"放冷箭"是卑劣的行为。

他常常"散布流言"和"捏造事实"，如上面举出来的几个例，但是他自己又常常的骂人"散布流言"，"捏造事实"，而且承认那样是"下流"。

他常常的无故骂人，要是那人生气，他就说人家没有"幽默"。可是要是有人侵犯了他一言半语，他就跳到半天空，骂得你体无完肤——还不肯罢休。

他常常挖苦别人家抄袭。有一个学生抄了沫若的几句诗，他老先生骂得刻骨镂心的痛快。可是他自己的《中国小说史略》却就是根据日本人盐谷温的《支那文学概论讲话》里面的"小说"一部分。其实拿人家的著述做你自己的蓝本，本可以原谅，只要你在书中有那样的声明，可是鲁迅先生就没有那样的声明。在我们看来，你自己做了不正当的事也就罢了，何苦再去挖苦一个可怜的学生，可是他还尽量的把人家刻薄。"窃钩者诛，窃国者侯"，本是自古已有的道理。

他在《出了象牙之塔》的"后记"里，说起不愿译"文学者和政治家"一文的理由。他说"和中国现在的政客官僚们讲论此事，却是对牛弹琴；至于两方面的接近，在北京却时常有，几多丑态和恶行，都在这新而黑暗的阴影中开演，不过还想不出作者所说似的好招牌"，你看这才不愧为"青年叛徒的领袖"！他那一种一见官僚便低头欲呕的神情，活现在纸上。可是，啊，可是他是现任教育部的佥事。据他的自传，他从民国元年便做了教育部的官，从没脱离过。所以袁世凯称帝，他在教育部，曹锟贿选，他在教育部，"代表无耻的袁永彝"做总长，他也在教育部，甚至于"代表无耻的章士钊"免了他的职后，他还大嚷"佥事这一个官儿倒也并不算怎样的'区区'"，怎样有人在他那里钻谋补他的缺，怎样以为无足轻重的人是"慷他人之慨"，如是如是，这样这样……这像"青年叛徒的领袖"吗？其实一个人做官也不大要紧，做了官再装出这样的面孔来可叫人有些恶心了吧。

志摩，不要以为我又生气了。我不过觉得鲁迅先生是我们中间很可研究的一位大人物，所以不免拉扯了一大段罢了。可惜我只见过他一次，不能代他画一幅文字的像——这也是一种无聊的妄想罢了，不要以为我自信能画得出这样心理繁复的人物来。

说起画像，忽然想起了本月二十三日《京报副刊》里林玉堂先生画的《鲁迅先生打叭儿狗图》。要是你没看见过鲁迅先生，我劝你弄一份看看。你看他面上八字胡子，头上皮帽，身上厚厚的一件大氅，很可以表现出一个官僚的神情来。不过林先生的打叭儿狗的想象好像差一点，我以为最好的想象是鲁迅先生张着嘴立在泥潭中，后面立着一群悻悻的狗。"一犬吠影，百犬吠声"，不是俗语么。可是千万不可忘了那叭儿狗，因为叭儿狗能今天跟了黑狗这样叫，明天跟了白狗那样叫，黑夜的时候还能在暗中猛不防的咬人家一口。

不写了，不写了。无聊的话也说够了。以上的二三千字已经够支持人家半年的攻击了。我现在也要说几句正经话了。

常常有人来问我，人家天天攻击我，他们不懂为什么。他们更不懂我为什么不回答。人家为什么攻击，我也不十分明了为什么，可是我为什么不回答，我是有理由的。

中若人私人相骂，谁的声音高就是谁的理由足。所以我

250

宁可受些委屈，不愿意也不能与人相骂。打笔墨官司的时候，谁写得多，骂得下流，捏造得新奇就谁的理由大。所以我也宁可吃些亏，不愿意也不能与人家打官司。第一，我们不会捏造无中生有的事实。第二，我们想不起那样的下流字眼。第三，人家有的是闲工夫，好在衙门里没有别的事可做，我们不做事便没有饭吃。第四，人家能造种种的假名，看来好像人多势众，就是你的所谓朋友也可用了假名来放两枝冷箭，我们却做不出这样的勾当。第五，他们的喽罗也实在多，我们虽然不是不认识人，可是他们既然对我们有几分信任，我们总不肯亦不忍鼓励他们去做这种无聊的事情。第六，他们有的是欢迎谩骂的报纸，我们觉得自己办的一个报纸如只能谩骂，还不如没有。

可是，志摩，还有一个顶大的原因。就是你所说的"漆黑一团"很容易把你围进去。我常常觉得我们现在走的是一条狭窄险阻的小路，左面是一个广漠无际的泥潭，右面也是一片广漠无际的浮砂，前面是遥遥茫茫荫在薄雾的里面的目的地。泥潭里有的是已经陷下去的人，有的在浅处，有的已经没到了口鼻。他们在号着，叫着，笑着，骂着。你要是忍不住他们的诬辱，一停足，一回头，也许就会忘了你的目的地。你要是同他们一较量，你不能不失足，那时你再不设法拔你的脚出来，你也许会陷，陷，陷，直到没头没顶才完毕。这就是我一向不爱与人较量的理由。我觉得我们的才具虽小，我们的学问虽浅薄，究竟也有它们的适当的用处。爝火虽然没有多大的光，可是不能因为有了太阳便妄自菲薄，何况还没有太阳。所以我一向总想兢兢业业的向前走，总想不让暴戾之气占据我的心。可是，志摩，这次也危险得很了！这一次我想，我已经踏了两脚泥！我觉悟了。我大约不再打这样的笔墨官司了。

昨晚因为写另一篇文章，睡迟了，今天似乎有些发热。今

251

天写了这封信，已经疲乏了。就打住吧。希望你恳切的指导我。

源十五，一，二八

结束闲话，结束废话

四光先生：

你这封信来时，前函已经付印，不及删改。你的话沉痛极了，我想与你同感想的人一定不止我一个。实际上前天我们聚餐的时候我们着实讨论了这当今的问题。我们一致认为这场恶斗有从此结束的切要，不但此，以后大家应分引为前鉴，临到意气冲动时不要因为发表方便就此造下笔孽。这不仅是绅士不绅士的问题，这是像受教育人不像的问题。我不后悔我发表西滢这一束通信，因为这叫一般人看到了相骂的一个 Limit。这回的反动分明是不仅从一方面来的。学生们看做他们先生的这样丢丑，忍不住开口说话了。绝对没关系人看了这情形也不耐烦了，例如张克昌君的来件（我这里不登的同性质的来件另有三四起）。两边的朋友们，不消说，简直是汗透重裘了，再不能不想法制止。就是当事人，我想，除非真有神经病的，也应分有了觉悟，觉悟至少这类争论是无谓的。"有了经验的狗"，哈代在一处说，尚且"知道节省他的呼吸，逢着不必叫的时候就耐了下去"（好像是"Far from the Madding Crowd"），何况多少有经验的人，更何况大学的教授们，更何况负有指导青年重责的前辈！

带住！让我们对着混斗的双方喝猛一声。带住！让我们对着我们自己不十分上流的根性猛喝一声。假如我们觉得胳膊里有余力，身体里有余勇要求发泄时，让我们望升华的道上走，现在需要勇士的战场正多着哪，为国家，为人道，为真正的正谊——别再死捧着显微镜，无限的放大你私人的意气！

再声明一句，本刊此后再不登载对人攻击的文字。

致周作人

启明兄：

对不起，今天忙了一整天，直到此刻接到你第三函才有工夫答复。大后天天津有船，我竟许后天就走，虽则满身绊着锁怕不易洒脱。走后副刊托绍原兄，还得请老兄等共同帮忙维持为感。我去少则三星期，多则一月，想回京过灯节哩。

关于这场笔战的事情，我今天与平伯、绍原、今甫诸君谈了，我们都认为有从此息争的必要，拟由两面的朋友们出来劝和，过去的当是过去的，从此大家合力来对付我们真正的敌人，省得闹这无谓的口舌，倒叫俗人笑话。我已经十三分懊怅，前晚不该付印那一大束通信，但如今我非常的欢喜，因为老兄竟能持此温和的态度。至于通伯，他这回发泄已算够了，彼此都说过不悦耳的话，就算两开了吧，看我们几个居中朋友的份上——因为我还是深信彼此间没有结仇的必要。这点极诚恳的意思，千万请你容纳，最好在我动身前再给我一句可以使我放心的话，那我就快活极了！

你那个"订正"我以为也没有必要了，现在再问你的意思，如其可以不发表，我就替你扯了何如？

李四光有一封信，颇有沉痛语，星期三发表，平伯也许有意见，只要彼此放开胸膛，什么事都没有了。

只有令兄鲁迅先生脾气不易捉摸，怕不易调和，我们又不易与他接近，听说我与他虽则素昧平生，并且他似乎嘲弄我几回我并不曾还口，但他对我还像是有什么过不去似的，我真不懂，惶惑极了。我极愿意知道开罪所在，要我怎样改过我都可以，此意有机会希为转致。匆匆不尽言，即颂健福。

致胡适（五）

适之：

许久不通信了，你好？前天在上海碰见经农，知道你不惯西山孤独的过活，又回北京了。我不怪你，在城里也不碍，就怕你没有决心休养——在山里做工也是休养，在城里出门就是累赘。我也做了山中人了！我们这里东山脚下新起一个三不朽祠，供历代乡贤的，我现在住着。此地还算清静，我也许在此过年了。我的一个堂弟伴我住着，蒋复璁也许搬来。我很想读一点书，做一点文字，我听说工作是烦闷的对症药，我所以特地选定了这"鬼窠庐"来试试。前天又被君劢召到上海去了一次。《理想》是决计办了，虽则结果也许是理想的反面，前天开会时（君劢召集的），人才济济的什么都有，恐怕不但唯心或是唯物，就是彼此可以共同的兴趣都很难得。大元帅的旗，同孙文的一样，不见得柱得起来。

Author Waley 有信来提起你，谢谢你的书，他盼望读你的《白话文学史》。他问元朝人的短篇小说有没有集子，他要温庭筠的"侧辞、艳曲"，你知道市上有得卖否，如有我想买一部送他。

Giles 也有信来，很可笑，他把你的《尝试集》当是我的，他翻了那首《中秋》我抄给你：

> The lesser stars have hid their light
>
> the greater, fewer seem;
>
> And yet though shines before us many a
>
> brilliant ray.

When late the moon comes out and

crosses light above the stream,

And turns the river water to anther milky way.

我在北京的旧友都像埋在地下了！

见文伯代我问候。

我谢谢你的太太，为我在西山布置，可惜我没福！

志摩

一九二四年二月

适之：

二函都到。新年来我这个山中人也只是虚有其名。年初三被张歆海召到上海，看旁人（楼光来）成好事。十三那天到杭州踏月看梅，十四回硖，十五又被百里召到上海，昨日回家，今日方才回山。现在口里衔着烟，面对着阳光照着的山坡，又可以写信做事了。我要对你讲的话多而且长，一件一件的来。

…………

好极了，你们又鼓起了做戏的热心，你早说我早到北京了！现在总得过正月廿七，大约二月初总可以会面。我有的是热的心，现在真是理想的机会了。

百里一来我们的《理想》又变了面目，前天在上海决定改组周刊，顶你的《努力》的缺，想托亚东代理，但汪先生在芜湖不曾见面。他们要把这事丢在我身上，我真没有把握，但同时也很想来试试，你能否帮忙，我也想照你《读书杂志》的办法，月初或月尾有增刊，登载长篇论文与译述创作。君劢已经缩小了他的"唯"字的气焰，我要他多做政治学的文章。这事如其有头绪至早也得四月露面，以后再与你详谈。

孟邹屡次催促《曼殊斐儿集》，你的份儿究竟怎样了，我有信给西滢，他也不回音，请你与他赶快了愿才是！！

你的真光见做我早知道了，多谢你见。

候候你的一家门，你的女儿好了没有。

志摩

正月十七

我为什么来办我想怎么办

我早就想办一份报，最早想办《理想月刊》，随后有了"新月社"又想办新月周刊或月刊，没有办成的大原因不是没有人，不是没有钱，倒是为我自己的"心不定"：一个朋友叫我云中鹤，又一个朋友笑我"脚跟无线如蓬转"，我自己也老是"今日不知明日事"的心理，因此这几年只是虚度，什么事都没办成，说也惭愧。我认识陈博生，因此时常替《晨报》写些杂格的东西，去年黄子美随便说起要我去办副刊，我听都没有听；在这社会上办报本来就是没奈何的勾当，一个月来一回比较还可以支持，一星期开一次口已经是极勉强了，每天要说话简直是不可思议——垃圾还可以当肥料用，拿泻药打出来的烂话有什么去路！我当然不听。三月间我要到欧洲去，一班朋友都不肯放我走，内中顶蛮横不讲理的陈博生与黄子美，我急了只得行贿，我说你们放我走我回来时替你们办副刊，他们果然上了当立刻取消了他们的蛮横，并且还请我吃饭饯行。其实我只是当笑话说，那时赌咒也不信有人能牵住我办日报，我心想到欧洲去孝敬他们几封通信也就两开不是？七月间我回来了，他们逼着我要履行前约，比上次更蛮横了，真像是讨债。有一天博生约了几个朋友谈，有人完全反对我办副刊，说我不配，像我这类人只配东飘西荡的偶尔挤出几首小诗来给他们解解闷也就完事一宗；有人进一步说不仅反对我办副刊并且副刊这办法根本就要不得，早几年许是一种投机，现在可早该取消了。那晚陈通伯也在座，他坐着不出声，听到副刊早就该死的话他倒说话了，他说得俏皮，他说他本来也不赞成我办副刊的，他也是最厌恶副刊的一个；但为要处死副刊，趁早扑灭这流行病，他倒换了意见，反而赞成我来办《晨报副刊》，第一步逼死别家的副刊，第二步掐死自己的副刊，从此人类可永免副刊的灾殃。他话是俏皮可是太恭维我了；倒像我真有能力在掐死自己之前逼死旁人似的！那晚还是无结果。后来博生再拿实际的利害来引诱我，他说你不是成天想办报，但假如你另起炉灶的话，管你理想不理想，新月不新月。第一件事你就准备贴钱，对不对？反过来说，副刊是现成的，你来我们有薪水给你，可以免得做游民，岂不是一举两得！这利害的确是很分明，我不能不打算了；但我一想起每天出一张的办法还是脑袋发涨，我说我也愿意帮忙，但日刊其实太难，假如晨报周刊或是甚至三日刊的话，我总可以商量……这来我可被他抓住了，他立即说好，那我们就为你特别想法，你就管三天的副刊那总合式了。我再不好意思拒绝，他们这样的恳切。过一天他又来疏通说三天其实转不过来，至少得四天。我说那我只能在字数里做伸缩，我想尽我能力的限度只能每周管三万多字，实在三天匀不过来的话，那我只能把三天的材料摊成四分，反正多少不是好歹的标准不是？他说那就随你了。这来笑话就变成了实事，我自己可想不到的。但同时我又警告博生，我说我办就办，办法可得完全由我，我爱登什么就登什么，万一将来犯什么忌讳出了乱子累及晨报本身的话，只要我自以为有交代，他可不能怨我；还有一层，在他虽则看起我，以为我办不至于怎样的不堪，但我自问我绝不是一个会投机的主笔，迎合群众心理，我是不来的，谀附言论界的权威者我是不来的，取媚社会的愚暗与褊浅我是不来的；我来只认识我自己，只知对我自己负责任，我不愿意说的话你逼我求我我都不说的，我要说的你逼我求我我都不能不说的。我来就是个全权的记者，但这来为你们报纸营业着想却是一个问题……我们那位大主笔先生还是不信，他最后一句话是"你来办就得了！"

所以我不能不来试试……

我自己是不免开口，并且恐怕常常要开口，不比先前的副刊主任们来得知趣解事，不到必要的时候是很少开口的。我盼望不久就有人厌弃我，这消息传到了我的上司那边，我就有恢复自由的希望了！同时我约了几位朋友常常替我帮忙。我特别要介绍我们朋友里最多才多艺的赵元任先生，他从天上的星到我们肠子里微菌，从广东话到四川话，从音乐到玄学，没有一样不精；他是一个真的通人；但他顶出名的是他的"幽默"，谁要听赵先生讲演不发笑他一定可以进圣庙吃冷肉去！我想给他特开一栏，随他天南地北的乱说，反正他口里没有没趣味的材料。他已经答应投稿；但我为防他懒，所以第一天就替他特别登广告，生生的带住了他再说。老话说的"一将难求"，我这才高兴哪！此外前辈方面，梁任公先生那杆长江大河的笔是永远流不尽的，我们这小报也还得占光他的润泽。张奚若先生，先前《政治学报》的主笔，是一位有名的炮手；我这回也特请他把他的大炮安在顺治门大街的后背。金龙荪傅孟真罗志希几位先生此时还在欧洲，他们的文章我盼望不久也会来光我们的篇幅。我们特请姚茫父余越园先生谈中国美术，刘海粟钱稻孙邓以蛰诸先生谈西洋艺术；余上沅赵太侔先生谈戏剧，闻一多先生谈文学；翁文灏任叔永诸先生专撰科学的论文，萧友梅赵元任先生谈西洋音乐，李济之先生谈中国音乐。上海方面我亲自约定了郭沫若吴德生张东荪诸先生随时来稿；武昌方面，不用说，有我们钟爱的郁达夫与杨金甫。陈衡哲女士也到北京来了，我们常可以在副刊上读她的作品，这也是个可喜的消息；我此时是随笔列举，并不详备；至于我们日常见面的几位朋友，如西林西滢胡适之张歆海陶孟和江绍原沈性仁女士凌淑华女士等更不必我烦言，他们是不会旷课的，万一他们躲懒我要叫他们知道我的夏楚厉害！新近的作者如沈从文焦菊隐于成泽钟天心陈铸鲍廷蔚诸先生也一定常有崭新的作品给我们欣赏。宗白华先生又是一位多方面的学者，他新从德国回来；一位江西谢先生快从法国回来，专研文学的；我盼望他们两位也可以给我们帮助。

这是就我个人相知的说，我们当然更盼望随时有外来精卓的稿件，要不然我们虽则有上面一大串的名字，还是不易支持的。酬报是个问题；我是主张一律给相当酬润的，但据陈博生先生说晨报的经济也很支绌，假如要论文付值的话报馆破产的日子就不在远，我也知道他们的困难，但无论如何我总想法不叫人家完全白做，虽然公平交易的话永远说不上；这一点我倒立定主意想提高，多少不论；靠卖文过活的不必说。拿到一点酬报可以多买一点纸笔，就是不介意稿费的，拿到一点酬劳也算是我们家乡话说的一点"希奇子"，可以多买几包糖炒良乡吃。同时我当然不敢保证进来的稿件都有登的希望，虽则难免遗珠，我这里选择也不得不谨慎，即使我极熟的朋友的来件也一样有得到"退还不用"的快乐。我预先声明保留这点看稿的为难的必要，我永远托庇你们的宽容。

迎上前去①

这回我不撒谎，不打隐谜，不唱反调，不来烘托；我要说几句至少我自己信得过的话，我要痛快的招认我自己的虚实，我愿意把我的花押画在这张供状的末尾。

我要求你们大量的容许，准我在我第一天接手《晨报副刊》的时候，介绍我自己，解释我自己，鼓励我自己。

今天碰巧是我这辈子一个转向的日子，我新近经验过在我算是严重、惨刻、极痛心的经验：这经验撼动我全身的纤维，像大风摇动一株孤立的树，在这剧震中谁知道掉下多少不曾焦透的叶子？但

---

① 徐志摩接手《晨报副刊》后的自白。

我却因此得到一种心地的清明，近年来不曾尝味过的；因此我敢放胆地说我要说的话：我的呼吸这时候是洁净的，我的嗓音是浏亮的，像大风雨后的天气，原有的荒秽与杂质都叫大自然的震怒洗刷一个净尽，我此时觉着在受重伤的过去的我里，重新透出了一团新来的勇气，一部新来的健康；一个更确定的我，更倔强的我，更有力的我。

我相信真的理想主义者是受得住眼看他往常保持着的理想萎成灰，碎成断片，烂成泥，在这灰这断片这泥的底里他再来发现他更伟大、更光明的理想。我就是这样的一个。

只有信生病是荣耀的人们才来不知耻的高声嚷痛；这时候他听着有脚步声，他以为有帮助他的人向着他来，谁知是他自己的灵性离了他去！真有志气的病人，在不能自己豁脱苦痛的时候，宁可死休，不来忍受医药与慈善的侮辱。我又是这样的一个。

我们在这生命里到处碰头失望，连续遭逢"幻灭"，头顶只见乌云，地下满是黑影；同时我们的年岁、病痛、工作、习惯，恶狠狠的压上我们的肩背，一天重似一天，在无形中嘲讽的呼喝着，"倒，倒，你这不量力的蠢才！"因此你看这满路的倒尸，有全死的，有半死的，有爬着挣扎的，有默无声息的……嘿！生命这十字架，有几个人抗得起来？

但生命还不是顶重的担负，比生命更重实更压得死人的是思想那十字架。人类心灵的历史里能有几个天成的孟贲乌育？在思想可怕的战场上我们就只有数得清有限的几具光荣的尸体。

我不敢非分的自夸；我不够狂，不够妄。我认识我自己力量的止境，但我却不能制止我看了这时候国内思想界萎瘘现象的愤懑与羞恶。我要一把抓住这时代的脑袋，问他要一点真思想的精神给我看看——不是借来的税来的冒来的描来的东西，不是纸糊的老虎，摇头的傀儡，蜘蛛网幕面的偶像；我要的是筋骨里迸出来，血液里激出来，性灵里跳出来，生命里震荡出来的真纯的思想。我不来问他要，是我的懦怯；他拿不出来给我看，是他的耻辱。朋友，我要你选定一边，假如你不能站在我的对面，拿出我要的东西来给我看，你就得站在我这一边，帮着我对这时代挑战。

我预料有人笑骂我的大话。是的，大话。我正嫌这年头的话太小了，我们得造一个比小更小的字来形容这年头听着的说话，写下印成的文字；我们得请一个想象力细致如史魏夫脱（Dean Swift）的来描写那些说小话的小口，说尖话的尖嘴。一大群的食蚁兽！他们最大的快乐是忙着他们的尖喙在泥土里垦寻细微的蚂蚁。蚂蚁是吃不完的，同时这可笑的尖嘴却益发不住的向尖的方向进化，小心再隔几代连蚂蚁这食料都显太大了！

我不来谈学问，我不配，我书本的知识是真的十二分的有限。年轻的时候我念过几本极普通的中国书，这几年不但没有知新，温故都说不上，我实在是固陋，但我却抱定孔子的一句话"知之为知之，不知为不知，是知也"，决不来强不知为知；我并不看不起国学与研究国学的学者，我十二分尊敬他们，只是这部分的工作我只能艳羡的看他们去做，我自己恐怕不但今天，竟许这辈子都没希望参加的了。外国书呢？看过的书虽则有几本，但是真说得上"我看过的"能有多少，说多一点，三两篇戏，十来首诗，五六篇文章，不过这样罢了。

科学我是不懂的，我不曾受过正式的训练，最简单的物理化理，都说不明白，我要是不预备就去考中学校，十分里有九分是落第，你信不信！天上我只认识几颗大星，地上几棵大树！这也不是先生教我的；先生那里学来的，十几年学校教育给我的，究竟有些什么，我实在想不起，说不上，我记得的只是几个教授可笑的嘴脸与课堂里强烈的催眠的空气。

我人事的经验与知识也是同样的有限，我不曾做过工；我不曾尝味过生活的艰难，我不曾打过仗，不曾坐过监，不曾进过什么秘密党，不曾杀过人，不曾做过买卖，发过一个大的财。

261

所以你看，我只是个极平常的人，没有出人头地的学问，更没有非常的经验。但同时我自信我也有我与人不同的地方。我不曾投降这世界。我不受它的拘束。

我是一只没笼头的野马，我从来不曾站定过。我人是在这社会里活着，我却不是这社会里的一个，像是有离魂病似的，我这躯壳的动静是一件事，我那梦魂的去处又是一件事。我是一个傻子，我曾经妄想在这流动的生里发现一些不变的价值，在这打谎的世上寻出一些不磨灭的真，在我这灵魂的冒险是生命核心里的意义；我永远在无形的经验的巉岩上爬着。

冒险——痛苦——失败——失望，是跟着来的，存心冒险的人就得打算他最后的失望；但失望却不是绝望，这分别很大。我是曾经遭受失望的打击，我的头是流着血，但我的脖子还是硬的；我不能让绝望的重量压住我的呼吸，不能让悲观的慢性病侵蚀我的精神，更不能让厌世的恶质染黑我的血液。厌世观与生命是不可并存的；我是一个生命的信徒，初起是的，今天还是的，将来我敢说，也是的。我决不容忍性灵的颓唐，那是最不可救药的堕落，同时却继续躯壳的存在；在我，单这开口说话，提笔写字的事实，就表示后背有一个基本的信仰，完全的没破绽的信仰；否则我何必再做什么文章，办什么报刊？

但这并不是说我不感受人生遭遇的痛创；我绝不是那童骏性的乐观主义者；我决不来指着黑影说这是阳光，指着云雾说这是青天，指着分明的恶说这是善；我并不否认黑影、云雾与恶，我只是不怀疑阳光与青天与善的实在；暂时的掩蔽与侵蚀，不能使我们绝望，这正应得加倍的激动我们寻求光明的决心。前几天我觉着异常懊丧的时候无意中翻着尼采的一句话，极简单的几个字却涵有无穷的意义与强悍的力量，正如天上星斗的纵横与川的经纬，在无声中暗示你人生的奥义，祛除你的迷惘，照亮你的思路，他说"受苦的人没有悲观的权利"（The sufferer has no right to pessimism），我那时感受一种异样的惊心，一种异样的彻悟：

> 我不辞痛苦，因为我要认识你，上帝；
> 我甘心，甘心在火焰里存身，
> 到最后那时辰见我的真，
> 见我的真，我定了主意，上帝，再个迟疑！

所以我这次从南边回来，决意改变我对人生的态度，我写信给朋友说这来要来认真做一点"人的事业"了：

> 我再不想成仙，蓬莱不是我的分；
> 我只要这地面，情愿安分的做人。

在我这"决心做人，决心做一点认真的事业"，是一个思想的大转变；因为先前我对这人生只是不调和不承认的态度，因此我与这现世界并没有什么相互的关系，我是我，它是它，它不能责备我，我也不来批评它。但这来我决心做人的宣言却就把我放进了一个有关系，负责任的地位，我再不能张着眼睛做梦，从今起得把现实当现实看：我要来察看，我要来检查，我要来清除，我要来颠扑，我要来挑战，我要来破坏。

人生到底是什么？我得先对我自己给一个相当的答案。人生究竟是什么？为什么这形形色色的，纷扰不清的现象——宗教、政治、社会、道德、艺术、男女、经济？我来是来了，可还是一肚子的不明白，我得慢慢的看古玩似的，一件件拿在手里看一个清切再来说话，我不敢保证我的话一定在行，我敢担保的只是我自己思想的忠实，我前面说过我的学识是极浅陋的，但我却并不因此自馁，有时学问是一种束缚，知识是一层障碍，我只要能信得过我能看的眼，能感受的心，我就有我的话说；至于我说的话有没有人听，有没有人懂，那是另外一件事我管不着了——"有的人身死了才出世的"，谁知道一个人有没有真的出世那一天？

是的，我从今起要迎上前去！生命第一个消息是活动，第二个消息是搏斗，第三个消息是决定；思想也是的，活动的下文就是搏斗。搏斗就包含一个搏斗的对象，许是人，许是问题，许是现象，许是思想本体。一个武士最大的期望是寻着一个相当的敌手，思想家也是的，他也要一个可以较量他充分的力量的对象，"攻击是我的本性，"一个哲学家说，"要与你的对手相当——这是一个正直的决斗的第一个条件。你心存鄙夷的时候你不能搏斗。你占上风，你认定对手无能的时候你不应当搏斗。我的战略可以约成四个原则：——第一，我专打正占胜利的对象——在必要时我暂缓我的攻击等他胜利了再开手；第二，我专打没有人打的对象，我这边不会有助手，我单独的站定一边——在这搏斗中我难为的只是我自己；第三，我永远不来对人的攻击——在必要时我只拿一个人格当显微镜用，借它来显出某种普遍的，但却隐遁不易踪迹的恶性；第四，我攻击某事物的动机，不包含私人嫌隙的关系，在我攻击是一个善意的，而且在某种情况下，感恩的凭证。"

这位哲学家的战略，我现在僭引作我自己的战略，我盼望我将来不至于在搏斗的沉酣中忽略了预定的规律，万一疏忽时我恳求你们随时提醒。我现在戴我的手套去！

灾后小言

副刊多少不免寄生性质。报馆叫一把火烧了，正张出不了版，副刊也只得跟着不作声；正张醒了，副刊也只得跟着爬起来。出事以后，朋友见面第一句是慰唁，第二句是恭喜：恭喜我平空到手了几天假！《晨报》这回本来是不该停版的；欧战时伦敦一家大报馆叫德国齐伯林飞船一丸子给毁了，全毁了，可是明早上照例出报，只多了一条本报馆被炸的新闻。中国人到底脆弱，养太娇了，经不起风浪，一动活就喘不过气来。烧《晨报》的火神爷心肠还是不够辣；该毁的没有毁，机器稿子全给留了，不该毁的倒给毁了，馆员们的衣服，听差们的被褥，厨子的家当，会客室里新制的一套沙发，壁上挂的画片，全没了。所以只要我们摇笔杆儿的先生们有勇气，当晚爬进火堆里去喊齐馆员们工人们来吩咐：只当没有这回事，明儿照例出报，自家铅字乱了，就拿到别家印去，那时订报的买主们就不会白损失这星期的报，这不就合了一句老话，大事化成小事，小事化成无事了吗？原来这年头我们全犯了神经过敏一类的病，往往拿着显微镜看事情，什么都给看大了：偶尔的得意，耗子爬上米仓瞪眼珠，猫儿站在屋尖上竖尾巴一类的骄傲，做贼的爬进了洞捞着货又爬出了洞稳稳的得胜回家一类的锋头，算什么，真算什么！我们身子尽可以进小胡同踹烂泥闻臭味儿，可不要忘了头顶还有天，青青无底的天，白天照着太阳，晚上亮着星，永久的威严，不变的光明；我们身子尽可以钻进破帐子烂被封里去胡乱睡着，可别忘了心窝底里还有一个良心，一个哲学家迂腐的叫作道德的命令，它也是与天光一样永远在着，你兽性发作的时候尽可以杀人放火为非作奸的干去，回头还可以自夸英雄好汉，可是到时候它就会来报复，掐着你，追着你，斗着你，叫你偌大世界没缝儿躲去，什么人为的刑罚都没有它凶，没有它正确。什么都是虚荣；什么不是虚荣？这年头还是学地上草顶合式，静静的躺着，人家爱踹就让踹，踹不倒是运气好，踹倒了也还不是该？

我记得我接手副刊的时候有人说起凡是副刊全要不得，全该取消；这回差点儿连正刊都给取消了！有一位朋友提什么火烧不火烧，就有人顶着嚷宣武门外火起了，你们看着！谁知竟成了谶语，果然遭了火，您说这巧不巧？现在又上场了；朋友中有气愤的，要我以后把笔尖深深的往毒液里浸透了再来写，丹农雪乌说的"喊响些，大声的喊，叫天上的云发震，叫地下的畜生们也发震"；有谨慎的再三嘱咐我须要小心了，别逞笔头意气惹祸招殃，犯不着。我倒是不慌，也不急，火烧得了木头盖的屋子，可烧不了我心头无形的信仰，我生平经验虽则不深，可是人事肤浅的变异轻易也骇不了我，吓不倒我，我就自恨天生力量不够大，理智不够锐，感情不够烈，笔力不够强，但相当内心的平衡，我希冀，总还可以保持。本副刊以后选稿的标准还是原先的标准：思想的独立与忠实，不迎合照旧不迎合，不谀附照旧不谀附，不合时宜照旧不合时宜。世上不少明白的人，不少纯洁的心，不愁没有同情的感召，不愁没有价值的认识，迟早间——凭着这点子信心，我今天再来继续我的摇笔杆儿的生活。

再　剖

　　你们知道喝醉了想吐吐不出或是吐不爽快的难受不是？这就是我现在的苦恼；肠胃里一阵阵的作恶，腥腻从食道里往上泛，但这喉关偏跟你别扭，它捏住你，逼住你，逗着你——不，它且不给你痛快哪！前天那篇《自剖》，就比是哇出来的几口苦水，过后只是更难受，更觉着往上冒。我告你我想要怎么样。我要孤寂：要一个静极了的地方——森林的中心，山洞里，牢狱的暗室里——再没有外界的影响来逼迫或引诱你的分心，再不须计较旁人的意见，喝彩或是嘲笑；当前唯一的对象是你自己：你的思想，你的感情，你的本性。那时它们再不会躲避，不会隐遁，不会装作；赤裸裸的听凭你察看，检验，审问。你可以放胆解去你最后的一缕遮盖，袒露你最自怜的创伤，最掩讳的私褒。那才是你痛快一吐的机会。

　　但我现在的生活情形不容我有那样一个时机。白天太忙（在人前一个人的灵性永远是蜷缩在壳内的蜗牛）；到夜间，比如此刻，静是静了，人可又倦了，惦着明天的事情又不得不早些休息。啊，我真羡慕我台上放着那块唐砖上的佛像，他在他的莲台上瞑目坐着，什么都摇不动他那入定的圆澄。我们只是在烦恼网里过日子的众生，怎敢企望那光明无碍的境界！有鞭子下来，我们躲；见好吃的，我们垂涎；听声响，我们着忙；逢着痛痒，我们着恼。我们是鼠、是狗、是刺猬、是天上星星与地上泥土间爬着的虫。哪里有工夫，即使你有心想亲近你自己？哪里有机会，即使你想痛快的一吐？

前几天也不知无形中经过几度挣扎，才呕出那几口苦水，这在我虽则难受还是照旧，但多少总算是发泄。事后我私下觉得愧悔，因为我不该拿我一己苦闷的骨鲠，强读者们陪着我吞咽。是苦水就不免熏蒸的恶味。我承认这完全是我自私的行为，不敢望恕的。我唯一的解嘲是这几口苦水的确是从我自己的肠胃里呕出——不是去脏水桶里舀来的。我不曾期望同情，我只要朋友们认识我的深浅——（我的浅?）我最怕朋友们的容宠容易形成一种虚拟的期望；我这操刀自剖的一个目的，就在及早解卸我本不该扛上的担负。

是的，我还得往底里挖，往更深处剖。

最初我来编辑副刊，我有一个愿心。我想把我自己整个儿交给能容纳我的读者们，我心目中的读者们，说实话，就只这时代的青年。我觉着只有青年们的心窝里有容我的空隙，我要偎着他们的热血，听他们的脉搏。我要在我自己的情感里发见他们的情感，在我自己的思想里反映他们的思想。假如编辑的意义只是选稿、配版、付印、拉稿，那还不如去做银行的伙计——有出息得多。我接受编辑晨副的机会，就为这不单是机械性的一种任务。（感谢晨报主人的信任与容忍），晨副变了我的喇叭，从这管口里我有自由吹弄我古怪的不调谐的音调，它是我的镜子，在这平面上描画出我古怪的不调谐的形状。我也决不掩讳我的原形：我就是我。记得我第一次与读者们相见，就是一篇供状。我的经过，我的深浅，我的偏见，我的希望，我都曾经再三的声明，怕是你们早听厌了。但初起我有一种期望是真的——期望我自己。也不知那时间为什么原因我竟有那活棱棱的一副勇气。我宣言我自己跳进了这现实的世界，存心想来对准人生的面目认他一个仔细。我信我自己的热心（不是知识）多少可以给我一些对敌力量的。我想拼这一天，把我的血肉与灵魂，放进这现实世界的磨盘里去捱，锯齿下去拉，——我就要尝那味儿！只有这样，我想，才可以期望我主办的刊物多少是一个有生命气息的东西；才可以期望在作者与读者间发生一种活的关系；才可以期望读者们觉着这一长条报纸与黑的字印的背后，的确至少有一个活着的人与一个动着的心，他的把握是在你的腕上，他的呼吸吹在你的脸上，他的欢喜，他的惆怅，他的迷惑，他的伤悲，就比是你自己的，的确是从一个可认识的主体上发出来的变化——是站在台上人的姿态，不是投射在白幕上的虚影。

并且我当初也并不是没有我的信念与理想。有我崇拜的德性，有我信仰的原则。有我爱护的事物，也有我痛疾的事物。往理性的方向走，往爱心与同情的方向走，往光明的方向走，往真的方向走，往健康快乐的方向走，往生命，更多更大更高的生命方向走——这是我那时的一点"赤子之心"。我恨的是这时代的病象，什么都是病象：猜忌、诡诈、小巧、倾轧、挑拨、残杀、互杀、自杀、忧愁、作伪、肮脏。我不是医生，不会治病；我就有一双手，趁它们活灵的时候，我想，或许可以替这时代打开几扇窗，多少让空气流通些，浊的毒性的出去，清醒的洁净的进来。

但紧接着我的狂妄的招摇，我最敬畏的一个前辈（看了我的吊刘叔和文）就给我当头一棒：

……既立意来办报而且郑重宣言"决意改变我对人的态度"，那么自己的思想就得先磨冶一番，不能单凭主觉，随便说了就算完事。迎上前去，不要又退了回来！一时的兴奋，是无用的，说话越觉得响亮起劲，跳蹦有力，其实即是内心的虚弱，何况说出衰颓懊丧的语气，教一般青年看了，更给他们以可怕的影响，似乎不是志摩这番挺身出马的本意！……

迎上前去，不要又退了回来！这一喝这几个月来就没有一天不在我"虚弱的内心"里回响。实际上自从我喊出"迎上前去"以后，即使不曾撑开了往后退，至少我自己觉不得我的脚步曾经向前挪动。今天我再不能容我自己这梦梦的下去。算清亏欠，在还算得清的时候，总比窝着混着强。我不能不自剖。冒着"说出衰颓懊丧的语气"的危险，我不能不利用这反省的锋刃，劈去纠着我心身的累赘、淤积，或许这来倒有自我真得解放的希望？

想来这做人真是奥妙。我信我们的生活至少是复性的。看得见，觉得着的生活是我们的显明的生活，但同时另有一种生活，跟着知识的开豁逐渐胚胎，成形，活动，最后支配前一种的生活，比是我们投在地上的身影，跟着光亮的增加渐渐由模糊化成清晰，形体是不可捉的，但它自有它的奥妙的存在，你动它跟着动，你不动它跟着不动。在实际生活的匆遽中，我们不易辨认另一种无形的生活的并存，正如我们在阴地里不见我们的影子；但到了某时候某境地忽的发见了它，不容否认的踵接着你的脚跟，比如你晚间步月时发见你自己的身影。它是你的性灵的或精神的生活。你觉到你有超实际生活的性灵生活的俄顷，是你一生的一个大关键！你许到极迟才觉悟（有人一辈子不得机会），但你实际生活中的经历、动作、思想，没有一丝一屑不同时在你那跟着长成的性灵生活中留着"对号的存根"，正如你的影子不放过你的一举一动，虽则你不注意到或看不见。

我这时候就比是一个人初次发见他有影子的情形。惊骇，讶异，迷惑，耸悚，猜疑，恍惚同时并起，在这辨认你自身另有一个存在的时候。我这辈子只是在生活的道上盲目的前冲，一时踹入一个泥潭，一时踏折一枝草花，只是这无目的的奔驰；从哪里来，向哪里去，现在在哪里，该怎么走，这些根本的问题却从不曾到我的心上。但这时候突然的，恍然的我惊觉了。仿佛是一向跟着我形体奔波的影子忽然阻住了我的前路，责问我这匆匆的究竟是为什么！

269

一种新意识的诞生。这来我再不能盲冲，我至少得认明来踪与去迹，该怎样走法如其有目的地，该怎样准备如其前程还在遥远？

啊，我何尝愿意吞这果子，早知有这多的麻烦！现在我第一要考查明白的是这"我"究竟是怎么一回事；然后再决定掉落在这生活道上的"我"的赶路方法。以前种种动作是没有这新意识作主宰的；此后，什么都是由它。

《诗刊》牟言

我们几个朋友想借副刊的地位，每星期发行一次《诗刊》，专载创作的新诗与关于诗或诗学的批评及研究文章。

本来这一句话就够说明我们出《诗刊》的意思；但本期有的是篇幅，当编辑的得想法补满它；容我先说这《诗刊》的起因，再说我个人对于新诗的意见。

我在早三两天前才知道闻一多的家是一群新诗人的乐窝，他们常常会面，彼此互相批评作品，讨论诗理。上星期六我也去了。一多那三间画室，布置的意味先就怪。他把墙壁涂成一体墨黑，狭狭的给镶上金边，像一个裸体的非洲女子手臂上脚踝上套着细金圈似的情调。有一个屋子朝外壁上挖出一个方形的神龛，供着的，不消说，当然是米鲁薇纳丝一类的雕像。他的那个也够尺外高，石色黄澄澄的像蒸熟的糯米，衬着一体黑的背景，别饶一种澹远的梦趣，看了叫人想起一片倦阳中的荒芜的草原，有几条牛尾几个羊头在草丛中掉动。这是他的客室。那边一间是他做工的屋子，基角上支着画架，壁上挂着几幅油色不曾干的画。屋子极小，但你在屋里觉不出你的身子大；戴金圈上的黑公主有些杀伐气，但她不至于吓瘪你的灵性；裸体的女神（她屈着一支腿挽着往下沉的亵衣），免不了几分引诱性，但她决不容许你逾分的妄想。白天有太阳进来，黑壁上也沾着光；晚快黑影进来，屋子里仿佛有梅斐士滔佛利士的踪迹；

夜间黑景与灯光交斗，幻出种种不成形的怪象。

这是一多手造的阿房，确是一个别有气象的所在，不比我们单知道买花洋纸糊墙，买花席子铺地，买洋式木器填屋子的乡蠢。有意识的安排，不论是一间屋，一身衣服，一瓶花，就有一种激发想象的暗示，就有一种特具的引力。难怪一多家里见天有那些诗人去团聚——我羡慕他！

我写那几间屋子因为它们不仅是一多自己习艺的背景，它们也就是我们这《诗刊》的背景。这搭题居然被我做上了；我期望我们将来不至辜负这制背景人的匠心，不辜负那发糯米光的爱神，不辜负那戴金圈的黑姑娘，不辜负那梅斐士滔佛利士出没的空气！

我们的大话是：要把创格的新诗当一件认真事情做。这话转到了我个人对于新诗的浅见。我第一得声明我绝没有厚颜，自诩有什么诗才。新近我见一则短文上写"没有人会以为徐志摩是一个诗人……"对极，至少我自己绝不敢这样想，因为诗人总得有天才，天才的担负是一种压得死人的担负，我想着就害怕，我哪敢？实际上我写成了诗式的东西借机会发表，完全是又一件事，这绝不证明我是诗人，要不然诗人真的可以充汗牛之栋了！一个时代见不着一个真诗人，是常例；有一两个露面已够例外；再盼望多简直是疯想。像我个人，归根说，能认识几个字，能懂得多少物理人情，做一个平常人还怕不够格，何况更高的？我又何尝懂得诗，兴致来时随笔写下的就能算诗吗？怕没有这样容易！我性灵里即使有些微创作的光亮，那光亮也就微细得可怜、像板缝里逸出的一线豆油灯光。痛苦就在这里；这一丝 will—O'—the—wisp，若隐若现的晃着，我料定是我终身不得（性灵的）安宁的原因。

我如其胆敢尝试过文艺的作品，也无非是在黑弄里弄疤斧，始终是其妙莫名，完全没有理智的批准，没有可以自信的目标。你们单看我第一部集子的杂乱，荒伧，就可以知道我这里的供状绝不是矫情。我这生转上文学的路径是极兀突的一件事；我的出发是单独

271

的，我的旅程是寂寞的，我的前途是蒙昧的。直到最近我才发现这道上摸索的，不只我一个；旅伴实际上尽有，只是彼此不曾有机会携手。这发见在我是一种不可言喻的快乐，欣慰。管得这道终究是通是绝，单这在患难中找得同情，已够酬劳这颠沛的辛苦。管得前途有否天晓，单这在黑暗中叫应，彼此诉说曾经的磨折，已够暂时忘却肢体的疲倦。

再说具体一点，我们几个人都共同着一点信心，我们信诗是表现人类创造力的一个工具，与音乐与美术是同等同性质的；我们信我们这民族这时期的精神解放或精神革命没有一部像样的诗式的表现是不完全的；我们信我们自身灵性里以及周遭空气里多的是要求投胎的思想的灵魂，我们的责任是替它们搏造适当的躯壳，这就是诗文与各种美术的新格式与新音节的发见；我们信完美的形体是完美的精神唯一的表现；我们信文艺的生命是无形的灵感加上有意识的耐心与勤力的成绩；最后我们信我们的新文艺，正如我们的民族本体，是有一个伟大美丽的将来的。

上面写的似乎太近宣言式的铺张，那并不是上等的口味，但我这杆野马性的笔是没法驾驭的；我的期望是至少在我们几个人中间，我的话可以取得相当的认可。同时我也感觉一种戒惧。我第一不敢担保这《诗刊》有多久的生命；第二不敢担保这《诗刊》的内容可以满足读者们最低限度的笃责。这当然全在我们自己；这年头多的是虎头蛇尾的现象，且看我们这群人终究能避免这时髦否？

此后《诗刊》准每星期四印出，我们欢迎外来的投稿。

《诗刊》放假

《诗刊》以本期为止，暂告收束。此后本刊地位，改印《剧刊》，详情另文发表。

《诗刊》暂停的原由，一为在暑期内同人离京的多，稿事太不便，一为热心戏剧的几个朋友，急于想借本刊地位，来一次集合的宣传的努力，给社会上一个新剧的正确的解释，期望引起他们对于新剧的真纯的兴趣；诗与剧本是艺术中的姊妹行，同人当然愿意暂时奉让这个机会。按我们的预算，想来十期或十二期剧刊，此后仍请诗刊复辟，假如这初期的试验在有同情的读者们看来还算是有交代的话。

《诗刊》总共出了十一期，在这期间内我们少数同人的工作，该得多少分数，当然不该我们自己来擅自评定；我们决不来厚颜表功；但本刊既然暂行结束，我们正不妨回头看看；究竟我们做了点儿什么？

因为开篇是我唱的，这尾声（他们说）也得我来。实际上我虽则忝居编辑的地位，我对诗刊的贡献，即使有，也是无可称的。在同人中最卖力气的要首推饶孟侃与闻一多两位；朱湘君，凭他的能耐与热心，应分是我们这团体里的大将兼先行，但不幸（我们与读者们的不幸）他中途误了卯，始终没有赶上，这是我们觉得最可致憾的；但我们还希冀将来重整旗鼓时，他依旧会来告奋勇，帮助我们作战。我们该得致谢邓以蛰余上沅两位先生各人给我们一篇精心撰作的论文；这算是我们借来的"番兵"。杨子惠孙之潜两位应受处分，因为他们也是半途失散，不曾尽他们应尽的责任；他们此时正在西湖边乘凉作乐，却忘了我们还在这大热天的京城里奋斗。说起外来的投稿，我们早就该有声明：来稿确是不少，约计至少在二百以上，我们一面感谢他们的盛意，一面道歉不曾如量采用，那在事实上是不可能的。在选稿上，我们有我们的偏见是不容讳言的，但是天知道，我们决不曾存心"排外"！这一点我们得求曾经惠稿诸君的亮恕。

但我们究竟做了点儿什么，这是问题。第一在理论方面，我们讨论过新诗的音节与格律。我们干脆承认我们是"旧派"——假如"新"的意义不能与"安那其"的意义分离的话。想是我们的天资

273

低，想是我们"犯贱"，分明有了时代解放给我们的充分自由不来享受，却甘心来自造镣铐给自己套上；放着随口曲的真新诗不做，却来试验什么画方豆腐干式一类的体例！一多分明是我们中间最乐观的，他说："新诗的音节……确乎有了一种具体的方式可寻。这种音节的方式发现以后，我断言新诗不久定要走进一个新的建设的时期了。无论如何，我们应该承认这在新诗的历史里是一个轩然大波。这一个大波的荡动是进步还是退化，不久也就自有定论。"这话不免有点"老气"的嫌疑，许有很多人不能附和这乐观论，这是当然的；但就最近的成绩看，至少我们不该气馁，这发见虽则离完成，期许还远着，但决不能说这点子端倪不是一个强有力的奖励。只要你有勇气不怕难，凭这点子光亮往前继续的走去，不愁走不出道儿来；绕弯，闪腿，刺脚，一类的事，都许有的，但不碍事，希望比困难大得多！

再说具体一点，我们觉悟了诗是艺术；艺术的涵义是当事人自觉的运用某种题材，不是不经心的一任题材的支配。我们也感觉到一首诗应分是一个有生机的整体，部分与部分相关联，部分对全体有比例的一种东西；正如一个人身的秘密是它的血脉的流通，一首诗的秘密也就是它的内含的音节，匀整与流动。这当然是原则上极粗浅的比喻，实际上的变化与奥妙是讲不尽也说不清的，那还得做诗人自己悉心体会去。明白了诗的生命是在它的内在的音节（Internal rhythm）的道理，我们才能领会到诗的真的趣味；不论思想怎样高尚，情绪怎样热烈，你得拿来彻底的"音节化"（那就是诗化）才可以取得诗的认识，要不然思想自思想，情绪自情绪，却不能说是诗，但这原则却并不在外形上制定某式不是诗某式才是诗；谁要是拘拘的在行数字句间求字句的整齐，我说他是错了。行数的长短，字句的整齐或不整齐的决定，全得凭你体会到的音节的波动性；这里先后主从的关系在初学的最应得认清楚，否则就容易陷入一种新近已经流行的谬见，就是误认字句的整齐（那是外形的）是音节（那是内在的）的担保。实际上字句间尽你去剪裁个齐整，诗的境界离你还是一样的远着；你拿车辆放在牲口的前面，你哪还得赶动你的车？我们还可以进一步说，正如字句的排列有恃于全诗的音节，音节的本身还得起原于真纯的"诗感"。再拿人身作比，一首诗的字句是身体的外形，音节是历脉，"诗感"或原动的诗意是心脏的跳动，有它才有血脉的流转。要不然"他戴了一顶草帽到街上走走，／碰见了一只猫，又碰见了一只狗"一类的谐句都是诗了！我不惮烦的疏说这一点，就为我们，说也惭愧，已经发见了我们所标榜的"格律"的可怕的流弊！谁都会运用白话，谁都会切豆腐似的切齐字句，谁都能似是而非的安排音节——但是诗，它连影儿都没有和你见面！

所以说来，我们学作诗的一开步就有双层的危险，单讲"内容"容易落了恶滥的"生铁门笃儿主义"或是"假哲理的唯晦学派"；反过来说，单讲外表的结果只是无意义乃至无意识的形式主义。就我们诗刊的榜样说，我们为要指摘前者的弊病，难免有引起后者弊病的倾向，这是我们应分时刻引以为戒的。关于这点《诗刊》第八期上钟天心君给我们的诤言是值得注意的。

我已经多占了篇幅，赶快得结束这尾声。在理论上我们已经发挥了我们的"大言"，但我们的作品终究能跟到什么地位，我此时实在不敢断言。就我自己说，我开头是瞎摸，现在还是瞎摸，虽则我受《诗刊》同人的鼓励是不可量的。在我们刊出的作品中，可以"上讲坛"的虽则不多，总还有；就我自己的偏好说，我最喜欢一多三首诗。《春光》《死水》，都是完全站得住的；《黄昏》的意境，也是上乘，但似乎还可以改好。孟侃从踢球变到作诗，只是半年间的事，但他运用诗句的纯熟，已经使我们老童生们有望尘莫及的感想，一多说是"奇迹"，谁说不是？但我们都还是学徒，谁知道谁有出师那天的希望？我们各自勉力上进吧！

最后我盼望将来继续《诗刊》或是另行别种计划的时候，我们这几个朋友依旧能保持这合作的友爱的精神。

《剧刊》始业

歌德（Goethe）一生轻易不生气，但有一次他真的恼了。他当时是槐马（Weimar）剧院的"总办"，什么事都得听他指挥，但有一天他突然上了辞职书，措辞十分的愤慨。为的是他听说"内庭"要去招一班有名的狗戏到槐马来在他的剧场里开演！这在他是一种莫大的耻辱。绝对不能容忍。什么？哈姆雷德，华伦斯丹，衣飞琴妮等出现的圣洁的场所，可以随便让狗子们的蹄子给踹一个稀脏！

我们在现代的中国却用不着着急。戏先就是游戏，唱戏是下流，管得台上的是什么蹄子？这"说不得"的现象里包含的原因当然是不简单，但就这社会从不曾把戏剧看认真，在他们心目中从没有一个适当的"剧"的观念的一点，就够碍路。真碍路！同时我们回过头来想在所谓创作界里找一个莫利哀，一个莎士比亚，一个席勒，一个槐格纳，或是一个契诃甫的七分之一的影子……一个永远规不正的圈子，哪头你也拿不住。

这年头，这世界也够叫人挫气，哪件事不是透里透？好容易你从你冷落极了的梦底里捞起了一半轮的希望，像是从山谷里采得了几茎百合花，但是你往哪里安去，左有没有安希望的瓶子，也没有养希望的净水，眼看这鲜花在你自己的手上变了颜色，一瓣瓣的往下萎，黄了，焦了，枯了，吊了，结果只是伤惨！

谁说我们这群人不是梦人，不是傻子？但在完全诀别我们的梦境以前，在完全投降给绝望以前，我们今天又捞着了一把希望的鲜花，最后的一把，想拿来供养在一个艺术的瓶子里，看它有没有生命的幸运。这再要是完事，我们也就从此完事了。

戏剧是艺术的艺术。因为它不仅包含诗、文学、画、雕刻、建筑、音乐、舞蹈各类的艺术，它最主要的成分尤其是人生的艺术。

古希腊的大师说艺术是人生的模仿，近代的评衡家说艺术是人生的批评；随便你怎样看法，哪一样艺术能有戏剧那样集中性的，概包性的"模仿"或是"批评"人生？如其艺术是激发乃至赋与灵性的一种法术，哪一样艺术有戏剧那样打得透，钻得深，摇得猛，开得足？小之震荡个人的灵性，大之摇撼一民族的神魂，已往的事绩曾经给我们证明，戏剧在各项艺术中是一个最不可错误的势力。

但戏是要人做，有舞台来演的；戏尤其是集合性的东西，你得配合多数人不同的努力才可以收获某种期望的效果，不比是一首诗或是一幅画可以由一个人单独做成的。先不说它那效力有多大，一个戏的成功是一件极复杂，极柔纤，极繁琐，不容有一丝漏缝的一种工作：一句话声调的高矮，一盏灯光线的强弱，一种姿势的配合，一扇门窗的位置，在一个戏里都占有不容含糊的重要。这幻景，这演台上的"真"，是完全人造的，但一极小部分的不到家往往可以使这幻景的全体破裂。这不仅是集合性的艺术，这也是集合性的技术。技术的意思是够格的在行。

我们有几个朋友，对于戏剧的技术（不说艺术）多少可以说是在行，虽则够格不够格还得看下文。我们想合起来做一点事。这回不光是"写"一两个剧本，或是"做"一两次戏就算完事；我们的意思是要在最短期内办起一个"小剧院"——记住，一个剧院。这是第一部工作，然后再从小剧院作起点，我们想集合我们大部分可能的精力与能耐从事戏剧的艺术，我们现在已经有了小小的根据地，那就是艺专的戏剧科，我们现在借晨副地位发行每周的《剧刊》，再下去就盼望小剧院的实现。这是我们几个梦人梦想中的花与花瓶，我这里单说我们这《剧刊》是怎么回事。

第一是宣传：给社会一个剧的观念，引起　班人的同情与注意，因为这戏剧这件事没有社会相当的助力是永远做不成器的；第二是讨论：我们不限定派别，不论哪一类表现法，只要它是戏剧范围内的，我们都认为有讨论的价值，同时，当然，我们就自以为见得到的特别拿来发挥，只是我们决不在中外新旧间在讨论上有什么势利的成心；第三是批评与介绍：批评国内的剧本，已有的及将来的；介绍世界的名著；第四是研究：关于剧艺各类在行的研究，例如剧场的布置，配景学，光影学，导演术等等，这是大概；同时我们也征求剧本，虽则为篇幅关系，不能在本刊上发表。我们的打算另出丛书，印行剧本以及论剧的著作，详细的办法随后再发表。

最后我个人还有一点感想。我今天替《剧刊》闹场，不由得不记起三年前初办新月社时的热心。最初是"聚餐会"，从聚餐会产生"新月社"，又从新月社产生"七号"的俱乐部，结果大约是"俱不乐部"！这来切题的唯一成绩就只前年四月八日在协和演了一次泰戈尔的《契玦珞》，此后一半是人散，一半是心散，第二篇文章就没有做起。所以在事实上看分明是失败，但这也并不是无理可说；我们当初凭藉的只是一股空热心，真在行人可说是绝无仅有——只有张仲述一个。这回我的胆又壮了起来也不是无理可说，因这回我们，仅有热心，加倍的热心，并且有真正的行家，这终究是少不了的。啊，我真高兴，我希望——但这是不用说的。说来我自己真叫是惭愧，因为我始终只是一介摇旗呐喊的小兵。我于戏是一个嫡亲外行，既不能编，又不能演，实际的学问更不必问；我是绝对的无用的一个，啊，但是，要是知道我的热心，朋友，我的热心……

《剧刊》终期

凋零：又是一番秋信。天冷了。阶前的草花有焦萎的，有风刮糊的，有虫咬的，剩下三两茎还开着的也都是低着头，木迟迟的没一丝光彩。人事亦是一般的憔悴。旧日的荣华已呈衰象，新的生机，即使有，也还在西风的背后。这不是悲观，这是写实。前天正写到刘君梦苇与杨君子惠最可伤的夭死，我们的《诗刊》看来也绝少复活的希冀，在本副刊上，或是在别的地方。闻一多与饶孟侃此时正困处在锋镝丛中，不知下落，孙子潜已经出国。我自己虽则还在北京，但与诗久已绝缘，这整四月来竟是一行无著，在醒时或在梦中，《诗刊》是完了的。

《剧刊》的地位本是由《诗刊》借得，原意暑假后交还，但如今不但《诗刊》无有影踪，就《剧刊》自身也到了无可维持的地步。这终期多少不免凄恻的尾声，不幸又轮着我来演唱。《剧刊》同人本来就少，但人少不碍，只要精神在，事情就有着落；《剧刊》初起的成功是全仗张君嘉铸的热心；他是我们朋友中间永远潜动着的"螺轮"，要不是他，笔懒入骨的太侔，比方说，就不会写下这许多篇的论文。上沅的功劳是不容掩没的，这十几期《剧刊》的编辑苦工，几乎是他单独抗着的，他自己也做了最多的文章，我们不能不感谢他。但他也要走了。太侔早已在一月前离京；这次上沅与叔存又为长安的生活难，不得已相偕南下，另寻饭碗去。所以又是一个"星散"；留着的虽然还有嘉铸与新来的佛西，但我们想来与其勉强，不如暂行休息。我自己也忝算《剧刊》同人的一个，但是说来惶恐，我的无状是不望宽恕的；在《剧刊》期内有一个多月我淹留在南方，一半也为是自顾阙然，不敢信口胡诌，一半当然是躲懒，他们在预定的计划上派给我做的文章，除了最初开场与此次收场而外，我简直一字也不曾交卷！还有我们初起妄想要到几位真学问家真在行家的文章（例如丁西林先生王静庵先生以及红豆馆主先生），来光彩我们的篇幅，但我们只是太妄想了！

这篇中秋结账的文章本应上沅写的，因为始终其事的掌柜，是他不是我，但他一定要推给我写，一半是罚的意思，决不容我躲，既然如此，我只得来勉为其难。

我已经说了《剧刊》不能不告终止的理由是为朋友们四散，但这十五期多少也算是一点工作，我们在关门的时候，也应得回头看看，究竟我们做了点什么事，超过或是不及我们开门时的期望，留下了什么影响，如其有，在一般读者的感想是怎么样，我们自己的感想又怎么样。

先说我们做了点什么事。在剧刊上发表的论文共有十篇：赵太侔论《国剧》，夕夕（即一多）论《戏剧的歧途》，西滢论《新剧与观众》，邓以蛰论《戏剧与道德的进化》，杨振声论《中国语言与中国戏剧》，梁实秋的《戏剧艺术辨正》，邓以蛰论《戏剧与雕刻》，熊佛西的《论剧》，余上沅论《戏剧批评》，以及冯友兰译的狄更生的论希腊的悲剧。批评文字有八篇：张嘉铸评艺专习演，叶崇智评辛额（J. M. Synge），余上沅评中国旧戏，张嘉铸评英国三个写剧家，萧伯纳，高斯倭绥，与贝莱勋爵，以及杨声初君的《兵变之后》与俞宗杰君的《旧戏之图画的鉴赏》。论旧戏二篇：顾颉刚君的《九十年前的北京戏剧》，与恒诗峰君的《明清以来戏剧的变迁说略》。论剧场技术的有七篇：余上沅的《演戏的困难》，戈登克雷的《戏院艺术》，该岱士的《剧场的将来》，太侔的《光影》与《布景》，舲客（即上沅）的《论表演艺术》，马楷的《小戏院之勃兴》。此外另有十几篇不易归类的杂著及附录。

第四章

1927—1931

1927年春，徐志摩与胡适、邵洵美等人筹设新月书店于上海，胡适任董事长，张禹九任经理。6月开始筹创《新月》月刊。秋，应光华大学聘，担任翻译、英文小说派别等课教授，并兼任东吴大学法学院英文教授。冬，泰戈尔过沪回印度，与之相见。

1928年，徐志摩仍在光华大学、东吴大学法学院、大夏大学等校授课。3月10日，《新月》创刊号出版，3月17日偕陆小曼回硖石。6月，开始第三次欧游，与王文伯一同出国，至日本、美国、英国、法国、印度，年底回国。

1929年上半年，在上海光华大学、南京中央大学英文系任教，辞去东吴大学、大夏大学教授之职，同时应中华书局之聘，兼任中华书局编辑。1月19日，梁启超逝世，参加梁启超悼念活动。3月中旬，泰戈尔再次来华。

1930年上半年，仍在上海光华大学、南京中央大学任教，并任中英文化基金委员会委员，兼中华书局、大东书局编辑。5月，在上海主持召开笔会中国分会筹备会。秋，再拟办《诗刊》；辞南京中央大学教职，应胡适邀请到北京佐助北大教务，期间仍兼任光华大学课和中华书局编辑，曾到沈阳探望林徽音。冬，光华大学起学潮，徐志摩离开光华大学。

1931年1月，《诗刊》创刊，徐志摩任主编。2月，应胡适之邀，到北京大学英文系任教授，并兼任北京女子大学教授。3月，当选为笔会中国分会理事。4月，母亲钱太夫人病逝于硖石，南归。暑后，宴客于上海。11月19日，由南京乘飞机去北京，途中遇雾，机坠身亡，终年35岁。

新月的态度

And God said, Let there be light: and there was light.

——The Genesis

If winter comes, can spring be far behind?

——Shelly

  我们这月刊题名《新月》，不是因为曾经有过什么"新月社"，那早已散消，也不是因为有"新月书店"，那是单独一种营业，它和本刊的关系只是担任印刷与发行。《新月》月刊是独立的。

  我们舍不得新月这名字，因为它虽则不是一个怎样强有力的象征，但它那纤弱的一弯分明暗示着，怀抱着未来的圆满。

  我们这几个朋友，没有什么组织除了这月刊本身，没有什么结合除了在文艺和学术上的努力，没有什么一致除了几个共同的理想。

  凭这点集合的力量，我们希望为这时代的思想增加一些体魄，为这时代的生命添厚一些光辉。

  但不幸我们正逢着一个荒歉的年头，收成的希望是枉然的。这又是个混乱的年头，一切价值的标准，是颠倒了的。

  要寻出荒歉的原因并且给它一个适当的补救，要收拾一个曾经大恐慌蹂躏过的市场，再进一步要扫除一切恶魔的势力，为要重见天日的清明，要浚治活力的来源，为要解放不可制止的创造的活动——这项巨大的事业当然不是少数人，尤其不是我们这少数人所敢妄想完全担当的。

  但我们自分还是有我们可做的 一部分的事。连着别的事情我们想贡献一个谦卑的态度。这态度，就正面说，有它特别侧重的地方，就反面说，也有它郑重矜持的地方。

  先说我们这态度所不容的。我们不妨把思想（广义的，现代刊物的内容的一个简称）比做一个市场，我们来看看现代我们这市场上看得见的是什么？如同在别的市场上，这思想的市场也是摆满了摊子，开满了店铺，挂满了招牌，扯满了旗号，贴满了广告，这一眼看去辨认得清的至少有十来种行业，各有各的色彩，各有各的引诱，我们把它们列举起来看看：

一、感伤派

二、颓废派

三、唯美派

四、功利派

五、训世派

六、攻击派

七、偏激派

八、纤巧派

九、淫秽派

十、热狂派

十一、稗贩派

十二、标语派

十二、主义派

商业上有自由，不错。思想上言论上更应得到充分的自由，不错。但得在相当的条件下。最主要的两个条件是，（一）不妨害健康的原则；（二）不折辱尊严的原则。买卖毒药，买卖身体，是应得受干涉的，因为这类的买卖直接违反康健与尊严两个原则。同时这些非法的或不正当的营业还是一样在现代大都会里公然的进行——鸦片，毒药，淫业，哪一宗不是利市三倍的好买卖？但我们却不能因它们的存在就说它们不是不正当而默许它们存在的特权。在这类的买卖上我们不能应用商业自由的原则。我们正应得觉到切肤的羞恶，眼见这些危害性的下流的买卖公然在我们所存在的社会里占有它们现有的地位。

同时在思想的市场上我们也看到种种非常的行业，例如上面列举的许多门类。我们不说这些全是些"不正当"的行业，但我们不能不说这里面有很多是与我们所标举的两大原则——健康与尊严——不相容的。我们敢说这现象是新来的，因为连着别的东西思想自由这观念本身就是新来的。这也是个反动的现象，因此，我们敢说，或许是暂时的。先前我们在思想上是绝对没有自由，结果是奴性的沉默；现在，我们在思想上是有了绝对的自由，结果是无政府的凌乱。思想的花式加多本来不是件坏事，在一个活力旁薄的文化社会里往往看得到，偎傍着刚直的本干，普盖的青荫，不少盘错的旁枝，以及恣蔓的藤萝。那本不关事，但现代的可忧正是为了一个颠倒的情形。盘错的，恣蔓的尽有，这里那里都是的，却不见了那刚直的与普盖的。这就比是一个商业社会上不见了正宗的企业，却只有种种不正当的营业盘踞着整个的市场，那不成了笑话？

　　即如我们上面随笔写下的所谓现代思想或言论市场的十多种行业，除了"攻击""纤巧""淫秽"诸宗是人类不怎样上流的根性得到了自由（放纵）当然的发展，此外多少是由外国转运来的投机事业。我们不说这时代就没有认真做买卖的人，我们指摘的是这些买卖本身的可疑。碍着一个迷误的自由的观念，顾着一个容忍的美名，我们往往忘却思想是一个园地，它的美观是靠着我们随时的种植与铲除，又是一股水流，它的无限的效用有时可以转变成不可收拾的奇灾。

　　我们不敢附和唯美与颓废，因为我们不甘愿牺牲人生的阔大，为要雕镂一只金镶玉嵌的酒杯。美我们是尊重而且爱好的，但与其咀嚼罪恶的美艳还不如省念德性的永恒，与其到海陀罗凹腔里去收集珊瑚色的妙乐还不如置身在扰攘的人间倾听人道那幽静的悲凉的清商。

　　我们不敢赞许伤感与热狂，因为我们相信感情不经理性的清滤是一注恶浊的乱泉，它那无方向的激射至少是一种精力的耗废。我们未尝不知道放火是一桩新鲜的玩意，但我们却不忍为一时的快意造成不可救济的惨象。"狂风暴雨"有时是要来的，但狂风暴雨是不可终朝的。我们愿意在更平静的时刻中提防天时的诡变，不愿意借口风雨的猖狂放弃清风白日的希冀。我们当然不反对解放情感，但在这头骏悍的野马的身背上我们不能不谨慎的安上理性的鞍索。

我们不崇拜任何的偏激，因为我们相信社会的纪纲是靠着积极的情感来维系的，在一个常态社会的天平上，情爱的分量一定超过仇恨的分量，互助的精神一定超过互害与互杀的动机。我们不意愿套上着色眼镜来武断宇宙的光景。我们希望看一个真，看一个正。

我们不能归附功利，因为我们不信任价格可以混淆价值，物质可以替代精神，在这一切商业化恶浊化的急坂上我们要留住我们倾颠的脚步。我们不能依傍训世，因为我们不信现成的道德观念可以用作评价的准则，我们不能听任思想的矫健僵化成冬烘的臃肿。标准，纪律，规范，不能没有，但每一个时代都得独立去发见它的需要，维护它的健康与尊严，思想的懒惰是一切准则颠覆的主要根由。

末了还有标语与主义。这是一条天上安琪儿们怕践足的蹊径。可怜这些时间与空间，哪一间不叫标语与主义的芒刺给扎一个鲜艳！我们的眼是迷眩了的，我们的耳是震聋了的，我们的头脑是闹翻了的，辨认已是难事，评判更是不易。我们不否认这些殷勤的叫卖与斑斓的招贴中尽有耐人寻味的去处，尽有诱惑的迷宫。因此我们更不能不审慎，我们更不能不磨砺我们的理智，那剖解一切纠纷的利刃，澄清我们的感觉，那辨别真伪和虚实的本能，放胆到这嘈杂的市场上去做一番审查和整理的工作。我们当然不敢预约我们的成绩，同时我们不踌躇预告我们的愿望。

这混杂的现象是不能容许它继续存在的，如其我们文化的前途还留有一线的希望。这现象是不能继续存在的，如其我们这民族的活力还不曾消竭到完全无望的地步。因为我们认定了这时代是变态，是病态，不是常态。是病就有治。绝望不是治法。我们不能绝望。

我们在绝望的边缘搜求着希望的根芽。

严重是这时代的变态。除了盘错的，恣蔓的寄生，那是遍地都看得见，几于这思想的田园内更不见生命的消息。梦人们妄想着花草的鲜明与林木的葱茏。但他们有什么根据除了飘渺的记忆与想像？

但记忆与想象！这就是一个灿烂的将来的根芽！悲惨是那个民族，它回头望不见一个庄严的已往。那个民族不是我们。该得灭亡是那个民族，它的眼前没有一个异象的展开。那个民族也不应得是我们。

我们对我们光明的过去负有创造一个伟大的将来的使命；对光明的未来又负有结束这黑暗的现在的责任。我们第一要提醒这个使命与责任。我们前面说起过人生的尊严与健康。在我们不曾发见更简赅的信仰的象征，我们要充分的发挥这一双伟大的原则——尊严与健康。尊严，它的声音可以唤回在歧路上彷徨的人生。健康，它的力量可以消灭一切侵蚀思想与生活的病菌。

我们要把人生看作一个整的。支离的，偏激的看法，不论怎样的巧妙，怎样的生动，不是我们的看法。我们要走大路。我们要走正路。我们要从根本上做工夫。我们只求平庸，不出奇。

我们相信一部纯正的思想是人生改造的第一个需要。纯正的思想是活泼的新鲜的血球，它的力量可以抵抗，可以克胜，可以消灭一切致病的微菌。纯正的思想，是我们自身活力得到解放以后自然的产物，不是租借来的零星工具，也不是稗贩来的琐碎的技术。我们先求解放我们的活力。

我们说解放，因为我们不怀疑活力的来源。淤塞是有的，但还不是枯竭。这些浮荇，这是绿腻，这些潦泥，这些腐生的蝇蚋——可怜的清泉，它即使有奔放的雄心，也不易透出这些寄生的重围。但它是在着，没有死。你只须拨开一些污潦就可以发见它还是在那里汩汩的溢出，在可爱的泉眼里，一颗颗珍珠似的急溜着。这正是我们工作的机会。爬梳这壅塞，粪除这秽浊，浚理这淤积，消灭这

287

腐化；开深这潴水的池潭，解放这江湖的来源。信心，忍耐。谁说这"一举手一投足"的勤劳不是一件伟大事业的开端，谁说这涓涓细流不是一个壮丽的大河流域的先声？

要从恶浊的底里解放圣洁的泉源，要从时代的破烂里规复人生的尊严——这是我们的志愿。成见不是我们的，我们先不问风是在哪一个方向吹。功利也不是我们的，我们不计较稻穗的饱满是在哪一天。无常是造物的喜怒，茫昧是生物的前途，临到"闭幕"的那俄顷，更不分凡夫与英雄，痴愚与圣贤，谁都得撒手，谁都得走；但在那最后的黑暗还不曾覆盖一切以前，我们还不一样的得认真来扮演我们的名分？生命从它的核心里供给我们信仰，供给我们忍耐与勇敢。为此我们方能在黑暗中不害怕，在失败中不颓丧，在痛苦中不绝望。生命是一切理想的根源，它那无限而有规律的创造性给我们在心灵的活动上一个强大的灵感。它不仅暗示我们，逼迫我们，永远创造的，生命的方向走，它并且启示给我们的想像，物体的死只是生的一个节目，不是结束，它的威吓只是一个谎骗，我们最高的努力的目标是与生命本体同绵延的，是超过死线的，是与天外的群星相感召的。为此，虽则生命的努力有时不免比较的消歇，到了相当的时候，人们不能不醒起。我们不能不醒起，不能不奋争。尤其在人与生的尊严与健康横受凌辱与侵袭的时日！来罢，那天边白隐隐的一线，还不是这时代的"创造的理想主义"的高潮的前驱？来罢，我们想像中曙光似的闪动，还不是生命的又一个阳光充满的清朝的预告？

编辑后言（一）

《新月》月刊的第一卷已经出齐，本期是二卷的第一期。因为连着过新旧新年种种的不方便，本刊已然愆期了一个月，这一时要赶补过来怕不得容易，此后能不再愆已是好的了。

这年头难得有满意的事。这一年来新月有否在读者们的心里留下一些痕迹？这话单一提起我们负责编辑的人便觉得惶愧。如同别的刊物一样，在开始时本刊同人也曾有过一点小小的志愿，但提到志愿我们觉得难受。不说也罢，反正是病象，原委是疏说不清的。痉挛性的兴奋，我们现在明白，是没有用的；这是虚弱不是强健的表见。我们再不敢说夸口一类的话：因为即使朋友们姑息，我们自己先就不能满意于我们已往的工作。我们本想为这时代，为这时代的青年，贡献一个努力的目标：建设一个健康与尊严的人生，但我们微薄的呼声如何能在这闹市里希冀散布到遥远？我们是不会使用传声喇叭的，也不会相机占得一个便利于呐喊的地位，更没有适宜于呐喊的天赋佳嗓：这里只是站立在时代的低洼里的几个多少不合时宜的书生，他们的声音，即使偶尔听得到，正如他们的思想，绝不是惊人的一道，无非是几句平正的话表示一个平正的观点，再没有别的。因此为便于发表我们偶尔想说的"平"话，我们几个朋友决定在这月刊外（这是专载长篇创作与论著的）提另出一周刊或旬刊，取名"平论"（由平论社刊行），不久即可与读者们相见。我们希望藉此可以多结识几个同情的读者，藉此我们也希冀惕厉我们几于性成的懒散。在本刊与未来的周刊或旬刊上，我们一致欢迎外稿，得到纯凭精神相感召的朋友是一个莫大的愉快。

本期皮西先生的译文是不易得到的，我们希望能继续得到他的帮助。趣剧的妙处几乎完全在对话上；《艺术家》原文的对话，按译者来信说，有如"海上的冰山，十之九是隐藏在底里的"。《观音花》那篇小说是一位不知名的青年朋友的来稿。下期有雪林女士的陆放翁研究，梁实秋与胡适之先生等的论文。志摩译的杜威的游俄印象第二篇等。

致恩厚之（二）①

亲爱的厚之：

　　喜悉胡适拜访了你的翠庄。想必他已将你希望了解的中国现状，以及中国朋友们的近况悉数说给你听。由胡先生的来信可知，他的旅途快活极了，他和欧洲真可谓相见恨晚。他是否为你的小王国，以及你在德温的教育事业而感到开心？我相信他是欣喜的，不论他在哲学上怎样反对浪漫主义。至于你的大计，我只有些许模糊的概念：一座幽美的森林，一栋沧桑的古堡，一片广袤的绿地。但至于你，我的想象就丰富多了：你穿着农夫似的衣服，每天为了工作东奔西走，一半像个校长，一半像个族长；但我难以设想多乐芙被安排到一个"德育皇后"似的岗位上。诚然你们所处的，是一个志在培养高贵的原始人的世界，卢梭会为之着迷，拜伦则不以为然，它和处处是摩天大楼的世界大不相同。或许我把多乐芙散发的都市味儿言过其实了，人类的适应力极强，她若是适应了新环境，又有何奇怪之处呢？去年夏天，当我在"地之角"的红沙地见到罗素夫人时，几乎不敢相信自己的双眼。她浑身晒成棕色，像极了一只被煮熟了的龙虾，完全没有了英国妇女固有的那种白皙。那时的她看上去多么健康、多么有活力！倘若你安排多乐芙匆匆来到德温开始新生活，如你长久以来所设想，我确信下一次见到她时，她会像变了一个人似的，和我印象里她那种城市人的风范大相径庭。其实我是向往乡村生活的，若我有幸拜访你，在大好风光的做伴下，助你的事业一臂之力，我不知会何其开心！

　　厚之，生命是如此奇妙。当初我们与老戈爹同行时，我们都拿不准命运会将我们引向何处。老兄，你是否认同，在这世上的芸芸

---

　　① 原信为英文，王先哲译。

不幸者之中，你我都是幸运儿。你找到了你的心上人，而我也心有所属。犹记得，当我从巴黎版的晚报知晓你的婚讯时，内心是无比喜悦的。我也忘不了去年夏天你在伦敦向我致以颇有同情的祝福。自那以后我就与苦日子结缘，活得何其煎熬，事事皆不如意，其间只有三两个朋友同情我（胡适是其中之一）。最后我胜利了——战胜了一股顽固邪恶的势力，那就是所有社会皆赖以建立的愚昧和偏见。不清楚您是否记得我的妻子（她叫小曼），但她依然记得那位英国的英俊小伙，"总是四处跑，像全世界最忙碌的人似的"。我们殷切期盼有朝一日能与您夫妇二人会面。我的妻子身体欠佳，于是我打算诉诸大自然的力量，让她休养生息。我们婚后的头两个月一直待在乡下，过着宁静而愉悦的生活。而现在，我们却沦为上海大批难民中的一分子，这全是拜内战所赐，它如野火一般四处蔓延。我的故乡浙江省长久以来都是一片太平之地，令其他地方羡慕不已，但此次它恐怕也无法幸免。杭州已是半座空城，将随内战而来的疮痍，使得人心惶惶。可怜的西湖！那会是怎样一般荒芜和破败？

我们现在可谓是颠沛流离。我无法回去北京，在那里一点钱也挣不到，但我也没法回家。我们渴望出国，只恨没有插翅而飞的本领。若您能回信，将给予我们极大的慰藉。我许久没有那位老诗人的音讯了，想必他一切安好，在山迪尼基顿安享天伦之乐。想到我和他今后重聚的可能性微乎其微，我心里就怅然失落。我对他的仰慕一如既往，愿他的日子祥和安宁。

回信请寄至上海，北京路江西路口，中国通商银行，徐新六先生转。此致。

祝二位美满幸福

徐志摩

一九二七年一月五日

致梁实秋

秋兄足下：

译稿已交新月寄还东荪，我将此稿荐去中华，不想碰一钉子，因五月间早经去过，被拒，今书归原主，想不成问题矣。诗刊以中大新诗人陈梦家、方玮德二子最为热心努力，近有长作亦颇不易，我辈已属老朽，职在勉励已耳。兄能撰文，为之狂喜，恳信到即动手，务于（至迟）十日前寄到。文不想多刊，第一期有兄一文已足，此外皆诗。大雨有商籁三，皆琅琅可诵。子离一，子沅二，方令孺一，邵洵美一或二，刘宇一或二，外选二三首，陈、方长短皆有，我尚在挣扎中，或有较长一首。一多非得帮忙，近年新诗，多公影响最著，且尽有佳者，多公不当过于韬晦，诗刊始丛，焉可无多，即四行一首，亦在必得，乞为转白，多诗不到，刊即不发，多公奈何以一人而失众望？兄在左右，并希持鞭以策之，况本非驽，特懒备耳，稍一振蹶，行见长空万里也。俞珊病伤寒，至今性命交关。

太侔、今甫诸兄均念。

志摩

一九三〇年十一月底

秋翁：

十多日来，无日不盼青岛来的青鸟，今早从南京归来，居然盼到了，喜悦之至，非立即写信道谢不可。诗刊印得成了！一多竟然也出了"奇迹"，这一半是我的神通之效，因为我自发心要印诗刊以来，常常自己想，一多尤其非得挤他点儿出来，近来睡梦中常常捻紧拳头，大约是在帮着挤多公的奇迹！但奇迹何以尚未到来？明天再不到，我急得想发电去叫你们"电汇"的了！

你的通信极佳，我正要这么一篇，你是个到处发难的人，只要你一开口，下文的热闹是不成问题的。但通信里似乎不曾提普罗派的诗艺。

我在献丑一首长诗，起因是一次和适之谈天，一开写竟不可收拾，已有二百多行，看情形非得三百行不办，然而杂乱得很，绝对说不上满意，而且奇怪，白朗宁夫人的鬼似乎在我的腕里转！

好，你们闹风潮，我们（光华）也闹风潮。你们的校长脸气白，我们的成天哭，真的哭，如丧考妣的哭。你们一下去了三十多，我们也是一下去了三十多。这也算是一种同情罢。

过来年诸公来沪不？想念甚切。适之又走了，上海快陷于无朋友之地了。

一多奇迹既演一次，必有源源而来者，我们联合起来祝贺他，你尤其负责任督着他，千万别让那精灵小鬼——灵感——给胡跑溜了！

今甫我也十分想念他，想和他喝酒，想和他豁拳，劝他还是写小说吧。精神的伴侣很好！

俞珊死里逃生又回来了，先后已病两个月，还得养，可怜的孩子。

志摩拜念

一九三〇年十二月十九日

《诗刊》序语

我们在《新月》月刊的预告中曾经提到前五年载在北京《晨报副镌》上的十一期诗刊。那刊物，我们得认是现在这份的前身。在那时候也不知哪来的一阵风忽然吹旺了少数朋友研求诗艺的热，虽则为时也不过三两个月，但那一点子精神，真而纯粹，实在而不浮夸，是值得纪念的。现在我们这少数朋友，隔了这五六年，重复感到"以诗会友"的兴趣，想再来一次集合的研求。因为我们有共同的信点。

第一我们共信（新）诗是有前途的；同时我们知道这前途不是容易与平坦，得凭很多人共力去开拓。

其次我们共信诗是一个时代最不可错误的声音，由此我们可以听出民族精神的充实抑空虚，华贵抑卑琐，旺盛抑消沉。一个少年人偶尔的抒情的颤动竟许影响到人类的终古的情绪；一支不经意的歌曲，竟许可以开成千百万人热情的鲜花，绽出瑰丽的英雄的果实。

更次我们共信诗是一种艺术。艺术精进的秘密当然是每一个天才不依傍的致力，各自翻出光荣的创例，但有时集合的纯理的探讨与更高的技术的寻求，乃至根据于私交的风尚的兴起，往往可以发生一种殊特的动力，使这一种或那一种艺术更意识的安上坚强的基筑，这类情形在文艺史上可以见到很多。

因此我们这少数天生爱好，与希望认识诗的朋友，想斗胆在功利气息最浓重的地处与时日，结起一个小小的诗坛，谦卑的邀请国内的志同者的参加，希冀早晚可以放露一点小小的光。小，但一直的向上；小，但不是狂暴的风所能吹熄。我们记得古希阿加孟龙王战胜的消息传归时，帕南苏斯群山的山顶一致点起燎天的烽火，照出群岛间的雄涛在莽苍的欢舞。我们对着晦盲的未来，岂不也应有同样光明的指望？

我们欣幸我们五年前的旧侣，重复在此聚首，除了远在北地未及加入的几个；我们更欣幸的是我们又多了新来的伙伴，他们的英爽的朝气给了我们不少的鼓舞。但我们同时不能不怅触的记起在这几年内我们已经折损了两个最有光彩的诗友，那就是湖南刘梦苇与浙江杨子惠；我们共同祷祝他们诗魂的永安。

本期稿件的征集是梦家、淘美、志摩的力量居多；编选是大雨、淘美、志摩负责的；封面图案与大体设计是要感谢张光宇、振宇昆仲与淘美；校对梦家与萧克木君。我们尤其得致谢不少投稿的朋友，希望他们以后给我们更多的帮助。割爱是不可避免的事实，我们敬求雅意的恕谅。

关于稿件，我们要说"奇迹"是一多《三年不鸣，一鸣惊人》的奇迹；大雨的三首商籁是一个重要的贡献！这竟许从此奠定了一种新的诗体；李惟建的两首《商籁》是他的《祈祷》全部都七十首里选录的；梦家与玮德的唱和是难能的一时的热情的奔放；实秋的论诗小札是本期惟一的论文，这位批评家的见地是从来不容忽略的。

《诗刊》前言

《诗刊》的印行本是少数朋友的兴会所引起；说实话我们当时竟连能否继续一点都未敢自信。但自诗刊出版以来，我们这点子贡献似乎颇得到读者们一些同情的注意，这使我们意外的感到欣幸，并且因而自勉。同时稿件方面，就本期披露的说，新加入的朋友有卞之琳、林徽音、尺棰、宗白华、曹葆华、孙洵侯诸位，虽则我们致憾于闻、朱、饶诸位不曾有新作送来。最难得的是梁宗岱先生从柏林赶来论诗的一通长函，他的词意的谨严是近今所仅见。

大雨的《自己的写照》，是他的一首一千行长诗的一部，我们请求他先在本期发表。这二百多行诗我个人认为十年来（这就是说自有新诗以来）最精心结构的诗作。第一他的概念先就阔大，用整个纽约城的风光形态来托出一个现代人的错综的意识，这需要的不仅是情感的深厚与观照的严密，虽则我们不曾见到全部，未能下精审的按语，但单看这起势，作者的笔力的雄浑与气魄的莽苍已足使我们浅尝者惊讶。我们热诚的期望他的全诗能早日完成，庶几我们至少有一篇新诗可以时常不颜汗的提到。

同时大雨的商籁体的比较的成功已然引起不少响应的尝试。梁实秋先生虽则说"用中文写 sonnet 永远写不像"，我却以为这种以及别种同性质的尝试，在不是仅学皮毛的手里，正是我们钩寻中国语

295

言的柔韧性乃至探检语体文的浑成，致密，以及别一种单纯"字的音乐"（Word-music）的可能性的较为方便的一条路：方便，因为我们有欧美诗作我们的向导和准则。

现在已经有人担忧到中国文学的特性的消失。他们说，"你们这种尝试固然也未始没有趣味，并且按照你们自己立下的标准竟许有颇像样的东西，但你们不想想如果一直这样子下去，与外国文学竟许可以近似，但与你们自己这份家产的一点精神不是相离日远了吗？你们也许走近了丹德、歌德或是别的什么德，但你们怎样对得住你们的屈原、陶潜、李白？"

因此原来跟着"维新"的人，有不少都感到神明内疚，有的竟已回头去填他们的五言七言，长令短令，有的看到较生硬的欧化的语句引为讪笑的谈助，自己也就格外的往谨慎一边走。

看情形我们是像到了一个分歧的路口——你向哪一边走？

但这问题容易说远了去，不久许有别的机会来作更翔实的讨论，在此不过顺便说到罢了。我个人的感觉是在文学上的革命正如在政治上透彻是第一义；最可惜亦最无聊是走了半路就顾忌到这样那样想回头，结果这场辛苦等于白费。就平常闲着想，总觉得这时代的解放没有一宗是说得上告段落的，且不说彻底。我们都还是在时代的振荡中胚胎着我们新来的意识，只有在一个波涛低落第二个还不曾继起的一俄顷，我们或许有机会在水面上探起一个半晕眩的头，在水雾昏花里勉强辨认周围的光景。这分明离"静观自得"的境界还差得远。在不曾被潮流卷进的人固然也有，他们也许正站稳在安全的高处指点在潮流中人的狼狈。但这时代不是他们的，我们决不羡慕他们安全的幸福，我们的标准不是安全，也不能是安全，我们是要在危险中求更大更真的生活，我们要跟随这潮流的推动，即使肢体碎成粉，我们的愿望永远是光明的彼岸。能到与否乃至有否那一个想像中的彼岸完全是另一个问题，我们意识的守住的只是一点志愿的勇往，同时我们的身体与灵魂在这骇浪的击撞中争一个刹那的生存，谁说这不是无上的快感？不，别对我说天下已经太平，我们只要穿上体面的衣衫，展开一脸的笑容，虔诚的感谢上苍，从容的来粉饰这太平的天下！不，我只觉得我们还不够一半鲁莽，不够一半裂灭，不够一半野化，不够一半凶蛮。在思想上正如在艺术上，我们着实还得往深里走，往不可知的黑暗处走，非得哪一天开掘到一泓澄碧的清泉我们决不住手。现在还差得远。

卞之琳与尺棰同是新起的清音。我们觉得欣幸得能在本期初次刊印他们的作品。孙大雨的 King Lear 试译一节也是有趣味的。我们想第一次认真的试译莎士比亚，此后也许借用诗刊地位发表一些值得研究的片段。

最后我们要致谢各地来稿的朋友，他们的作品我们虽则抱歉不能一齐刊出，但他们同情的帮助是我们最铭感的。选稿本是吃力不讨好的事，得罪人往往不免，但我们既然负责做这件事，就不能不有所去取，标准当然是主观的，这也是无可如何的情形。但我们不惮一再要声明的，是我们绝对没有什么派别的成见。做编辑的最大的快乐，永远是作品的发见！

《诗刊》叙言

本刊上期（第二期）付印后。书店的经理和总编辑曾经提出口头的抗议。他们说："我们出诗刊固然是很好，并且销路也还不错，但这第二期的本子似乎是太厚了些。你们知道现在金价涨，一切东西都贵，纸张排印工都比不得从前，同时我们书的定价又苦于不能相当的提高，这就发生了困难。诗刊第一期因为有再版总算对付了过去，书店不至于赔多少钱，但第二期凭空增加了不少的页数，同时你们又得要精印封面考究纸张，再加定全年的又是特价，这笔账算下来在书店方面干脆是亏本生意，恐怕即使卖到四千本还弥补不过来。书是当然要继续出，但此后的篇幅非得想法节省一点，再要按第二期的分量出下去营业方面实在是太说不过去了，所以这件事非得请你们原谅。"

现在第三期又要付印了。方才我拿了一个算盘把全份诗稿的行数一计算，不好了，竟有一千三百行，平均每页印十二行就得一百多页。如其再把论诗的散文加下去，结果比上期的本子还得加厚！平常一百几十页的一本平装书，定价至少要在五毛以上，现在诗刊每期只卖到二毛五，这无怪书店要着急。"真是一班诗人，"他们说，"一点生意的常识都没有！"

这期的稿件又来得格外多。国内有远到黑龙江四川广东的，国外有日本法国德国意国的来稿。如果我们把所有的来稿一起付印，书本至少还得加厚两三倍；对于稿件的选择我们已经觉得颇为严格；相当去取的标准是不能没有的。但我们手上这一千三百行实在是不能再有删弃，书店即使亏本我们也只能转请他们原谅的了。

为了节省篇幅，本期约定的散文稿也只能暂时不登。下一期我们想让出一半或更多的地位来给关于诗艺的论文；已约定的有孙大雨胡适之闻一多梁实秋梁宗岱徐志摩等，同时我们更希望有外来的教益。如果有相当的质量，我们也许提另出一本论诗的专号，虽则我们暂时不敢说定，得到临时看情形再说。关于论文的题材，我们姑就方便想到的提出几点——

（一）作者各人写诗的经验

（二）诗的格律与体裁的研究

（二）诗的题材的研究

（四）"新"诗与"旧"诗，词，曲的关系的研究

（五）诗与散文

（六）怎样研究西洋诗

（七）新诗词藻的研究

（八）诗的节奏与散文的节奏

本期的编者又得特别致谢孙大雨先生，因为他不仅给我们他的

"声容并茂"的《自己的写照》的续稿，并且又慷慨的放弃他在别处可换得的颇大的稿费，让给我们刊载他的第二次莎士比亚试译，这工作所耗费的钟点几乎与译文的行数相等。这精神是可贵的，且不说他的译笔的矫健与了解的透彻。我们敢说这是我们翻译西洋名著最郑重的一个尝试；有了他的贡献，我们对于翻译莎士比亚的巨大的事业，应得辨认出一个新的起点。

林徽音陈梦家卞之琳的抒情诗各自施展清新的韵味，都是可贵的愉快的工作。闻一多本定有较长的作品赶来，但自从武汉惨遭水淹以来，我们不曾得到他的消息。我们一致祝望他的无恙，同时更希望他这回目睹了空前的灾象，又是在他的故乡，当然再不能吝惜他的"灵魂的膂力"，我们要求他再给我们一个"奇迹"！

上期的校对实在是太不像样；《自己的写照》一首诗里的字句与标点的讹失就有一百向外！我们对作者与读者都觉得抱歉。从本期起编者决定兼负校对的责任。

附带声明一件事：本刊的作者林徽音，是一位女士，《声色》与以前的《绿》的作者林微音，是一位男士（现在广州新月分店主任），他们二位的名字是太容易相混了，常常有人错认，排印亦常有错误，例如上期林徽音即被误刊为"林薇音"，所以特为声明，免得彼此有掠美或冒牌的嫌疑！

诗刊的稿件请就近寄下列两个地址：

（一）邵洵美　上海二马路中央大厦十九号

（二）徐志摩　北平米粮库四号

致胡适（六）

适之：

生命薄弱的时候，一封信都不易产出，愈是知心的朋友，信愈不易写。你走后，我哪一天不想着你，何尝不愿意像慰慈那样勤写信，但是每回一提笔就觉着一种枯窘，生命、思想，哪样都没有波动。在硖石的一个月，不错，总算享到了清闲寂静的幸福。但不幸这福气又是不久长的，小曼旧病又发作，还得扶病逃难，到上海来过最不健康的栈房生活，转眼已是二十天，曼还是不见好。方才去你的同乡王仲奇处看了病，他的医道却还有些把握，但曼的身体根本是神经衰弱，本原太亏，非有适当地方有长期间的静养是不得见效的，碰巧这世乱荒荒，哪还有清静的地方容你去安住，这是我最大的一件心事。

　　你信上说起见恩厚之夫妇，或许有办法把我们弄到国外去的话，简直叫我惝恍了这两天！我哪一天不想往外国跑，翡冷翠与康桥最惹我的相思，但事实上的可能性小到我梦都不敢重做。朋友里如彭春最赞成我们俩出去一次，老梁也劝我们去，只是叫我们哪里去找机会？中国本来是无可恋，近来更不是世界，我又是绝对无意于名利的，所要的只是"草青人远，一流冷涧"。这扰攘日子，说实话，我其实难过。你的新来的兴奋，我也未尝不曾感到过，但你我虽则兄弟们的交好，襟怀性情地位的不同处，正大着；另一句话说，你在社会上是负定了一种使命的，你不能不斗到底，你不能不向前迈步，尤其是这次回来，你愈不能不危险地过日子，我至少决不用消极的话来挫折你的勇气。但我自己却另是一回事，早几年我也不免有一点年轻人的夸大，但现在我看清楚些了，才，学，力，我是没有一样过人的，事业的世界我早已决心谢绝，我唯一的希望是能得到一种生活的状态，可以容我集中我有限的力量，在文字上做一点工作。好在小曼也不慕任何的浮荣，她也只要我清闲度日，始终一个读书人。我怎么能不感谢上苍，假如我能达到我的志愿！

　　留在中国的话，第一种逼迫就是生活问题。我决不能长此厚颜倚赖我的父母。就为这经济不能独立，我们新近受了不少的闷气。转眼又到阴历年了，我到哪里好？干什么好？曼是想回北京，她最舍不得她娘，但在北京教书是没有钱的，"晨副"我又不愿重去接手（你一定懂得我意思），生活费省是省，每月二百元总得有不是？另寻不相干的差事我又是不来的，所以回北京难。留在上海也不妥当，第一我不欢喜这地方，第二急切也没有合我脾胃的事情做。最好当然是在家乡耽着，家里新房子住得顶舒服的，又可以承欢膝下，但我又怕我父母不能相谅，只当我是没出息，这老大还得靠着家，其实只要他们能懂得我，我倒十分愿意暂时在家里休养，也着实可以读书做工，且过几时等时局安靖些再想法活动。目下闷处在上海，无聊到不可言状，曼又是早晚常病，连个可与谈的朋友都难得有（吴德生做了推事，忙极了的），硖石一时又回不去，你看多糟！你能早些回来，我们能早日相见，固然是好，但看时局如此凌乱，你好容易呼吸了些海外的新鲜空气，又得回向溷浊里，急切要求心地上的痛快怕是难的。

我们几个朋友的情形你大概知道，在君仍在医院里，他太太病颇不轻，acute headache，他辞职看来已有决心，你骂他的信或许有点影响。君劢已经辞去政治大学，听说南方有委杏佛与经农经营江苏教育事业的话，看来颇近情。老傅已受中山大学聘，现在山东，即日回来。但前日达夫来说广大亦已欠薪不少，老傅去，一半为钱，那又何必。通伯、叔华安居乐业，梦麟在上海，文伯在汉口，百里潦倒在沪，最可怜。小曼说短信没有意思，长信没力气写，爽性不写，她想你带回些东西来给她，皮包、袜子之类。你的相片瘦了，倒像一个鲍雪微几！

隔天再谈，一切保重。

志摩　小曼同候

一九二七年一月七日

致恩厚之（三）^①

厚之：

　　我原本打算明日抵达苏鲁尔，观摩你在那里的事业之后再
写信给你，但初到阿斯蓝的经历实在美妙了，我忍不住提笔告
诉你我的所见所闻。首先，我无比欣喜地得知老诗人近来身体
安康，享受完假期后即可全身心投入工作。我的拜访令他心情
大悦，他则尽其所能使我宾至如归。厚之，我同老诗人重聚之
喜悦，唯有你一人能理解。他如以往那样，谈吐风趣、笑口常
开，他说故事的本领依然无与伦比。在我逗留期间，我们经常
会面。我向他说了你的近况和事业，他甚是欣慰，并向你、多
乐芙和小露斯表达了厚爱。昨天印度的同仁们为我举办了友好
的茶会，老戈爹亲自主持，使我倍感荣幸。南达拉还是那么有
魅力，相貌黝黑，沉静端庄。他为我在艺术系办了一场展览。
没想到他当上爷爷后竟返老还童了。阿德里安是你不认识的，
他是个能干的伙计。我为他师事老戈爹而感到高兴，他的性格
很讨喜。

　　今天对我来说意义非凡。首先，它是我们的国庆日，也是孔子
诞辰之日；其次，它是我结婚纪念日。在这个大喜日，我格外挂念
和感激你，于是兴冲冲提笔给你写信。老诗人请我今晚为师生们谈
谈孔子，我已欣然答应。

　　离开这里后，我会去一趟大吉岭，大约在二十五号直接启程返
回上海。但愿你已收悉我从法兰克福和马赛寄去的信。不久之后我
会再写信的。

---

　　①　原信为英文，王先哲译。

向多乐芙和你致以爱忱。请代我向达廷顿的朋友们问好。

志摩

一九二八年十月十日于山迪尼基顿

亲爱的厚之：

你托印度友人转交的信件已收悉。另，多乐芙汇至我上海银行账户的二百镑已查收。我应当早些写信给你，但上月我一直在外东奔西走，而且我希望再得知更确切消息之后再提笔向你汇报。我刚从京津两地返回，在那边和大多数老朋友见了面。我有许多话想和你说，但首先要告诉你一个悲伤的消息，伟大的作家梁启超先生病危住进了协和医院，过去四五年他不是得这个病、就是患那个病，有很大原因是我和你提及的那次不幸的切肾手术，即使不能全部归咎于此。徽音现已是梁思成的太太，她从国外赶回照顾梁老先生，尽儿媳之责。我还见了张彭春和翟世英，和他们畅聊了一番。彭春对我们在达廷顿讨论的主意极其赞同，对我在托特尼斯和苏鲁尔的见闻感到欣喜。至于我们所构思的计划，他也愿意尽其所能提供帮助。事实上，他觉得这些计划绝非天方夜谭，他已为类似的目标而深思熟虑多年。可惜他当下并不清闲，他的兄长，也就是南开大学的校长，即将出国访问，所以接下来的十一月，整座学校将交由彭春打理。不过他敦促我将计划付诸实践，同时请我向你们二位转达他的敬意，他对你们造福全人类的崇高精神赞叹不已，由衷感激你们对中国人民福祉的关心。翟世英目前在平民教育学会任职。他们的职责是鼓励接受高等教育的人群为百姓服务、与百姓共事，这是中国有史以来第一次正式开展此类行动，值得关注。目前，他们正在华北地区进行农村教育和全民进步的实验工作，而这些工作是极其有价值的。这并不意味着我们期待它们取得惊天动地的成果，但如我所说，在我们群策群力帮助这个国家步入正轨之际，它给我们指明了一个新方向。

我已深入江苏和浙江两省考察，目前我更青睐后者。一方面，浙江人民更加真诚，依然保留着与大自然亲密相处的美好品质，尚未被现代社会所腐蚀。但我必须走访更多地方，才能得出一份详实的方案。我有一些既精于农学又通晓乡村的朋友，他们是我旅途中的帮手。我的一个愿望就是，你们夫妇二人在不远的将来能拨冗来一趟中国，在一些事务上帮我们拿定主意。与此同时，若我在中国的工作有任何进展，我会及时禀报。下周我将去考察一个叫"南北湖"的地方，那里距我家不过二十英里左右，其景色可与大名鼎鼎的西湖相媲美。我很快会再写信给你的。

我太太的身体日渐好转，期待有朝一日她也能去达廷顿走一遭，享受德温灿烂的阳光，还有你们的盛情招待。出自达廷顿的手织饰品令她爱不释手，在此向你道谢。她很喜欢你寄来的那张小露斯的照片，向你们的小宝贝问好。

老狄是否去达廷顿拜访过？他最近来信告诉我他打算过去一趟。我正在读他的新作——对哥德《浮士德》一书的解读，他写得还真不赖嘛。

致以最亲切的问候。

志摩

一九二九年一月七日

中国上海福熙路六一三号

厚之：

感谢你于一月二十九日的来信。因信封的地址处未写"经西伯利亚递送"，这封信花了整整五个星期才寄到。我一向热盼从达廷顿传来的消息，那个地方的非凡之光和绝伦之美，时常浮现于我的脑海，而此等光和美在现今的中国早已被残忍地拒之门外。你有所不知，达廷顿是我心驰神往之地，那般诗意盎然的回忆赐我灵魂以抚慰。鲑鱼成群的达河潺潺流淌、清澈柔美，德温的熠熠晨曦映在花园里历史悠久的石墙上，显得倍加绚烂。在那里生活的人们无不真挚善良，他们脸颊上的光辉，比朝阳更加耀眼，并生动地诠释了一个道理——朝气蓬勃的理想是屹立不倒的。环顾我每天所处的境地，我对那里的思念之情变得尤为苦痛，这份情感是不由自主的。放眼望去，这里没有高贵，只有卑鄙，没有友情和合作，只有处处树敌和冤冤相报，没有朝气蓬勃的原则，只有死气沉沉的教条；一切如行尸走肉，祸乱四处蔓延，举国面临滔天大难，人类灵魂的创造源泉终日干涸。各地民生凄苦凋敝，生存条件恶劣得不堪设想。我对北方的饥荒就有切身体会，一提起它我就不寒而栗。饿得不成人形的孩子们为了争抢地衣青苔而扭打在一起。他们那瘦骨嶙峋的手指把石缝之间挖了个遍，然后狼吞虎咽地塞入口中。他们这般搏命，只为了让饥饿和寒冷的折磨减轻一些。苍天呐，为何他们偏偏生在了这里！

眼下，一边残酷无情的统治者，另一边默默受苦的平民百姓，这势必会引发一场可怕的灾难，而且它已经近在咫尺。那些所谓的知识阶层——其实是一群无能的人——早已倦怠局势而听之任之，没有勇气去担起责任，只是默默恳求他人良心发现。

亲爱的厚之，任何一个身处中国的人，若要克服自己的悲观主义，与绝望的局势作斗争，谈何容易。他找不到任何可以坚持的信念；至于人生中的大事小事，也找不到任何可与之共事的朋友。活在中国，他甚至都不觉得自己活在这个世界上。如老戈爹在《飞鸟集》所言，我们只有热爱这个世界，才算活在这个世界上。但愿中国人能热爱他当下亲眼所见的中国，但这是绝无可能。

无可否认，我们所处的境地是黯淡无光的，它对人们精神的折磨也是不可遏止的。正因如此，一读到你在信中致以的最善意的关怀和期望，我就万分痛苦，其中之意思，唯有你能领会。我有幸到

305

访达廷顿与山迪尼基顿，从你和老戈爹那里带回了美好的灵感和鼓舞，可是在风雨飘摇的时局面前，它们显得苍白无力，这样的日子使人见不到一丝希望。我所怀揣的梦想距实现仍有十万八千里远。法律和秩序形同虚设，即使在江浙两省，甚至在南京城附近，治安也是靠不住的。绑票事件在全国各地高发，更别提抢劫了，法律却拿它们毫无办法。上海的生活索然无趣，有时甚至叫人厌恨；若想离开，却非人力所能及，原因很简单——眼下也没有别的去处了。我们所有人都插翅难逃，身不由己。

　　我近来忙于两件事。想必你已从报纸上读到了噩耗，我离京的三周之后，一月十九日，我们的梁启超先生与世长辞，年仅五十六岁。对我和其他许多人而言，梁先生的逝世是不可弥补的损失。他是当代最伟大的人，和孙中山先生相比也毫不逊色。我们认为，他不但是学者的完美典范，其本人更是集中华文明的优良传统于一身。他将当代中国领入新时代，凭一己之力掀起思想革命的潮流——没有它，政治革命就无从谈起。他会因此在当代中国的历史中独树一帜。胡适先生和我正在编纂一册纪念刊，以期对梁先生的高尚品格和多面才能予以公允评价，预计此刊将于五月问世。另外一件事是，我正在筹备一场全国美术展览，约在一个月后开幕。这场展会涉猎之广泛、设计之精良，在国内是绝无仅有的。插图版目录制作完成后，我会寄一些给你。

　　达廷顿近况如何？多乐芙近来安好？你们家里又要增添新成员了，可喜可贺，小露斯一定高兴极了。代我向朋友们致候，转告他们我一直渴望回去和大伙儿共同生活。小曼向你们二位问好。

　　你的挚友

徐志摩

一九二九年三月五日

上海福熙路六一三号

厚之：

　　许久未收到你的回信。上次给你写信时，老戈爹光临上海这个意想不到的消息令我喜出望外。他来之前，我还给你写过一封长信。老戈爹和他的随行抵达的那天是三月十九日。老戈爹和禅达在寒舍下榻两日，后前往日本和美国。返印途中，二人于六月十三日再次莅临，两日后道别。美国之行给老戈爹的身子增添重负，他比以往更加疲惫体弱。必须告诉你，除了舟车劳顿，老诗人的旅途也并非事事顺心。即使他没有被美国人惹得勃然大怒，也没替美国人说半句好话。最令他惋惜的是，他身边不再有像你这样的人士照料他，使之精神上饱满愉悦，这绝不是身体上的舒适可比拟的。关于你，我们谈了很多。老诗人真挚的肺腑之言令人动容。说着说着，我见他的双眸泛起泪光。厚之，没有人能像你一样理解、爱戴并精心照顾他；即使在他的同胞之中，也没有谁可与你相提并论。对此，老诗人的领悟比我深刻得多。倘若你亲耳听到他的话，你会倍感欣喜。他是这么说的："厚之是伟大的人，有着伟大的灵魂。我向他致以最深厚的爱念和最崇高的敬佩。说出来不免惭愧，但事实就是，他思想之深入，乃我等肤浅之人所不可比拟的。他有极好的领悟力，大概只有他能够参透我的心思。他在达廷顿把事业做得有声有色。他是难得一见的理想主义者，既有远见卓识，又有杰出本领。我对他寄予厚望和信心。我很失望自己没能从加拿大去往英国；我热盼与他来一次愉快的重聚，但未能如愿。请你务必写信，把我的思念转达给他。"

　　厚之，他大概在今年冬天会再见你一面。老诗人虽年老体衰，却依然一丝不苟地撰写演讲稿，他期望及时完成，以赶上今年冬季在牛津的基尔福学术演讲会。"我必须努力工作"，他叹息说，"我余下的日子不多了，所以我得加快工作进度。我很庆幸自己还有话可说，但这也是一个负担，我必须赶在归西之前把想说的话统统讲出来。我要讲的是'神圣的人格'，我力争在灵感和智慧上两全其美，

307

而不是泛泛而谈"。由此可见，他的心情好极了。愿他返回故土后迅速恢复健康，这样他就能踏上赴英之旅了。

在上海期间，老诗人见了胡适和蒋百里将军在内的一些老朋友。梁启超先生的早逝令他黯然痛心，张君劢先生在他访沪期间不幸被绑一事又使他格外难过。你很难相信会发生此类事情，可是它是确确实实存在的。这个身无分文的学者，为给家里人糊口，去年被迫卖光了自己的书籍，那就是他的全部家当。他过上近乎乞丐的生活，却还是遭遇不测，被人折磨（这是很乐观的说法）足足三个礼拜，活得比囚犯还要凄惨。所以说，向别人打听中国的近况如何是毫无意义的，因为就连干绑票的这群不法之徒们，都不把这个行当的行规放在眼里了，这般堕落是前所未有的！在许多方面，我们甚至连印度都比不上。理想都死绝了，它们非死不可。

我最开心的莫过于，我从老戈爹那里获知你喜得贵子、母子平安。我妻子特此向多乐芙和你致贺，她很快会向你们的小宝宝寄去小礼，以表祝福。

近半年我几乎是无所事事的。我说"几乎"是因为，我虽未接受任何职务，却在协助筹备首届全国美术展览，这也是我在个人事务之余的唯一差事。我从达廷顿和山迪尼基顿怀揣而归的志向和灵感，纵使它们多么伟大、美好，如今也在这个运转失灵的社会里被恶势力所禁锢，全无用武之地而日渐凋败。中国没有哪一处地方容得法律和秩序落脚。张君劢先生被绑架这则骇人的消息令家父战战兢兢，他正认真考虑举家搬迁，去往某个比上海更安全的地方，比如去青岛。我们应当以这种办法去对待人生吗？厚之，倘若你听到一个身处中国的人满腹牢骚，万万莫要责怪他。你也会明白，为什么人们很容易就对这里的一切忍无可忍，恨不得谋求机会一走了事。我也差一点谋得这样一个机会：哈佛大学去年请我去讲中国文学，他们说明年（也就是这个夏天）会有一个员额空缺，总之是一份不错的职务。但在我踌躇之际，丁文江，就是留有一撮别致的小胡子、当过上海市长的那个人，横刀夺走了这个最初是给他朋友提供的职位。对此，我仅仅是一笑置之。

上海已经入夏，我正打算带我妻子去山中避暑，她还是有些病恹恹的。达廷顿的各位可好？我忘不了那里厚重却透出光芒的云朵，还有那一张张笑容亲切的面庞。请代我向所有朋友们问好。露斯现在开始学习识字了吧？嘉波拉小姐还在达廷顿吗？想必是盼不到她的信了，不过我也没动笔写信给她。英伦的夏日真叫人魂牵梦绕！

顺颂大安

你的挚友

志摩

一九二九年六月二十八日

上海福熙路六一三号

《翡冷翠的一夜》序

小曼：

如其送礼不妨过期到一年的话，小曼，请你收受这一集诗，算是纪念我俩结婚的一份小礼。秀才人情当然是见笑的，但好在你的思想，眉，本不在金珠宝石间！这些不完全的诗句，原是不值半文钱，但在我这穷酸，说也脸红，已算是这三年来唯一的积蓄。我不是诗人，我自己一天明白似一天，更不须隐讳；狂妄的虚潮早经消退，余剩的只一片粗确的不生产的砂田，在海天的荒凉中自艾。"志摩感情之浮，使他不能为诗人，思想之杂，使他不能为文人。"这是一个朋友给我的评语。煞风景，当然，但我的幽默不容我不承认他这来真的辣入骨髓的看透了我。煞风景，当然，但同时我却感到一种解放的快乐——"我不想成仙，蓬莱不是我的分，我只要地面情愿安分的做人"……

本来是！"如其诗句得来"，诗人济慈说："不像是叶子那么长上树枝，那还不如不来的好。"我如其曾经有这一星星诗的本能，这几年都市的生活早就把它压死，这一年间我只淘成了一首诗，前途更是渺茫，唉，不来也罢，只是我怕辜负你的期望，眉，我如何能不感到惆怅！因此这一卷诗，大约是末一卷吧，我不能不郑重的献致给你，我爱，请你留了它，只当它是一件不希奇的古董，一点不成品的纪念……

志摩

八月二十三日于花园别墅

眉轩琐语（二）

投资到"美的理想"上去，它的利息是性灵的光采，爱是建设在相互的忍耐与牺牲上面的。

送曼年礼——曼殊斐儿的日记，上面写着"一本纯粹性灵所产生，亦是为纯粹性灵而产生的书。"——一九二七：一个年头你我都着急要它早些完。

读高尔士华绥的"西班牙的古堡"。

麦雷的 Adelphi 月刊已由九月起改成季刊。他的还是不懈的精神，我怎不愧愤？

再过三天是新年，生活有更新的希望不？

一九二七年十二月二十八日

愿新的希望，跟着新的年产生，愿旧的烦闷跟着旧的年死去。

《新月》决定办，曼的身体最叫我愁。一天二十四时，她没有小半天完全舒服，我没有小半天完全定心。

给我勇气，给我力量，天！

一九二八年一月二十三日①

小病三日，拔牙一根，吃药三煎。睡昏昏不计钟点，亦不问昼夜。乍起怕冷贪懒，东偎西靠，被小曼逼下楼来，穿大皮袍，戴德生有耳大毛帽，一手托腮，勉强提笔，笔重千钧，新年如此，亦苦矣哉。

适之今天又说这年是个大转机的机会。为什么？

各地停止民众运动，我说政府要请你出山，他说谁说的，果然的话，我得想法不让他们发表。

轻易希冀轻易失望同是浅薄。

费了半个钟头才洗净了一支笔。

男子只有一件事不知厌倦的。

女人心眼儿多，心眼儿小，男人听不惯她们的说话。

对不对像是分一个糖塔饼，永远分不净匀。

爱的出发点不定是身体，但爱到了身体就到了顶点。厌恶的出发点，也不一定是身体，但厌恶到了身体也就到了顶点。

梅勒狄斯写 Egoist，但这五十年内，该有一个女性的 Sir Willoughby 出现。

最容易化最难化的是一样的东西——女人的心。

朋友走进你屋子东张西望时，他不是诚意来看你的。

怀疑你的一到就说事情忙赶快得走的朋友。

老傅来说我下回再有诗集他替作序。

过去的日子只当得一堆灰，烧透的灰，字迹都见不出一个。

我唯一的引诱是佛，它比我大得多，我怕它。

今年我要出一本文集一本诗集一本小说两篇戏剧。

---

① 1928 年 1 月 23 日为农历正月初一。

正月初七称重一百卅六磅（连长毛皮袍）曼重九十。

昨夜大雪，瑞午家初次生火。

顷立窗间，看邻家园地雪意。转瞬间忆起贝加尔湖雄踞群峰。小瑞士岩稿梨梦湖上的少女和苏格兰的雾态。

一九二八年一月二十八日

清明日早车回硖石，下午去蒋姑母家。次晨早四时复去送除帏。十时与曼坐小船下乡去沈家浜扫墓，采桃枝，摘薰花菜，与乡下姑子拉杂谈话。阳光满地，和风满裾，致足乐也。下午三时回硖，与曼步行至老屋，破乱不堪，甚生异感。淼侄颇秀，此子长成，或可继一脉书香也。

次日早车去杭，寓清华湖。午后到即与瑞午步游孤山。偶步山后，发见一水潭浮红涨绿，俨然织锦，阳光自林隙来，附丽其上，益增娟媚。与曼去三潭印月，走九曲桥，吃藕粉。

一九二八年四月七日

是春倦吗？这几天就没有全醒过，总是睡昏昏的。早上先不能醒，夜间还不曾动手做事，瞌睡就来了。脑筋里几乎完全没有活动，该做的事不做，也不放在心上，不着急，逛了一次西湖反而逛呆了似的。想作诗吧，别说诗句，诗意都还没有影儿，想写一篇短文吧，一样的难，差些日记都不会写了。昨晚写信只觉得一种懈惰在我的筋骨里，使得我在说话上只选抵抗力最小的道儿走。字是不经挑择的，句是没有法则的，更说不上章法什么，回想先前的信札是怎么写的，这回这有些感到更不如从前了。

难道一个诗人就配颠倒在苦恼中，一天逸豫了就不成吗？而况像我的生活何尝说得到逸豫？只是一样，绝对的苦与恼确是没有了的，现在我一不是攀登高山，二不是疾驰峻坂，我只是在平坦的道上安步徐行，这是我感到闭塞的一个原因。

天目的杜鹃已经半萎，昨寄三朵给双佳瘦。

我的墨池中有落红点点。

译哈代八十六岁自述一首，小曼说还不差，这一夸我灵机就动，又做得一首：

残　春

昨天我瓶子里斜插着的桃花，
是朵朵媚笑在美人的腮边挂；
今儿它们全低了头，全变了相——
红的白的尸体倒悬在青条上。

窗外的风雨报告残春的运命，
表钟似的音响在黑色里丁宁：
“你生命的瓶子里的鲜花也
变了样，艳丽的尸体，等你去收殓!”

一九二八年四月二十日

再别康桥①

轻轻的我走了，
正如我轻轻的来；
我轻轻的招手，

---

① 作于 1928 年 11 月 6 日，徐志摩第三次欧游后，在回国的船上写下此诗。

作别西天的云彩。

那河畔的金柳，
是夕阳中的新娘；
波光里的艳影，
在我的心头荡漾。

软泥上的青荇，
油油的在水底招摇；
在康河的柔波里，
我甘心做一条水草！

那榆荫下的一潭，
不是清泉，是天上虹；
揉碎在浮藻间，
沉淀着彩虹似的梦。

寻梦？撑一支长篙，
向青草更青处漫溯；
满载一船星辉，
在星辉斑斓里放歌。

但我不能放歌，
悄悄是别离的笙箫；
夏虫也为我沉默，
沉默是今晚的康桥！

悄悄的我走了，

正如我悄悄的来；
我挥一挥衣袖，
不带走一片云彩。

爱眉小札（二）

亲爱的：

离开了你又是整一天过去了。我来报告你船上的日子是怎么过的。我好久没有甜甜的睡了，这一时尤其是累，昨天起可有了休息了；所以我想以后生活觉得太倦了的时候，只要坐船，就可以养过来。长江船实在是好，我回国后至少我得同你去来回汉口坐一次。你是城里长大的孩子，不知道乡居水居的风味，更不知道海上河上的风光；这样的生活实在是太窄了，你身体坏一半也是离天然健康的生活太远的原故。你坐船或许怕晕，但走长江乃至走太平洋绝不至于。因为这样的海程其实说不上是航海，尤其在房间里，要不是海水和机轮的声响，你简直可以疑心这船是停着的。昨晚给你写了信就洗澡上床睡，一睡就着，因为太倦了，一直睡到今早上十点钟才起来。早饭已吃不着，只喝一杯牛奶。穿衣服最是一个问题，昨晚上吃饭，我穿新做那件米色华丝纱，外罩春舫式的坎肩；照照镜子，还不至于难看。文伯也穿了一件艳绿色的绸衫子，两个人联袂而行，趾高气扬的进餐堂去。我倒懊恼中国衣带太少了，尤其那件新做蓝的夹衫，我想你给我寄纽约去。只消挂号寄，不会遗失的；也许有张单子得填，你就给我寄吧，用得着的。还有人和里我看中了一种料子，只要去信给田先生，他知道给染什么颜色。染得了，让拿出来叫云裳①按新做那件尺寸做，安一个嫩黄色的极薄绸里子

---

① "云裳"是徐志摩在上海开设的一家云裳服装公司。

最好；因为我那件旧的黄夹衫已经褪色，宴会时不能穿了。你给我去信给爸爸，或是他还在上海，让老高去通知关照人和要那件料子。我想你可以替我办吧。还有衬里的绸裤褂（扎脚管的）最好也给做一套，料子也可以到人和要去，只是你得说明白材料及颜色。你每回寄信的时候不妨加上"Via Vancouver"，也许可以快些。

今天早上我换了洋服，白哗叽裤，灰法兰绒褂子，费了我好多时候，才给打扮上了，真费事。最糟的是我的脖子确先从十四寸半长到了十五寸；而我的衣领等等都还是十四寸半，结果是受罪。尤其是瑞午送我那件特别 shirt，领子特别小，正怕不能穿，那真可惜。穿洋服是真不舒服，脖子、腰、脚，全上了镣铐，行动都感到拘束，哪有我们的服装合理，西洋就是这件事情欠通，晚上还是中装。

饭食也还要得，我胃口也有渐次增加的趋向。最好一样东西是橘子，真正的金山橘子，那个儿的大，味道之好，同上海卖的是没有比的。吃了中饭到甲板上散步，走七转合一哩，我们是宽袍大袖，走路斯文得很。有两个牙齿雪白的英国女人走得快极了，我们走小半转，她们走一转。船上是静极了的，因为这是英国船，客人都是些老头儿，文伯管他们叫做 retired burglars，因为他们全是在东方赚饱了钱回家去的。年轻女人虽则也有几个，但都看不上眼，倒是一位似乎福建人的中国女人长得还不坏。可惜她身边永远有两个年轻人拥护着，说的话也是我们没法懂的，所以也只能看看。到现在为止，我们跟谁都没有交谈过，除了房间里的 boy，看情形我们在船上结识朋友的机会是少得很，英国人本来是难得开口，我们也不一定要认识他们。船上的设备和布置真是不坏；今天下午我们各处去走了一转，最上层的甲板是叫 sun deck，可以太阳浴。那三个烟囱之粗，晚上看看真吓人。一个游泳池真不坏，碧清的水逗人得很，我可惜不会游水，否则天热了，一天浸在里面都可以的。健身房也不坏，小孩子另有陈设玩具的屋子，图书室也好，只有是书少而不好。音乐也还要得，晚上可以跳舞，但没人跳。电影也有，没有映过。

316

我们也到三等烟舱里去参观了，那真叫我骇住了，简直是一个 China Town 的变相，都是赤膊赤脚的，横七竖八的躺着，此外摆着十几只长方的桌子，每桌上都有一两人坐着，许多人围着。我先不懂，文伯说了，我才知道是"摊"，赌法是用一大把棋子合在碗下，你可以放注，庄家手拿一根竹条，四颗四颗的拨着数，到最后剩下的几颗定输赢。看情形进出也不小，因为每家跟前都是有一厚叠的钞票：这真是非凡，赌风之盛，一至于此！还有一件奇事，你随便什么时候可以叫广东女人来陪，呜呼！中华的文明。

下午望见有名的鸟山，但海上看不见飞鸟。方才望见一列的灯火，那是长崎，我们经过不停。明日可到神户，有济远来接我们，文伯或许不上岸。我大概去东京，再到横滨，可以给你寄些小玩意儿，只是得买日本货，不爱国了，不碍吗？

我方才随笔写了一短篇《卞昆冈》的小跋，寄给你，看过交给上沅付印，你可以改动，你自己有话的时候不妨另写一段或是附在后面都可以。只是得快些，因为正文早已印齐，等我们的序跋和小鹣的图案了，这你也得马上逼着他动手，再迟不行了！再伯生他们如果真演，来请你参观批评的话，你非得去，标准也不可太高了，现在先求有人演，那才看出戏的可能性，将来我回来，自然还得演过。不要忘了我的话。同时这夏天我真想你能写一两个短戏试试，有什么结构想到的就写信给我，我可以帮你想想。我对于话剧是有无穷愿望的，你非得大大的帮我忙，乖囡！

你身体怎样，昨天早起了不太累吗？冷东西千万少吃，多多保重，省得我在外提心吊胆的！

妈那里你去信了没有？如未，马上就写。她一个人在也是怪可怜的。爸爸、娘大概是得等竞武信，再定搬不搬；你一人在家各事都得警醒留神，晚上早睡，白天早起，各事也有个接洽，否则你迟睡，淑秀也不早起，一家子就没有管事的人了，那可不好。

文伯方才说美国汉玉不容易卖，因为他们不承认汉玉，且看怎样。明儿再写了，亲爱的，哥哥亲吻你一百次，祝你健安。

摩摩

一九二八年六月十七日自神户途中

亲爱的：

我现在一个人在火车里往东京去；车子震荡得很凶，但这是我和你写信的时光，让我在睡前和你谈谈这一天的经过。济远隔两天就可以见你，此信到，一定远在他后，你可以从他知道我到日时的气色等等。他带回去一束手绢，是我替你匆匆买得的，不一定别致；到东京时有机会再去看看，如有好的，另寄给你。这真是难解决，一面是为爱国，我们决不能买日货，但到了此地看各样东西制作之玲巧，又不能不爱。济远说：你若来，一定得装几箱回去才过瘾。说起我让他过长崎时买一筐日本大樱桃给你，不知他能记得否。日本的枇杷大极了，但不好吃。白樱桃亦美观，但不知可口不？我们的船从昨晚起即转入——岛国的内海，九州各岛灯火辉煌，于海波澎湃夜色苍茫中，各具风趣。今晨起看内海风景，美极了，水是绿的，岛屿是青的，天是蓝的；最相映成趣的是那些小渔船，一个个扬着各色的渔帆，黄的、蓝的、白的、灰的，在轻波间浮游。我照了几张，但因背日光，怕不见好。饭后船停在神户口外，日本人上船来检验护照。我上函说起那比较看得的中国的女子，大约是避绑票一类，全家到日本上岸。我和文伯说这样好，一船上男的全是蠢，女的全是丑，此去十余日如何受得了。我就想象如果乖你同来的话，我们可以多么堂皇的并肩而行，叫一船人尽都侧目！大锋头非得到外国出，明年咱们一定得去西洋——单是为呼吸海上清新的空气也是值得的。

船到四时才靠岸，我上午发无线电给济远的，他所以约了鲍振青来接，另外同来一两个新闻记者，问这样问那样的，被我几句滑话给敷衍过去了，但相是得照一个的，明天的神户报上可见我们的尊容了。上岸以后，就坐汽车乱跑，街上新式的雪佛洛来跑车最多，买了一点东西，就去山里看雌雄泷瀑布，当年叔华的兄姊淹死或闪死的地方。我喜欢神户的山，一进去就扑鼻的清香，一般凉爽气侵袭你的肘腋，妙得很。一路上去有卖零星手艺及玩具的小铺子，我和文伯买了两根刻花的手杖。我们到雌雄泷池边去坐谈了一阵，暝色从林木的青翠里浓浓的沁出，飞泉的声响充满了薄暮的空山：这是东方山水独到的妙处。下山到济远寓里小憩；说起洗澡，济远说现在不仅通伯敢于和别的女人一起洗，就是叔华都不怕和别的男性共浴，这是可咋舌的一种文明！

我们要了大葱面点饥，是葱而不臭，颇入味。鲍君为我发电报，只有平安两字，但怕你们还得请教小鹅，因为用日文发要比英文便宜几倍的价钱。出来又吃鳗饭，又为鲍君照相（此摄影大约可见时报）。赶上车，我在船上买的一等票，但此趟急行车只有睡车二等而无一等，睡车又无空位，怕只得坐这一宵了。明早九时才到东京，通伯想必来接。后日去横滨上船，想去日光或箱根一玩，不知有时候否。曼，你想我不？你身体见好不？你无时不在我切念中，你千万保重，处处加爱，你已写信否？过了后天，你得过一个月才得我信，但我一定每天给你写，只怕你现在精神不好，信过长了使你心烦。我知道你不喜欢我说哲理话，但你知道你哥哥爱是深入骨髓的。我亲吻你一千次。

摩摩

一九二八年六月十八日自东京途中

明天我们船过子午线，得多一天。今天是二十五，明天本应二十六，但还是二十五；所以我们在船上的多一个礼拜一，要多活一天。不幸我们是要回来的，这捡来的一天还是要丢掉的。这道理你

319

懂不懂？小孩子！我们船是向东北走的，所以愈来愈冷。这几天太太小姐们简直皮小氅都穿出来了。但过了明天，我们又转向东南，天气就一天暖似一天。到了 Victoria 就与上海相差不远了。美国东部纽约以南一定已经很热，穿这断命的外国衣服，我真有点怕，但怕也得挨。

船上吃饭睡足，精神养得好多，面色也渐渐是样儿了。不比在上海时，人人都带些晦气色。身体好了，心神也宁静。要不然我昨晚的信如何写得出？那你一看就觉得到这是两样了。上海的生活想想真是糟。陷在里面时，愈陷愈深；自己也觉不到这最危险，但你一跳出时，就知道生活是不应得这样的。

这两天船上稍微有点生气，前今两晚举行一种变相的赌博：赌的是船走的里数，信上说是说不明白的。但是 auction sweep 一种拍卖倒是有点趣味——赌博的趣味当然。我们输了几块钱。今天下午，我们赛马，有句老话是：船顶上跑马，意思是走投无路。但我们却真的在船上举行赛马了。我说给你听：地上铺一条划成六行二十格的毯子，拿六只马——木马当然，放在出发的一头，然后拿三个大色子掷在地上；如其掷出来是一二三，那第一第二第三三个马就各自跑上一格；如其接着掷三个一点，那第一只马就跳上了三步。这样谁先跑完二十格，就得香槟。买票每票是半元，随你买几票。票价所得的总数全归香槟，按票数分得，每票得若干。比如六马共卖一百张票，那就是五十元。香槟马假如是第一马，买的有十票，那每票就派着十元。今天一共举行三赛，两次普通，一次"跳浜"；我们赢得了两块钱，也算是好玩。

第二个六月二十五：今天可纪念的是晚上吃了一餐中国饭，一碗汤是鲍鱼鸡片，颇可口，另有广东咸鱼草菇球等四盆菜。我吃了一碗半饭，半瓶白酒，同船另有一对中国人：男姓李，女姓宋，订了婚的，是广东李济深的秘书；今晚一起吃饭，饭后又打两圈麻将。我因为多喝了酒，多吃了烟，颇不好受；头有些晕，赶快逃回房来睡下了。

今天我把古董给文伯看：他说这不行，外国人最讲考据，你非得把古董的历史原原本本地说明不可。他又说：三代铜器是不含金质的，字体也太整齐，不见得怎样古；这究是几时出土，经过谁的手，经过谁评定，这都得有。凡是有名的铜器在考古书上都可以查得的。这克炉是什么时代，什么铸的，为什么叫"克"？我走得匆促，不曾详细问明，请瑞午给我从详（而且须有根据，要靠得住）即速来一个信，信面添上——Via Seattle，可以快一个礼拜。还有那瓶子是明朝什么年代，怎样的来历，也要知道。汉玉我今天才打开看，怎么爸爸只给我些普通的。我上次见过一些药铲什么好些的，一样都没有，颇有些失望。但我当然去尽力试卖。文伯说此事颇不易做，因为你第一得走门路，第二近年来美国人做冤大头也已经做出了头。近来很精明了，中国什么路货色什么行市，他们都知道。第二即使有了买主，介绍人的佣金一定不小，比如济远说在日本卖画，卖价五千，卖主真到手的不过三千，因此八大那张画他也没有敢卖。而且还有我们身份的关系，万一他们找出证据来说东西靠不住，我们要说大话，那很难为情。不过他倒是有这一路的熟人，且碰碰运气去看。竞武他们到了上海没有？我很挂念他们。要是来了，你可以不感寂寞，家下也有人照应了；如未到来信如何说法，我不另写信了；他们早晚到，你让他们看信就得。

我和文伯谈话，得益很多。他倒是在暗里最关切我们的一个朋友。他会出主意，你是知道的。但他这几年来单身人在银行界最近在政界怎样的做事，我也才完全知道，以后再讲给你听。他现在背着一身债，为要买一个清白，出去做事才立足得住。在一般人看来，他是一个大傻子；因为他放过明明不少可以发财的机会不要，这是他的品格，也显出他志不在小，也就是他够得上做我们朋友的地方。他倒很佩服娘，说她不但有能干而有思想，将来或许可以出来做做事。在船上是个极好反省的机会。我愈想愈觉得我俩有赶快 wake up

321

的必要。上海这种疏松生活实在是要不得，我非得把你身体先治好，然后再定出一个规模来，另辟一个世界，做些旁人做不到的事业，也叫爸娘吐气。我也到年纪了，再不能做大少爷，妈虎过日。近来感受种种的烦恼，这都是生活不上正轨的缘故。曼，你果然爱我，你得想想我的一生，想想我俩共同的幸福；先求养好身体，再来做积极的事。一无事做是危险的，饱食暖衣无所用心，绝不是好事。你这几个月身体如能见好，至少得赶紧认真学画和读些正书。要来就得认真，不能自哄自，我切实的希望你能听摩的话。你起居如何？早上何时起来？这第一要紧——生活革命的初步也。

摩亲吻你

一九二八年六月二十五日自西雅图途中

亲爱的：

整两天没有给你写信，因为火车上实在震动得太厉害，人又为失眠难过，所以索性耐着，到了纽约再写。你看这信笺就可以知道我们已经安到我们的目的地——纽约。方才浑身都洗过，颇觉爽快。这是一个比较小的旅馆，但房金每天合中国钱每人就得十元，房间小得很，虽则有澡室等等，设备还要得。出街不几步，就是世界有名的 Fifth Ave。这道上只有汽车，那多就不用提了。我们还没有到 K. C. H. 那里去过，虽则到岸时已有电给他，请代收信件。今天这三两天怕还不能得信，除非太平洋一边的邮信是用飞船送的，那看来不见得。说一星期吧，眉你的第一封信总该来了吧，再要不来，我眼睛都要望穿了。眉，你身体该好些了吧？如其还要得，我盼望你不仅常给我写信，并且要你写得使我宛然能觉得我的乖眉小猫儿似的常在我的左右！我给你说说这几天的经过情形，最苦是连着三四晚失眠。前晚最坏了，简直是彻夜无眠，也不知是什么原因。一路火旺得很，一半许是水土，上岸头几天又没有得水果吃，所以烧得连口唇皮都焦黑了。现在好容易到了纽约，只是还得忙：第一得寻一个适当的 apartment。夏天人家出外避暑，许有好的出租。第二得想法出脱带来的宝贝。说起昨天过芝加哥，我们去 Museum of Natural History 走来了。那边有一个玉器专家叫 Lanfer，他曾来中国收集古董，印一本讲玉器的书，要卖三十五元美金。昨天因为是美国国庆纪念，他不在馆，没有见他。可是文伯开玩笑，给出一个主意，他让我把带来的汉玉给他看，如他说好，我就说这是不算数，只是我太太 Madame Hsu Siaomay 的小玩意儿，collection 她老太爷才真是好哪。他要同意的话，就拿这一些玉全借给他，陈列在他的博物院里，请本城或是别处的阔人买了捐给院里。文伯又说，我们如果吹得得法的话，不妨提议让他们请爸爸做他们驻华收集玉器代表。这当然不过是这么想，但如果成的话，岂不佳哉？我先寄此，晚上再写。

摩

一九二八年七月五日自纽约

爱眉：

久久不写中国字，写来反而觉得不顺手。我有一个怪癖，总不喜欢用外国笔墨写中国字，说不出的一种别扭，其实还不是一样的。昨天是十月三号，按阳历是我俩的大喜纪念日，但我想不用它，还是从旧历以八月二十七孔老先生生日那天作为我们纪念的好；因为我们当初挑的本来是孔诞日而不是十月三日，那你有什么意味？昨晚与老李喝了一杯 cocktail，再吃饭，倒觉得脸烘烘热了一两个钟头。同船一班英国鬼子都是粗俗到万分，每晚不是赌钱赛马，就是跳舞闹，酒间里当然永远是满座的。这班人无一可谈，真是怪，一出国的英国鬼子都是这样的粗伧可鄙。那群舞女（Bawoard Company）不必说，都是那一套，成天光着大腿子，打着红脸红嘴赶男鬼胡闹，淫骚粗丑的应有尽有。此外的女人大半都是到印度或缅甸去传教的

323

一群干瘪老太婆，年纪轻些的，比如那牛津姑娘（要算她还有几分清气），说也真妙，大都是送上门去结婚的。我最初只发现那位牛姑娘（她名字叫 Sidebottom，多难听！）是新嫁娘，谁知接连又发现至九个之多，全是准备流血去的！单是一张饭桌上，就有六个大新娘，你说多妙！这班新娘子，按东方人看来也真看不惯，除了真丑的，否则每人也都有一个临时朋友，成天成晚的拥在一起，分明她们良心上也不觉得什么不自然，这真是洋人洋气！

我在船上饭量倒是特别好，菜单上的名色总得要过半。这两星期除了看书（也看了十来本书）多半时候，就在上层甲板看天看海。我的眼望到极远的天边，我的心也飞去天的那一边，眉你不觉得吗？我每每凭栏远眺的时候，我的思绪总是紧绕在我爱的左右，有时想起你的病态可怜，就不禁心酸滴泪。每晚的星月是我的良伴。

自从开船以来，每晚我都见到月，不是送她西没，就是迎她东升。有时老李伴着我，我们就看看海天，也谈着海天，满不管下层船客的闹，我们别有胸襟，别有怀抱，别有天地！

乖眉，我想你极了，一离马赛，就觉到归心如箭，恨不能一脚就往回赶。此去印度真是没法子，为还几年来的一个愿心，在老头①升天以前再见他一次，也算尽我的心。像这样抛弃了我爱，远涉重洋来访友，也可以对得住他的了。所以我完全无意流连，放着中印度无数的名胜异迹，我全不管，一到孟买（Bombay）就赶去 Calcutta 见了老头，再顺路一到大吉岭，瞻仰喜马拉雅的风采，就上船径行回沪。眉眉，我的心肝，你身体见好否？半月来又无消息，叫我如何放心得下，这信不知能否如期赶到？但是快了，再一个月你我又可交抱相慰的了！

摩的热吻

一九二八年十月四日自孟买途中

---

① 指泰戈尔。

Darling：

车现停在河南境内（陇海路上），因为前面碰车出了事，路轨不曾修好，大约至少得误点六小时，这是中国的旅行。老金处电想已发出，车到如在半夜，他们怕不见得来接，我又说不清他家的门牌号数，结果或须先下客栈。同车熟人颇多，黄家寿带了一个女人，大概是姨太太之一，他约我住他家，我倒是想去看看他的古董书画。你记得我们有一次在他家吃饭，obata 请客吗？他的鼻子大得奇怪，另有大鼻子同车，罗家伦校长先生是也。他见了我只是窘，尽说何以不带小曼同行，杀风景，杀风景！要不然就吹他的总司令长，何应钦、白崇禧短，令人处处齿冷。

车上极挤，几乎不得座位，因有相识人多定卧位，得以高卧。昨晚自十时半睡至今日十时，大畅美，难得。地在淮北河南，天气大寒，朝起初见雪花，风来如刺。此一带老百姓生活之苦，正不可以言语形容。同车有熟知民间苦况者，为言民生之难堪；如此天时，左近乡村中之死于冻饿者，正不知有多少。即在车上望去，见土屋墙壁破碎，有仅盖席子作顶，聊蔽风雨者。人民都面有菜色，镶手寒战，看了真是难受。回想我辈穿棉食肉，居处奢华，尚嫌不足，这是何处说起。我每当感情动时，每每自觉惭愧，总有一天我也到苦难的人生中间去尝一分甘苦；否则如上海生活，令人筋骨衰腐，志气消沉，哪还说得到大事业！

眉，愿你多多保重，事事望远处从大处想，即便心气和平，自在受用。你的特点即在气宽量大，更当以此自勉。我的话，前晚说的，千万常常记得，切不可太任性。盼有来信。

汝摩

一九二八年十二月二十一日自陇海线途中

小曼：

　　到今天才偷着一点闲来写信，但愿在写完以前更不发生打岔。到了北京是真忙，我看人，人看我，几个转身就把白天磨成了夜。先来一个简单的日记吧。

　　星期六在车上又逢着了李济之大头先生，可算是欢喜冤家，到处都是不期之会。车误了三个钟头，到京已晚十一时。老金、丽琳、瞿菊农，都来站接我：故旧重逢，喜可知也。老金他们已迁入叔华的私产那所小洋屋，和她娘分住两厢，中间公用一个客厅。初进厅老金就打哈哈，原来新月社那方大地毯，现在他家美美的铺着哪。如此说来，你当初有些错冤了王公厂了。丽琳还是那旧精神，开口难么闭口面的有趣。老金长得更丑更蠢更笨更呆更木更傻不鸡鸡了！他们一开口当然就问你，直骂我，说什么都是我的不是，为什么不离开上海？为什么不带你去外国，至少上北京？为什么听你在腐化不健康的环境里耽着？这样那样的听说了一大顿，说得我哑口无言。本来是无可说的！丽琳告奋勇她要去上海看看你倒是怎么回事。种种的废话都是长翅膀的，可笑却也可厌。他俩还得向我开口正式谈判哪，可怕！

　　Emma 已不和他们同住，不合式，大小姐二小姐分了家了。当晚 Emma 也来了，她可也变了样，又老又丑，全不是原先巴黎、伦敦丰采，大为扫兴。

　　第二天星期一，早去协和，先见思成。梁先生的病情谁都不能下断语，医生说希望绝无仅有，神智稍微清宁些，但绝对不能见客，一兴奋病即变相。前几天小便阻塞，过一大危险，亦为兴奋。因此我亦只得在门缝里张望，我张了两次：一次是躺着，难看极了，半只脸只见瘦黑而焦的皮包着骨头，完全脱了形了，我不禁流泪；第二次好些，他靠坐着和思成说话，多少还看出几分新会先生的神采。昨天又有变象，早上忽发寒热，抖战不止，热度升至四十以上，大夫一无捉摸；但幸睡眠甚好，饮食亦佳。老先生实在是绞枯了脑汁，流干了心血，病发作就难以支持；但也还难说，竟许他还能多延时日。梁大小姐亦尚未到。思成因日前离津去奉，梁先生病已沉重，而左右无人作主，大为一班老辈朋友所责备。彼亦面黄肌瘦，看看可怜。林大小姐则不然，风度无改，涡媚犹圆，谈锋尤健，兴致亦豪；且亦能吸烟卷喝啤酒矣！

星期中午老金为我召集新月故侣，居然尚有二十余人之多。计开：任叔永夫妇、杨景任、熊佛西夫妇、余上沅夫妇、陶孟和夫妇、邓叔存、冯友兰、杨金甫、丁在君、吴之椿、瞿菊农等，彭春临时赶到，最令高兴，但因高兴喝酒即多，以致终日不适，腹绞脑涨，下回自当留意。

星期晚间在君请饭，有彭春及思成夫妇，瞎谈一顿。昨天星一早去石虎胡同蹇老处，并见慰堂，略谈任师身后布置，此公可称以身殉学问者也，可敬！午后与彭春约同去清华，见金甫等。彭春对学生谈戏，我的票也给绑上了，没法摆脱。罗校长居然全身披挂，威风凛凛，杀气腾腾，然其太太则十分循顺，劝客吃糖食十分殷勤也。晚归路过燕京，见到冰心女士，承蒙不弃，声声志摩，颇非前此冷傲，异哉。与 P. C. 进城吃正阳楼双脆烧炸肥瘦羊肉，别饶风味。饭后看荀慧生翠屏山，配角除马富禄外，太觉不堪。但慧生真慧，冶荡之意描写入神，好！戏完即与彭春去其寓次长谈。谈长且畅，举凡彼此两三年来屯聚于中者一齐倾吐无遗，难得，难得！直至破晓，方始入寐。彭春惧一时不能离南开；乃兄已去国，二千人教育责任，尽在九爷肩上。然彭春极想见曼，与曼一度长谈。一月外或可南行一次，我亦亟望其能成行也。P. C. 真知你我者，如此知己，仅矣！今日十时去汇业见叔濂，门锁人愁，又是一番景象。此君精神颇见颓丧，然言自身并无亏空，不知确否。

午间思成、藻孙约饭东兴楼，重尝乌鱼蛋芙蓉鸡片。饭后去淑筠家，老伯未见，见其姬，函款面交。希告淑筠，去六阿姨处，无人在家，仅见黑哥之母。三舅母处想明日上午去，西城亦有三四处朋友也。今晚杨邓请饭，及看慧生全本玉堂春，明晚或可一见小楼、小余之八大槌。三日起居注，絮絮述来，已有许多，俱见北京友生之富。然而京华风色不复从前，萧条景象，到处可见，想了伤心。友辈都要我俩回来，再来振作一番风雅市面，然而已矣！

曼！日来生活如何，最在念中，腿软已见除否？夜间已移早否？我归期尚未能定，大约这星四动身。但梁如尔时有变，则或尚须展缓，文伯、慰慈已返京，尚未见。文伯麻子今煌煌大要人矣。

堂上均安不另。

汝摩亲吻

一九二八年十二月二十五日自北平

眉：

前天一信谅到，我已安到北平。适之父子和丽琳来车站接我。胡家一切都替我预备好，被窠等等一应俱全。我的两件丝棉袍子一破一烧，胡太太都已替我缝好。我的房间在楼上，一大间，后面是祖望的房，再过去是澡室；房间里有汽炉，舒适得很。温源宁要到今晚才能见，固此功课如何，都还不得而知；恐怕明后天就得动手工作。北京天时真好，碧蓝的天，大太阳照得通亮；最妙的是徐州以南满地是雪，徐州以北一点雪都没有。今天稍有风，但也不见冷。前天我写信后，同小郭去钱二黎处小坐，随后到程连士处（因在附近），程太太留吃点心，出门时才觉得时候太迟了些，车到江边跑极快，才走了七分钟，可已是六点一刻。最后一趟过江的船已于六点开走，江面上雾茫茫的只见几星轮船上的灯火。我想糟了，真闹笑话了，幸亏神通广大，居然在十分钟内，找到了一只小火轮，单放送我过去。我一个人独立苍茫，看江涛滚滚，别有意境。到了对岸，已三刻，赶快跑，偏偏橘子篓又散了满地，狼狈之至。等到上车，只剩了五分钟，你说险不险！同房间一个救世军的小军官，同车相识者有翁咏霓。车上大睡，第一晚因大热，竟至梦魇。一个梦是湘眉那猫忽然反了，约了另一只猫跳上床来攻打我；凶极了，我几乎要喊救命。说起湘眉要那猫，不为别的，因为她家后院也闹耗子，所以要她去镇压镇压。她在我们家，终究是客，不要过分亏待了她，请你关照荷贞等，大约不久，张家有便，即来携取的。我走后你还好否？想已休养了过来。过年是有些累；我在上海最苦是不够睡。娘好否？说我请安。碤石已去信否？小蝶墨盒及信已送否？大夏①六十元支票已送来否？来信均盼提及。电报不便，我或者不发了。此信大后日可到。你晚上睡得好否？立盼来信！常写要紧。早睡早起才乖。

汝摩

一九三一年二月二十四日自北平

眉爱：

　　前日到后，一函托丽琳付寄，想可送到。我不曾发电，因为这里去电报局颇远，而信件三日内可到，所以省了。现在我要和你说的是我教书事情的安排。前晚温源宁来适之处，我们三个人谈到深夜。北大的教授（三百）是早定的，不成问题。只是任课比中大的多，不甚愉快。此外还是问题，他们本定我兼女大教授，那也有二百八，连北大就六百不远。但不幸最近教部严令禁止兼任教授，事实上颇有为难处，但又不能兼。如仅仅兼课，则报酬又甚微，六点钟不过月一百五十。总之此事尚未停当，最好是女大能兼教授，那我别的都不管，有二百八和三百，只要不欠薪，我们两口子总够过活。就是　样，我还不知如何？此地要我教的课程全是新的，我都得从头准备，这是件麻烦事；倒不是别的，因为教书多占了时间，

---

① 大夏，即上海大夏大学。徐志摩曾在该校兼课。

329

那我愿意写作的时间就得受损失。适之家地方倒是很好，楼上楼下，并皆明敞。我想我应得可以定心做做工。奚若昨天自清华回，昨晚与丽琳三人在玉华台吃饭。老金今晚回，晚上在他家吃饭。我到此饭不曾吃得几顿，肚子已坏了。方才正在写信，底下又闹了笑话，狼狈极了；上楼去，偏偏水管又断了，一滴水都没有。你替我想想是何等光景？（请不要逢人就告，到底年纪不小了，有些难为情的。）最后要告诉你一件我决不曾意料的事：思成和徽音我以为他们早已回东北，因为那边学校已开课。我来时车上见郝更生夫妇，他们也说听说他们已早回，不想他们不但尚在北平而且出了大岔子，惨得很，等我说给你听：我昨天下午见了他们夫妇俩，瘦得竟像一对猴儿，看了真难过。你说是怎么回事？他们不是和周太太（梁大小姐）思永夫妇同住东直门的吗？一天徽音陪人到协和去，被她自己的大夫看见了，他一见就拉她进去检验；诊断的结果是病已深到危险地步，目前只有立即停止一切劳动，到山上去静养。孩子、丈夫、朋友、书，一切都须隔绝，过了六个月再说话，那真是一个晴天里霹雳。这几天小夫妻俩就像是热锅上的蚂蚁直转，房子在香山顶上有，但问题是叫思成怎么办？徽音又舍不得孩子，大夫又绝对不让，同时孩子也不强，日见黄白。你要是见了徽音，眉眉，你一定吃吓。她简直连脸上的骨头都看出来了；同时脾气更来得暴躁。思成也是可怜，主意东也不是，西也不是。凡是知道的朋友，不说我，没有不替他们发愁的；真有些惨，又是爱莫能助，这岂不是人生到此天道宁论？丽琳谢谢你，她另有信去。你自己这几日怎样？何以还未有信来？我盼着！夜晚睡得好否？寄娘想早来。瑞午金子已动手否？盼有好消息！娘好否？我要去东兴，郑苏戡在，不写了。

摩吻

一九三一年二月二十六日自北京

至爱妻曼：

　　到今天才得你第二封信，真是眼睛都盼穿了。我已发过六封信，平均隔日一封也不算少，况且我无日无时不念着你。你的媚影站在我当前，监督我每晚读书做工，我这两日常责备她何以如此躲懒，害我提心吊胆。自从虞裳说你腮肿，我曾梦见你腮肿得西瓜般大。你是错怪了亲爱的。至于我这次走，我不早说了又说，本是一件无可奈何事。我实在害怕我自己真要陷入各种痼疾，那岂不是太不成话，因而毅然北来，今日崇庆也函说："母亲因新年劳碌发病甚详，我心里何尝不是说不出的难过。但愿天保佑，春气转暖以后，她可以见好。你，我岂能舍得。但思量各方情形姑息因循，大家没有好处，果真到了无可自救的日子那又何苦？所以忍痛把你丢在家里，宁可出外过和尚生活。我来后情形，我函中都已说及，将来你可以问胡太太即可知道。我是怎样一个乖孩子，学校上课我也颇为认真，希望自励励人，重新再打出一条光明路来。这固然是为我自己，但又何尝不为你亲眉，你岂不懂得？至于梁家，我确是梦想不到有此一着；况且此次相见与上週不相同，半亦因为外有浮言，格外谨慎，相见不过三次，绝无愉快可言。如今徽音偕母挈子，远在香山，音信隔绝，至多等天好时与老金、奚若等去看她一次。（她每日只有两个钟头可见客。）我不会伺候病，无此能干，亦无此心思：你是知道的，何必再来说笑我。我在此幸有工作，即偶尔感觉寂寞，一转眼也就过去；所以不放心的只有一个老母，一个你。还有娘始终似乎不十分了解，也使我挂念。我的知心除了你更有谁？你来信说几句亲热话，我心里不提有多么安慰？已经南北隔离，你再要不高兴我如何受得？所以大家看远一些，忍耐一些，我的爱你，你最知道，岂容再说。"I may not love you so passionately as before but I love all the more sincerely and truly for all those years. And may this brief separation bring about another gush of passionate love from both sides so that each of us will be willing to sacrifice for the sake of the other!" 我上课颇感倦，总是缺少睡眠。明日星期，本可高卧，但北大学生又在早九时开欢迎会，又不能不去。现已一时过，所以不写了。今晚在丰泽园，有性仁、老郑等一大群。明晚再写，亲爱的，我热烈的亲你。

摩

一九三一年三月七日自北平

爱眉亲亲：

今天星四，本是功课最忙的一天，从早起直到五时半才完。又有莎菲茶会，接着Swan请吃饭，回家已十一时半，真累。你的快信在案上；你心里不快，又兼身体不争气，我看信后，十分难受。我前天那信也说起老母，我未尝不知情理。但上海的环境我实在不能再受。再窝下去，我一定毁；我毁于别人亦无好处，于你更无光鲜。因此忍痛离开；母病妻弱，我岂无心？所望你能明白，能助我自救；同时你亦从此振拔，脱离痼疾；彼此回复健康活泼，相爱互助，真是海阔天空，何求不得？至于我母，她固然不愿我远离，但同时她亦知道上海生活于我无益，故闻我北行，绝不阻拦。我父亦同此态度；这更使我感念不置。你能明白我的苦衷，放我北来，不为浮言所惑；亦使我对你益加敬爱。但你来信总似不肯舍去南方。硖石是我的问题，你反正不回去。在上海与否，无甚关系。至于娘，我并不曾要你离开她。如果我北京有家，我当然要请她来同住。好在此地房舍宽敞，绝不至如上海寓处的局促。我想只要你肯来，娘为你我同居幸福，绝无不愿同来之理。你的困难，由我看来，绝不在尊长方面，而完全是在积习方面。积重难返，恋土情重是真的。（说起报载法界已开始搜烟，那不是玩！万一闹出笑话来，如何是好？这真是仔细打点的时机了。）我对你的爱，只有你自己最知道。前三年你初沾上习的时候，我心里不知有几百个早晚，像有蟹在横爬，不提多么难受。但因你身体太坏，竟连话都不能说。我又是好面子，

332

要做西式绅士的。所以至多只是短时间绷长一个脸，一切都郁在心里。如果不是我身体茁壮，我一定早得神经衰弱。我决意去外国时是我最难受的表示。但那时万一希冀是你能明白我的苦衷，提起勇气做人。我那时寄回的一百封信，确是心血的结晶，也是漫游的成绩。但在我归时，依然是照旧未改；并且招恋了不少浮言。我亦未尝不私自难受，但实因爱你过深，不惜处处顺你从着你。也怪我自己意志不强，不能在不良环境中挣出独立精神来。在这最近二年，多因循复因循，我可说是完全同化了。但这终究不是道理！因为我是我，不是洋场人物。于我固然有损，于你亦无是处。幸而还有几个朋友肯关切你我的健康和荣誉，为你我另开生路。固然事实上似乎有不少不便，但只要你这次能信从你爱摩的话，就算是你牺牲，为我牺牲。就算你和一个地方要好，我想也不至于要好得连一天都分离不开。况且北京实在是好地方。你实在是过于执一不化，就算你这一次迁就，到北方来游玩一趟：不合意时尽可回去。难道这点面子都没有了吗？我们这对夫妻，说来也真是特别：一方面说，你我彼此相互的受苦与牺牲，不能说是不大。很少夫妇有我们这样的脚跟。但另一方面说，既然如此相爱，何以又一再舍得相离？你是大方，固然不错。但事情总也有个常理。前几年，想起真可笑。我是个痴子，你素来知道的。你真的不知道我曾经怎样渴望和你两人并肩散一次步，或同出去吃一餐饭，或同看一次电影，也叫别人看了羡慕。但说也奇怪，我守了几年，竟然守不着一单个的机会，你没有一天不是 engaged 的，我们从没有 privacy 过。到最近，我已然部分麻木，也不想望那种世俗幸福。即如我行前，我过生日，你也不知道。我本想和你吃一餐饭，玩玩。临别前，又说了几次，想要实行至少一次的约会，但结果我还是脱然远走，一单次的约会都不得实现。你说可笑不？这些且不说它，目前的问题：第一还是你的身体。你说我在家，你的身体不易见好。现在我不在家了，不正是你加倍养息的机会？所以你爱我，第一就得咬紧牙根，养好身体；

333

其次想法脱离习惯，再来开始我们美满的结婚幸福。我只要好好下去，做上三两年工，在社会上不怕没有地位，不怕没有高尚的名誉。虽则不敢担保有钱，但饱暖以及适度的舒服总可以有。你何至于遽尔悲观？要知道，我亲亲至爱的眉眉，我与你是一体的，情感思想是完全相通的；你那里一不愉快，我这里立即感到。心上一不舒适，如何还有勇气做事？要知道我在这里确有些做苦工的情形。为的无非是名气，为的是有荣誉的地位，为的是要得朋友们的敬爱。方便尤在你。我是本有颇高地位，用不着从平地筑起，江山不难取得，何不勇猛向前？现在我需要我缺少的，只是你的帮助与根据于真爱的合作。眉眉！大好的机会为你我开着，再不可错过了。时候已不早（二时半），明日七时半即须起身。我写得手也成冰，脚也成冰。一颗心无非为你，聪明可爱的眉眉，你能不为我想想吗？

北大经过适之再三去说，已领得三百元。昨交兴业汇沪收账。女大无望，须到下月十日左右再能领钱，我又窘边了，怎好？南京日内或有钱，如到，来函提及。

祝你安好，孩子！上沅想已到，一百元当已交到。陈图南不日去申，要甚东西，速来函告知。

你的摩摩
一九三一年三月十九日星期四自北平

爱眉：

昨晚打电后，母亲又不甚舒服，亦稍气喘，不绝呻吟①。我二时睡，天亮醒回。又闻呻吟，睡眠亦不甚好。今日似略有热度，昨日大解，又稍进烂面，或有关系。我等早八时即全家出门去沈家浜上坟。先坐船出市不远，即上岸走。蒋姑母毂定表妹亦同行。正逢乡

---

① 徐志摩因母亲生病，从北京回硖石侍候，其母于 23 日去世。

里大迎神会。天气又好，遍里垄，尽是人。附近各镇人家亦雇船来看，有桥处更见拥挤。会甚简陋，但乡人兴致极高，排场亦不小。田中一望尽绿，忽来千百张红白绸旗，迎风飘舞，蜿蜒进行。长十丈之龙，有七八条。彩砌楼台亭阁，亦见十余。有翠香寄柬、天女散花、三戏牡丹、吕布貂蝉等彩扮。高跷亦见，他有三百六十行。彩扮至趣，最妙者为一大白牦牛，施施而行，神气十足。据云此公须尽白烧一坛，乃肯随行。此牛殊有古希风味，可惜未带照相器，否则大可留些印象。此时方回，明后日还有迎会。请问洵美有兴致来看乡下景致否？亦未易见到，借此来硖一次何似。方才回镇，船傍岸时，我等俱已前行。父亲最后，因篙支不稳，仆倒船头，幸未落水。老人此后行动真应有人随侍矣。今晚父亲与幼仪、阿欢同去杭州。我一人留此伴母，可惜你行动不能自由，梵皇渡今亦有检查，否则同来侍病，岂不是好？洵美诗你已寄出否？明日想做些工，肩负过多，不容懒矣。你昨晚睡得好否？牙如何？至念！回头再通电，你自己保重！

摩

一九三一年四月九日星期四自硖石

眉爱：

我昨夜痧气，今日浑身酸痛；胸口气塞，如有大石压住，四肢瘫软无力。方才得你信颇喜，及拆看，更增愁闷。你责备我，我相当的忍受。但你信上也有冤我的话；再加我这边的情形你也有所不知。我家欺你，即是欺我；这是事实。我不能护我的爱妻，且不能护我自己；我也懊恼得无话可说。再加不公道的来源，即是自家的父亲，我那晚挺撞了几句，他便到灵前去放声大哭。外厅上朋友都进来劝不住。好容易上了床，还是唉声叹气的不睡。我自从那晚起，脸上即显得极分明，人人看得出。除非人家叫我，才回话。连爸爸我也没有自动开口过。这在现在情势下，我又无人商量，电话上又说不分明，又是在热孝里，我为母亲关系，实在不能立即便有坚决表示：这你该原谅。至于我们这次的受欺压（你真不知道大殓那天，我一整天的绞肠的难受），我虽懦顺，决不能就此罢休。但我却要你和我靠在一边，我们要争气，也得两人同心合力的来。我们非得出这口气，小发作是无谓的。别看我脾气好，到了僵的时候，我也可以僵到底的。并且现在母亲已不在，我这份家，我已经一无依恋。父亲爱幼仪，自有她去孝顺，再用不到我。这次拒绝你，便是间接离绝我，我们非得出这口气。所以第一你要明白，不可过分责怪我。自己保养身体，加倍用功。我们还有不少基本事情，得相互同心的商量，千万不可过于懊恼，以致成病。千万千万！至于你说我通同他人来欺你，这话我要叫冤。上星期六我回家，同行只有阿欢和惺堂。他们还是在北站上车的，我问阿欢，他娘在哪里！他说在沧洲旅馆，硖石不去。那晚上母亲万分危险，我一到即蹲在床里，靠着她，真到第二天下午幼仪才来。（我后来知道是爸爸连去电话催来的。）我为你的事，从北方一回来，就对父亲说。母亲的话，我已对你说过。父亲的口气，十分坚决，竟表示你若来他即走。随后我说得也硬。他（那天去上海）又说，等他上海回来再说。所以我一到上海，心里十分难受，即请你出来说话，不想你倒真肯做人，竟肯去父亲处准备受冷肩膀。我那时心里十分感爱你的明大体。其实那晚如果见了面，也许可讲通（父亲本是吃软不吃硬的）。不幸又未相逢。连着我的脚又坏得寸步难移，因而下一天出门的机会也就没有。等到星期六上午父亲从硖石来电话，说母又病重，要我带惺堂立即回去，我即问小曼同来怎样？他说"且缓，你先安慰她几句吧！"所以眉眉，你看，我的难才是难。以前我何尝不是夹在父母与妻子中间做难人，但我总想拉拢感情要紧。有时在父母面上你不很用心，我也有些难过。但这一次你的心肠和态度是十分真纯而且坦白，这错我完全派在父亲一边。只是说来说去，碍于母丧，立时总不能发作。目前没有别的，只能再忍。我大约早到五月四日，迟至五月五日即到上海，那时我你连同娘一起商量一个办法，我可要出这一口气。同时你若能想到什么办法，最好先告知我，我们可以及早计算。我在此仅有机会向沈舅及许姨两处说过。好在到最后，一支笔总在我手里。我倒要看父亲这样偏袒，能有什么好结果？谁能得什么好处？人的倔强性往往造成不必要的悲惨。现在竟到我们的头上了，真可叹！但无论如何，你得硬起心肠，先把此事放在一边，尤要不可过分责怪我。因为你我相爱，又同时受侮，若再你我间发生裂痕，那不真的中了他人之计了吗？

这点，你聪明人仔细想想，不可过分感情作用，记好了。娘听了我，想也一定赞同我的意见的。我仍旧向你，我唯一的爱妻希冀安慰。

汝摩
一九三一年四月二十七日自硖石

眉眉我爱：

你又犯老毛病了，不写信。现在北京上海间有飞机信，当天可到。我离家已一星期，你如何一字未来，你难道不知道我出门人无时不惦着家念着你吗？我这几日苦极了，忙是一件事，身体又不大好。一路来受了凉，就此咳嗽，出痰甚多。前两晚简直呛得不停，不能睡；胡家一家子都让我咳醒了。我吃很多梨，胡太太又做金银花、贝母等药给我吃，昨晚稍好些。今日天雨，忽然变凉。我出门时是大太阳，北大下课到奚若家中饭时，冻得直抖。恐怕今晚又不得安宁。我那封英文信好像寄航空的，到了没有？那一晚我有些发疯，所以写信也有些疯头疯脑的，你可不许把信随手丢。我想到你那乱，我就没有勇气写好信给你。前三年我去欧美印度时，那九十多封信都到哪里去了？那是我周游的唯一成绩，如今亦散失无存，你总得改良改良脾气才好。我的太太，否则将来竟许连老爷都会被你放丢了的。你难道我走了一点也不想我？现在弄到我和你在一起倒是例外，你一天就是吃，从起身到上床，到合眼，就是吃，也许你想芒果或是想外国白果倒要比想老爷更亲热更急。老爷是一只牛，他的唯一用处是做工赚钱，也有些可怜：牛这两星期不但要上课还得补课，夜晚又不得睡，心里也不舒泰。天时再一坏，竟是一肚子的灰了！太太，你忍心字儿都不寄一个来？大概你们到杭州去了，恕我不能奉陪，希望天时好，但终得早起一些才赶得上阳光。北京花事极阑珊，明后天许陪歆海他们去明陵长城。但也许不去。娘身体可好？甚念！这回要等你来信再写了。

照片一包，已找到，在小箱中。

摩

一九三一年五月十四日星四自北平

爱妻：

昨天大群人出城去玩。歆海一双，奚若一双，先到玉泉。泉水真好，水底的草叫人爱死，那样的翡翠才是无价之宝。还有的活的珍珠泉水，一颗颗从水底浮起，不由得看的人也觉得心泉里有灵珠浮起。次到香山，看访徽音，养了两月，得了三磅，脸倒叫阳光逼黑不少，充印度美人可不乔装。归途上大家讨论夫妻。人人说到你，你不觉得耳根红热吗？他们都说我脾气太好了，害得你如此这般。我口里不说，心想我曼总有逞强的一天，他们是无家不冒烟，这一点我俩最占光，也不安烟囱，更不说烟。这回我要正式请你陪我到北京来，至少过半个夏。但不知你肯不肯赏脸？景任十分疼你，因此格外怪我，说我老爷怎的不做主。话说回来，我家烟虽不外冒，恰反向里咽，那不是更糟糕更缠牵？你这回西湖去，若再不带回一些成绩，我替你有些难乎为颜，奋发点儿吧，我的小甜娘！也是可怜我们，怎好不顺从一二？我方才看到一首劝孝，词意十分恳切，我看了，有些眼酸，因此抄一份给你，相期彼此共勉。

蒋家房子事，已向小蝶谈过否？何无回音？我们此后用钱更应仔细。蔗青那里我有些愁，过节时怕又得淹蹇，相差不过一月，及早打点为是。

娘一人守家多可怜，但我希望你游西湖心快活，身体强健。

你的摩

一九三一年五月十六日自北平

眉爱：

昨晚到家中，设有暖寿素筵①。外客极少，高炳文却在老屋里。老小男女全来拜寿。新屋客有蒋姑母及诸弟妹，何玉哥、辰嫂、娟哥等。十一时起斋佛，伯父亦挽扶上楼（佛台设楼中间），颇热闹。我打了几圈牌，三时后上床。我睡东厢自己床，有罗纱帐，一睡竟对时。此时（四时）方始下楼。你回家须买些送人食品，不须贵重。行前（后天即阴历十四）先行电知。三时十五分车，我自会到站相候。侍儿带谁？此间一切当可舒服。余话用电时再说。娘请安。

摩摩

一九三一年五月二十九日自硖石

我至爱的老婆：

先说几件事，再报告来平后行踪等情。第一，文伯怎么样了？我盼着你来信，他二弟想已见过，病情究有甚关系否？药店里有一种叫因陈，可煮当水喝，甚利于黄病。仲安确行，医治不少黄病。

---

① 徐志摩父亲寿辰，徐回家祝寿。

他现在北平，伺候副帅。他回沪定为他调理如何？只是他是无家之人，吃中药极不便，梦绿家或我家能否代煎？盼即来信。

第二是钱的问题，我是焦急得睡不着。现在第一盼望节前发薪，但即节前有，寄到上海，定在节后。而二百六十元期转眼即到，家用开出支票，连两个月房钱亦在三百元以上，节还不算。我不知如何弥补得来？借钱又无处开口。我这里也有些书钱、车钱、赏钱，少不了一百元。真的踌躇极了。本想有外快来帮助，不幸目前无一事成功，一切飘在云中，如何是好？钱是真可恶，来时不易，去时太易。我自阳历三月起，自用不算，路费等等不算，单就付银行及你的家用，已有二千零五十元。节上如再寄四百五十元，正合二千五百元，而到六月底还只有四个月，如连公债果能抵得四百元，那就有三千元光景，按五百元一月，应该尽有富余，但内中不幸又夹有债项。你上节的三百元，我这节的二百六十元，就去了五百六十元，结果拮据得手足维艰。此后又已与老家说绝，缓急无可通融。我想想，我们夫妻俩真是醒起才是！若再因循，真不是道理。再说我原许你家用及特用每月以五百元为度。我本意教书而外，另有翻译方面二百可恃，两样合起，平均相近六百，总还易于维持。不想此半年各事颠倒，母亲去世，我奔波往返，如同风里篷帆。身不定，心亦不定。莎士比亚更如何译得？结果仅有学校方面五百多，而第一个月又被扣了一半。眉眉亲爱的，你想我在这情形下，张罗得苦不苦？同时你那里又似乎连五百都还不够用似的，那叫我怎么办？我想好好和你商量，想一长久办法，省得拔脚窝脚，老是不得干净。家用方面，一是屋子，二是车子，三是厨房，这三样都可以节省。照我想一切家用此后非节到每月四百，总是为难。眉眉，你如能真心帮助我，应得替我想法子，我反正如果有余钱，也决不自存。我靠薪水度日，当然梦想不到积钱，唯一希冀即是少债，债是一件 de-grading and humiliating thing。眉，你得知道有时竟连最好朋友都会因此伤到感情的，我怕极了的。

写至此，上沅夫妇来打了岔，一岔真岔到下午六时。时间真是不够支配。你我是天成的一对，都是不懂得经济，尤其是时间经济。关于家务的节省，你得好好想一想，总得根本解决车屋厨房才是。我是星期四午前到的，午后出门。第一看奚若，第二看丽琳叔华。叔华长胖了好些，说是个有孩子的母亲，可以相信了。孩子更胖，也好玩，不怕我，我抱她半天。我近来也颇爱孩子，有伶俐相的，我真爱。我们自家不知到哪天有那福气，做爸妈抱孩子的福气。听其自然是不成的，我们都得想法，我不知你肯不肯。我想你如果肯为孩子牺牲一些，努力戒了烟，省得下来的是大烟里。哪怕孩子长成到某种程度，你再吃。你想我们要有，也真是时候了。现在阿欢已完全与我不相干的了。至少我们女儿也得有一个不是？这你也得想想。

星期四下午又见杨今甫，听了不少关于俞珊的话。好一位小姐，差些一个大学都被她闹散了。梁实秋也有不少丑态，想起来还算咱们露脸，至少不曾闹什么话柄。夫人！你的大度是最可佩服的。北京最大的是清华问题，闹得人人都头昏。奚若今天走，做代表到南京，他许去上海来看你，你得约洵美请他玩玩。他太太也闹着要离家独立谋生去，你可以问问他。

星期五午刻，我和罗隆基同出城。先在燕京，叔华亦在，从文亦在，我们同去香山看徽音，她还是不见好，新近又发了十天烧，人颇疲乏。孩子倒极俊，可爱得很，眼珠是林家的，脸盘是梁家的。昨在女大，中午叔华请吃鲥鱼蜜酒，饭后谈了不少话，吃茶。有不少客来，有 Rose，熊光着脚不穿袜子，海也不回来了，流浪在南方已有十个月，也不知怎么回事。她亦似乎满不在意，真怪。昨晚与李大头在公园，义去市场看王泊生戏，唱逍遥津，大气磅礴，只是有气少韵。座不甚佳，亦因配角大乏之故。今晚唱探母，公主为一民国大学生，唱还对付，貌不佳。他想搭小翠花，如成，倒有希望叫座。此见下海亦不易。说起你们唱戏，现在我亦无所谓了。你高

341

兴，只有俦伴合式，你想唱无妨，但得顾住身体。此地也有捧雪艳琴的。有人要请你做文章。昨天我不好受，头腹都不适。冰其林吃太多了。今天上午余家来，午刻在莎菲家，有叔华、冰心、今甫、性仁等，今晚上沅请客，应酬真厌人，但又不能不去。

说你的画，叔华说原卷太差，说你该看看好些的作品。老金、丽琳张大了眼，他们说孩子是真聪明，这样聪明是糟了可惜。他们总以为在上海是极糟，已往确是糟，你得争气，打出一条路来，一鸣惊人才是。老邓看了颇夸，他拿付裱，裱好他先给题，杏佛也答应题，你非得加倍用功小心，光娘的信到了，照办就是。请知照一声，虞裳一二五元送来否？也问一声告我。我要走了，你得勤写信。乖！

你的摩

一九三一年六月十四日自北平

眉眉至爱：

第三函今晨送到。前信来后，颇愁你身体不好，怕又为唱戏累坏。本想去电阻止你的，但日子已过。今见信，知道你居然硬撑了过去，可喜之至！好不好是不成问题，不出别的花样已是万幸。这回你知道了吧？每天贪吃杨梅荔枝，竟连嗓子都给吃扁了。一向擅场的戏也唱得不是味儿了。以后还听不听话？凡事总得有个节制，不可太任性。你年近三十，究已不是孩子。此后更当谨细为是！目前你说你立志要学好一门画再见从前朋友：这是你的傲气地方，我也懂得，而且同情。只是既然你专心而且诚意学画，那就非得取法乎上，第一得眼界高而宽。上海地方气魄终究有限。瑞午老兄家的珍品恐怕靠不住的居多。我说了，他也许有气。这回带来的画，我也不曾打开看。此地叔存他们看见，都打哈哈！笑得我脸红。尤其他那别出心裁的装潢，更教他们摇头。你临的那幅画也不见得高明。

不过此次自然是我说明是为骗外国人的。也是我太托大。事实上，北京几个外国朋友看中国东西就够刁的。画当然全部带回。娘的东西如要全部收回，亦可请来信提及，当照办！他们看来，就只一个玉瓶，一两件瓷还可以，别的都无多希望。少麻烦也好，我是不敢再瞎起劲的了！

再说到你学画，你实在应得到北京来才是正理。一个故宫就够你长年揣摹。眼界不高，腕下是不能有神的。凭你的聪明，绝不是临摹就算完毕事。就说在上海，你也得想法去多看佳品。手固然要勤，脑子也得常转动，才能有趣味发生。说回来，你恋土重迁是真的。不过你一定要坚持的话，我当然也只能顺从你；但我既然决定在北大做教授，上海现时的排场我实在担负不起。夏间一定得想法布置。你也得原谅我。我一人在此，亦未尝不无聊，只是无从诉说。人家都是团圆的了。叔华已得了通伯，徽音亦有了思成，别的人更不必说常年常日不分离的。就是你我，一南一北。你说是我甘愿离南，我只说是你不肯随我北来。结果大家都不得痛快。但要彼此迁就的话，我已在上海迁就了这多年，再下去实在太危险，所以不得不猛省。我是无法勉强你的；我要你来，你不肯来，我有什么法想？明知勉强的事是不彻底的；所以看情形，恐怕只能各是其是。只是你不来，我全部收入，管上海家尚虑不足。自己一人在此，绝无希望独立门户。胡家虽然待我极好，我不能不感到寄人篱下，我真也不知怎样想才好！

我月内决不能动身。说实话，来回票都卖了垫用。这一时借钱度日。我在托歆海替我设法飞回。不是我乐意冒险，实在是为省钱。况且欧亚航空是极稳妥的，你不必过虑。

说到衣服，真奇怪了。箱了是我随身带的。娘亲手理的满满的，到北京才打开。大褂只有两件：一件新的白羽纱；一件旧的厚蓝哔叽。人和那件方格和折夹做单的那件条子都不在箱内，不在上海家里在哪里？准是荷贞糊涂，又不知乱塞到哪里去了！

如果牯岭已有房子，那我们准定去。你那里着手准备，我一回上海就去。只是钱又怎么办？说起你那公债到底押得多少？何以始终不提？

你要东西，吃的用的，都得一一告知我。否则我怕我是笨得于此道一无主意！

你的画已经裱好，很神气的一大卷。方才在公园里，王梦白、杨仲子诸法家见我挟着卷子，问是什么精品？我先请老乡题，此外你要谁题，可点品，适之要否？

我这人大约一生就为朋友忙！来此两星期，说也惭愧，除了考试改卷算是天大正事，此外都是朋友，永远是朋友。杨振声忙了我不少时间，叔华、从文又忙了我不少时间，通伯、思成又是，蔡先生，钱昌照（次长）来，又得忙配享，还有洋鬼子！说起我此来，舞不曾跳，窑子倒去过一次，是老邓硬拉去的。再不去了，你放心！

杏子好吃，昨天自己爬树，采了吃，树头鲜，才叫美！

你务必早些睡！我回来时再不想熬天亮！我今晚特别想你，孩子，你得保重才是。

你的亲摩
一九三一年六月二十五日自北平

宝贝：

一转眼又是三天。西林今日到沪，他说一到即去我家。水果恐已不成模样，但也是一点意思。文伯去时，你有石榴吃了。他在想带些什么别致东西给你。你如想什么，快来信，尚来得及。你说要给适之写信，他今日已南下，日内可到沪。他说一定去看你。你得客气些，老朋友总是老朋友，感情总是值得保存的。你说对不？少蝶处五百两，再不可少，否则更僵。原来他信上也说两，好在他不在这"两""元"的区别，而于我们却有分寸：可老实对他说，但我盼望这信到时，他已为我付银行。请你写个条子叫老何持去兴业（静安寺路）银行，向锡璜，问他我们账上欠多少？你再告诉我，已开出节账，到哪天为止，共多少？连同本月的房钱一共若干？还有少蝶那笔钱也得算上。如此连家用到十月底尚须归清多少，我得有个数，账再来设法弥补。你知道我一连三月，共须扣去三百元。大雨那里共三百元，现在也是无期搁浅。真是不了。你爱我，在这窘迫时能替我省，我真感谢。我但求立得直，否则以后即要借钱也没有路了，千万小心。我这几天上课应酬颇忙。我来说给你听：星期一晚上有四个饭局之多，南城、北城、东城都有，奔煞人。星期二徽音山上下来，同吃中饭，她已经胖到九十八磅。你说要不要静养，我说你也得到山上去静养，才能真的走上健康的路。上海是没办法的。我看样子，徽音又快有宝宝了。

星期二晚，适之家饯西林行，我冻病了。昨天又是一早上课。饭后王叔鲁约去看房子，在什方院。我和慰慈同去。房子倒是全地板，又有澡间；但院子太小，恐不适宜，我们想不要。并且你若一时不来，我这里另开门户，更增费用，也不是道理。关了房子，去协和看奚若。他的脚病又发作了，不能动，又得住院两星期，可怜！今天又是一早上课，下午睡了一晌。五点送适之走。与杨亮功、慰慈去正阳楼吃蟹、吃烤羊肉。八时又去德国府吃饭，不想洋鬼子也会逛胡同，他们都说中国姑娘好。乖，你放心！我决不拈花惹草。女人我也见得多，谁也没有我的爱妻好。这叫做曾经沧海难为水，除却巫山不是云。我每天每夜都想你。一晚我做梦，飞机回家，一直飞进你的房，一直飞上你的床，小鸟儿就进了窠也，美极！可惜是梦。想想我们少年夫妻分离两地，实在是不对。但上海绝不是我们住的地方。我始终希望你能搬来共享些闲福。北京真是太美了，你何必沾恋上海呢？大雨的事弄得极糟。他到后，师大无薪可发，他就发脾气，不上课，退还聘书。他可不知道这并非亏待他一人，除了北大基金教授每月领薪，此外人人都得耐心等。今天我劝了他

半天，他才答应去上一星期的课；因为他如其完全不上课，那他最
初领的一二百元都得还，那不是更糟。他现住欧美同学会，你来个
信劝劝他，好不好？中国哪比得外国，万事都得将就一些。你说是
不是？奚若太太一件衣料，你得补来，托适之带，不要忘了。她在
盼望的。再有上月水电，我确是开了。老何上来，从笔筒下拿去了；
我走的那天或是上一天，怎说没有？老太爷有回信没有？我明天去
燕京看君劢。我要睡了。乖乖！

我亲吻你的香肌。

你的"愚夫"摩摩

一九三一年十月一日自北平

爱眉亲亲：

你果然不来信了！好厉害的孩子，这叫做言出法随，一无通融！
我拿信给文伯看了，他哈哈大笑；他说他见了你，自有话说。我只
托他带一匣信笺，水果不能带，因为他在天津还要住五天，南京还
要耽搁。葡萄是搁不了三天的。石榴，我关照了义茂，但到现在还
没有你能吃的来。胡重的东西要带，就得带真好的。乖！你候着吧，
今年总叫你吃着就是。前晚，我和袁守和、温源宁在北平图书馆大
请客；我就说给你听听，活像耍猴儿戏，主客是 Laloy 和 Elie Faure
两个法国人，陪客有 Reclus Monastière、小叶夫妇、思成、玉海、守
和、源宁夫妇、周名洗七小姐、蒯叔平女教授、大雨（见了 Roes 就
张大嘴！）、陈任先、梅兰芳、程砚秋一大群人，Monastière 还叫照了
相，后天寄给你看。我因为做主人，又多喝了几杯酒。你听了或许
可要骂，这日子还要吃喝作乐。但既在此，自有一种 social duty，人
家来请你加入，当然不便推辞，你说是不？

Elie Faure 老头不久到上海；洵美请客时，或许也要找到你。俞
珊忽然来信了，她说到上海去看你。但怕你忘记了她，我真不知道

她到底是怎么回事，希望你见面时能问她一个明白。她原信附去你看。说起我有一晚闹一个笑话，我说给你听过没有？在西兴安街我见一个车上人，活像俞珊。车已拉过颇远，我叫了一声，那车停了；等到拉拢一看，那是什么俞珊，却是曾语儿。你说我这近视眼可多乐！我连日早睡多睡，眼已见好，勿念。我在家尚有一副眼镜，请适之带我为要。

娘好吗？三伯母问候她。

摩吻

一九三一年十月十日自北平

爱眉：

我心已被说动①，恨不得此刻已在家中！

但手头无钱，要走可得负债。如其再来一次偷鸡蚀米，简直不了。所以我再得问你，我回去是否确有把握？果然，请来电如下：

"董北平徐志摩，事成速回"

我就立刻走，日期迟至下星期四（二十九）不妨，最好。否则我星期六（二十四）即后日下午五时车走亦可。但来电须得信即发，否则要迟到星期四矣。

摩

一九三一年十月二十二日自北平

今天正发出电报，等候回电，预备走。不想回电未来，百里却来了一信②。事情倒是缠成个什么样子？是谁在说竞武肯出四万买，

---

① 指蒋百里卖地产，徐志摩为他做中人的生意一事，下面一信即说此事。

② 当时徐志摩的姑丈蒋谨旃及其族弟蒋百里要出卖他们在上海愚园的房子，徐极想做中人赚取佣金。此信及前一信所谈的都是这件事。

那位"赵"先生肯出四万二的又是谁？看情形，百里分明听了日本太太及旁人的传话，竟有反悔成交的意思。那不是开玩笑了吗？为今之计，第一先得竞武说明，并无四万等价格。事实上如果他转买"卖"出三万二以上，也只能算作佣金，或利息性质，并非少蝶一过手即有偌大利益。百里信上要去打听市面，那倒无妨。我想市面绝不会高到哪里去。但这样一岔，这桩生意经究竟着落何处，还未得知。我目前贸然回去，恐无结果；徒劳旅费，不是道理。

我想百里既说要去打听振飞，何妨请少蝶去见振飞，将经过情形说个明白。振飞的话，百里当然相信。并且我想事实上百里以三万二千元出卖，决不吃亏。他如问明市价，或可仍按原议进行手续，那是最好的事；否则就有些头绪纷繁了。

至于我回去问题，我哪天都可以走，我也极想回去看看你，但问题在这笔旅费怎样报销，谁替我会钞，我是穷得寸步难移；再要开窟窿，简直不了。你是知道的，大雨搁浅，三百渺渺无期。所以只要生意确有希望，钱不愁落空，那我何乐不愿意回家一次。但星期六如不走，那就得星四（十月二十九）再走（功课关系）。你立即来信，我候着！

摩摩

一九三一年十月二十三日星五自北平

至爱妻眉：

今天是九月十九日，你二十八年前出世的日子。我不在家中，不能与你对饮一杯蜜酒，为你庆祝安康。这几日秋风凄冷，秋月光明，更使游子思念家庭。又因为归思已动，更觉百无聊赖，独自惆怅。遥想闺中，当亦同此情景。今天洵美等来否？也许他们不知道，还是每天似的，只有瑞午一人陪着你吞吐烟霞。

眉爱，你知我是怎样的想念你！你信上什么"恐怕成病"的话，说得闪烁，使我不安。终究你这一月来身体有否见佳？如果我在家你不得休养，我出外你仍不得休养，那不是难了吗？前天和奚若谈起生活，为之相对生愁。但他与我同意，现在只有再试试，你同我来北平住一时，看是如何。你的身体当然宜北不宜南！

爱，你何以如此固执，忍心和我分离两地？上半年来去频频，又遭大故，倒还不觉得如何。这次可不同，如果我现在不回，到年假尚有两个多月。虽然光阴易逝，但我们恩爱夫妇，是否有此分离之必要？眉，你到哪天才肯听从我的主张？我一人在此，处处觉得不合式；你又不肯来，我又为责任所羁，这真是难死人也！

百里那里，我未回信，因为等少蝶来信，再作计较。竞武如果虚张声势，结果反使我们原有交易不得着落，他们两造，都无所谓；我这千载难逢的一次外快又遭打击，这我可不能甘休！竞武现在何处，你得把这情形老实告诉他才是。

你送兴业五百元是哪一天？请即告我。因为我二十以前共送六百元付账，银行二十三来信，尚欠四百元，连本月房租共欠五百有余。如果你那五百元是在二十三以后，那便还好，否则我又该着急得不了了！请速告我。

车怎样了？绝对不能再养的了！

大雨家贝当路那块地立即要出卖，他要我们给他想法。他想要五万两，此事瑞午有去路否？请立即回信，如瑞午无甚把握，我即另函别人设法。事成我要二厘五的一半。如有人要，最高出价多少，立即来信，卖否由大雨决定。

明天我叫图南汇给你二百元家用（十一月份），但千万不可到手就宽，我们的穷运还没有到底；自己再不小心，更不堪设想。我如有不花钱飞机坐，立即回去。不管生意成否。我真是想你，想极了。

摩吻
一九三一年十月二十九日自北平

349

出版说明

　　这本《徐志摩自传》其实并非真正的完整的自传，徐志摩一生没有为自己写传记，并且连自述性的文字也很少，这里不过择取其遗留的诗文、日记、书信，大致勾勒出其一生的曲折罢了。虽难符严格的自传的要求，可这些文字既都源于他个人，做自传读大概也不会有什么问题。

　　本书的目的在于用徐志摩自己的文字勾画他的一生，然而因其为诗人，遗留文字多琐碎且少有述及自己身世的，想要用这些东西来做到巨细靡遗，就属很困难的事。针对这种情况，编者的想法有二：一为不求全、细，只就各时期既有的材料来安排，或描画其人生活动，或表现其思想、情感，不做刻意的要求；二即加强注释的作用。本书注释主要有两部分，一是每章开首的概括，为集中简单勾勒他在那一时段内的行止，描画一个大体的形状；二是对所选取的文字做一些脚注，是为补充对应文字的细节或背景，以便更好地理解他写作时的处境。如此再加上他自己的文字，这三部分合起来就大致能叫人对他有个全面且深入的认识了。限于篇幅，本书所及多在其生平事迹，另有关于他对政治、社会、人生等看法的部分，则不得不舍弃，略有遗憾，也是不得已的事情。

　　本书中所有材料均取自韩石山所编、天津人民出版社 2005 年出版的六卷本《徐志摩全集》。另外，在编辑和注释过程中还参考了陈从周的《徐志摩：年谱与评述》（上海书店出版社2008年版）、《徐志摩自传》（江苏文艺出版社1997年版）和《徐志摩集》（韩石山编注，花城出版社2006年版）等，是应该说明的。